從乞丐到皇帝

朱元璋全傳

吳晗——著

目錄

第一章 流浪青年

一、小行童

元順帝至正四年（公元一三四四年，元順帝妥懽帖木兒在位的第十二年）的上半年，淮河流域的人民遭受了嚴重的災難，旱災，蝗災，還加上瘟疫。

好幾個月沒見過雨了，禾苗被曬得乾癟枯黃，田地裂成一條條龜縫，眼見得收成沒有指望了，誰也想不出辦法。到處在祈神求雨，祝告龍王爺顯神通，老年人穿著白麻布短衫，光著頭，跪在太陽地恭恭敬敬向龍王爺磕頭許願，孩子們腦瓜上戴著枯柳枝圈在廟裏竄出竄進，嗩吶、鑼鼓吹打得震天價響，和尚們個個眉開眼笑。

一連求了多少天，還是熱辣辣的大太陽，連一絲兒烏雲也沒影子。農民們正像在熱鍋上螞蟻轉時，又來了漫天遍野的蝗蟲，把穗上稀稀的幾顆粟粒也吃得一乾二淨。地方上有年紀的人都是愁眉苦臉，唉聲嘆氣，說活了這麼大歲數，還沒見過這樣年景，這日子沒法過了！

地方官府呢？除了會向老百姓勒詐錢財，關老百姓坐班房，打板子追比欠的錢糧以外，誰還管你天晴還是天陰！

不料禍不單行，鬧了天災，又鬧起瘟疫來了。濠州（今安徽鳳陽）鍾離太平鄉的人，接二連三地病倒。人們已經吃了好些日子草根樹皮了[1]，一得病就挺不住，開頭只覺得渾身無力氣，發高熱，接著便上吐下瀉，不過兩三天就斷了氣。

起初人們還不十分理會，到了一個村子一天死去十幾、幾十個人，家家戶戶死人，天天死人的時候，才明白這是鬧瘟病，不由得著慌起來，不管「在數的難逃」的老話，還是逃命要緊，各村莊的人攜兒帶女，像螞蟻搬家似的投奔遠處親戚朋友家去了。不上十天工夫，太平鄉數得出的十幾個村子，鬧得人煙寥落，雞犬聲稀，顯出一片淒涼黯淡的景象。

孤莊村[2]朱五四一大家人，不到半個月時光死了三口。朱五四老爹六十四歲了，四月初六故去，初九大兒子重四也死了，到二十二那一天，五四的老伴陳二娘又死了。五四的二兒子重六和小兒子元璋（原名重八，後名興宗）[3]眼看著大人一個個死去，請不起郎中，也抓不起藥，只急得相對痛哭。[4]

尤其為難的是家裏停了幾口屍，手頭沒有一貫鈔，一錢銀子，買不了棺木，老放著總不是歸結，無論如何總得先找塊地埋下才是。

可是地呢？自己連一巴掌大的也沒有。想來想去，只好去哀求田主劉德，想來做了幾年的主客，從未欠過租，落過不是，到了這步田地，總該施捨施捨吧，誰知不但不答應，反而挨了一頓臭罵。[5]

正沒計較處，鄰居劉大秀[6]妻大娘老兩口走上門來，埋怨元璋兄弟，怎麼不找劉大伯，倒去找別人，白討沒趣！

原來劉大秀的小兒子劉英和元璋常在一起玩耍，是好朋友，適才也在劉德家，看了元璋兄弟哭哭啼啼，心裏十分難過，回家告訴爹媽，劉大秀和朱五四緊鄰相住，同在一個社，又和五四年紀差不多，合得來，經常說個閒話兒。因此，劉英一說，兩老一合計，就來找元璋兄弟了。[7]

當下元璋兩兄弟磕頭謝過了，算是葬地有了著落。但是，衣衾呢，棺材呢，還是沒辦法，再也無處去求人，只好將就，把幾件破衣衫包裹了，抬到劉家地上安葬。

兩兄弟一面抬，一面哭，好容易抬到山坡下，突然間風雨交加，雷轟電閃，整個天像塌下來似的，兩兄弟躲在石下發抖。

約夠一頓飯時，雨過天晴，到山坡下一看，大吃一驚，屍首不見了，原來山坡土鬆，一陣山洪把坡上的土沖塌了，恰好埋了屍首，厚厚的一個土饅頭，俗話叫做天葬。[8]「三十五年後，朱元璋寫《皇陵碑》時，還覺傷心：「殯無棺槨，被體惡裳，浮掩三尺，奠何肴漿！」

元璋又吃了些日子草根樹皮，鄰居汪大娘娘兒倆看著他孤苦可憐，也不時招呼著吃一頓兩頓，胡亂混了一陣。想想不是久計，只好挨村子找零活做，誰知大戶人家都已逃荒避瘟走了，貧民小戶自己都在挨餓，怎麼雇得起人？一連奔波了好些天，到處碰壁。

一天，從鄰村找活回來，路過父母墳地，懶得回家了。蹲在墳邊，沉思如何來打發日子，對付肚子。

他長得身材高大，黑黑的臉盤，高高的顴骨，大鼻子，大耳朵，粗眉毛，大眼睛，下巴比上顎長出好幾分。整個臉型像一個橫擺著立體形的山字，腦蓋門上一塊骨頭突出，像個小山丘。樣子雖不好看，卻很勻稱，顯得威嚴而沉著，誰只要見他一面，再也忘不了他那個怪長相兒。

小時候替田主看牛放羊，最會出主意鬧著玩，別的同年紀甚至大幾歲的孩子都聽他使喚。最常玩的遊戲是裝皇帝，你看，雖然光著腳，一身藍布短衣褲全是窟窿補丁，破爛不堪，他卻會把棕櫚葉子撕成絲絲，紮在嘴上做鬍鬚，找一塊破水車板頂在頭上算是平天冠，土堆上一坐，讓孩子們一行行，一排排，畢恭畢敬，整整齊齊三跪九叩頭，同聲喊萬歲。

又最有擔當。有一天，忽然餓了，時候早又不敢回家，怕田主罵。同看牛的周德興、湯和、徐選許多孩子也都說餓，大家越說餓，肚子裏咕嚕得越凶，這個說有一碗白麵條吃才好，那個又說真想吃一塊白切肉，又有人說肉是財主們吃的，不知道是什麼味道。說得個個人的嘴都流涎了。

猛然間元璋大喊有了，大家齊聲問什麼？元璋笑著說，現成的肉放在面前不吃，真是呆鳥！大家還不明白。元璋也不再做聲，牽過一條花白小牛娃，放牛繩捆住前後腿，周德興趕緊抄著斫柴斧子，當頭就是一斧，湯和、徐達也來幫著剝皮割肉，別的孩子們揀些乾柴枯樹葉，就地架上幾塊石頭，生起火來，一面烤，一面吞，個個眉飛色舞，興高采烈。不一會兒，一條小牛娃只剩一張皮一堆骨頭一根尾巴了。

這時太陽已經落山，山腳下村莊裏，炊煙嫋嫋，是該回家的時候了。驀地有一個孩子省悟了，小牛吃了如何去見田主？大家面面相覷，想不出主意，互相埋怨，亂成一團。

元璋一想，主意是自己出的，責任也該承擔起來，不能連累別人。拍胸膛說我一個人認了，大家不要著急。也真虧他想得好主意，把小牛娃皮骨都埋了，拿土把血跡掩蓋了，把小牛尾巴插在山上石頭縫裏，說是小牛鑽進山洞裏去了，怎樣拉也拉不出來了。孩子們齊聲說好。

當晚元璋挨了田主劉德一頓毒打，被趕回家，雖然吃了苦，丟了飯碗，卻由此深深得到夥伴們的信任，認為他敢作敢為，有事一身當，大家心甘情願把他當作自己的頭目。[9]

元璋是元天曆元年（公元一三二八年）九月十八日未時生的，虛歲十七，實在還不滿十六周歲。父親是老實本分人，做了一輩子佃客，受了一輩子田主的氣，頭髮鬍子全花白了，還撈不著一巴掌地。

搬了一輩子家，早年從泗州盱眙縣（今安徽盱眙）遷到靈璧縣（今安徽靈璧），又遷到虹縣（今安徽泗縣）。到五十歲時又遷到鍾離東鄉，種了十年地，被田主無故奪佃，沒奈何又遷到西鄉，四年前才搬到這孤莊村來。[10]

你說朱五四沒長性，喜愛搬家？那倒也不是。原來一百個田主大戶，竟有九十九個是黑良心的，窮人送上押佃錢，說盡好話才佃了幾畝地，天不亮就起床，月亮出來還在地裏做活，出氣力，流汗水，一年忙碌到頭，算算收成，十成裏頭竟有六成歸了地主。

佃戶左施肥，右戽水，把地服侍得肥了一些，生地改成熟地，正好多收一點糧食的時候，田主立刻就加租，不肯加就退佃，划算一下，竟是白幹活，一點糧食也剩不下，只好搬家另覓大戶。

忍下去吧，三兩年後還是得被攆走。告官府吧，那裏沒有窮人的理可說。因之，朱五四雖然拖兒帶女，在一個地方老是住不滿十年，而且，老是替大戶開生荒地，好容易收成多了一點，就得走路。他從不吝惜自己的力氣，也省吃儉用，低頭下氣，卻一輩子被田主作踐欺侮，到死後連一片葬身之處也沒有。

元璋想了又想，自己還是走父親的老路，一輩子替田主做牛馬，挨餓，受氣，被攆、流浪？不行，不能再做牛馬了！可是，不做佃戶，要自己有地啊，沒地，有力氣也沒處使，地從哪裏來？買，沒有錢，給，誰給你？想到這裏，他又茫然了，沒有別的出路。

朱五四兒女都拉拔大了。大哥二哥算是娶了媳婦，連花轎也請不起，喜酒也沒一盅，娶的還不是一樣佃客人家的女兒。三哥重七給人家招了上門女婿，得給人家種一輩子地，也好，家裏省一張嘴。大哥有兩個小子，二哥也養了一個男孩。大姊嫁給王七一，二姊遠了，還是在盱眙時訂的親，男人叫李貞。[11]

只有他自己沒成家。要是平常年景，一家子勤勤懇懇，佃上幾十畝田地，男耕女織，養豬餵雞，砍柴，拾糞，靠著人力多，節衣縮食，苦雖苦，總還活得下去。偏又連年荒旱，二嫂三嫂先後病死，大侄兒和二房的孩子都夭折了，王家也滿門死絕，嫁給李家的二姊也死了，二姊夫帶著外甥保兒逃荒，不知去向。今年又是旱災、蝗災加上瘟病，一家子接連死了三口，偌大一家人家，只剩下大嫂王大娘和二侄文正、二哥重六和元璋自己四口人了。

元璋想了又想，過去憑著人力多，只要肯賣力氣，總還餓不死。如今呢？能下地的只剩下兩兄弟了，地乾得比石頭還硬，小河小溪都乾得沒一滴水，就下地又中什麼用？

一天兩頓飯，存糧一顆也沒有。地裏的呢，收割時怕還不夠交租，哪來吃的？大嫂還有娘家，總可以有些辦法。二哥呢，這些天來也鬧得軟綿綿的，動彈不得。自己食量又大，粗重活計雖幹得，卻苦於這年頭空有力氣無處賣。小時候雖曾跟蒙館老師上過幾個月私塾，一來自己貪玩，二來農忙就得下地，哪曾好好念過一天書。縱然靠著記性好，認得幾百個字，卻又做不來文墨勾當，寫不得書信文契。

父親搬到本村來，原是為了這一帶生荒地多，人力少，日子可能好混些，沒想到天下烏鴉一般黑，田主的田地越多，心也越狠，對佃戶越刻薄，饒是三節送禮，按時交租，陪著笑臉，他還是掂斤播兩，嫌糧食水分大，嫌分量不夠。這年頭能欠交一點租就是天大人情了，還敢開口向他借度荒糧？

官府的賑濟糧呢？不敢指望。即使有了，還不是落到縣官的荷包裏，送進大戶的倉庫裏去，哪兒會有窮苦人的份？再說本家呢？伯父這一房還在泗州盱眙縣，聽說幾個哥哥侄兒先後去世，只剩一個四嫂在守寡，看光景是投奔不得的。[12]

再往上，祖籍是句容（今江蘇句容）。朱家巷還有許多族人。祖父在元朝初年是淘金戶，本地不出金子，官府不由分說按年照額定的數目攤派，只好拿糧食換錢鈔，到遠處買金子繳納。後來實在賠納不起，索性丟了房屋田地，逃到泗州盱眙墾荒的。句容那邊好幾代沒來往，情況不明。再老的祖籍是沛縣（今江蘇沛縣），已經隔了幾百年，越發不用說了。[13]

自己的本家門，近的遠的，裏裏外外，想來想去，沒有一處可以投奔的。到哪裏去呢？舅家呢？外祖父陳公那一把大白鬍子，慣常戴上細竹絲箬帽，披著法衣，仰著頭，那扣齒念咒的神氣，還依稀記得。

想起來也真怪，只知道他叫外公，連什麼名字也不知道。死的那年已經九十九歲了。母親曾經翻來覆去地說外公的故事，這話已經有五六十年了。那時外公在宋朝大將張世傑部下當親兵，蒙古兵打進來，宋朝的地方全被占了，文丞相也打了敗仗，被蒙古兵俘虜了。

張世傑忠心耿耿，和陸丞相保著宋朝小皇帝逃到崖山（在廣東新會縣南大海中）。那年是己卯年（公元一二七九年）。二月間，張世傑集合了一千多條大船，和蒙古兵決戰，不料崖山海口失守，斫柴取水的後路給切斷了，大軍只好吃乾糧，口渴得忍不住，只好喝海水，弄得全軍都嘔吐病困。

蒙古兵乘機進攻，宋軍船大，又因為怕風浪大，都連在一起，無法轉動。三軍望絕死戰，一霎時中軍被突破了，陸丞相仗劍叫妻子兒女都跳下海去，自己背著六歲的小皇帝也跳海自殺，寧死不屈。

張世傑帶了十幾條船，衝出重圍，打算重立趙家子孫，恢復國土，誰知船剛到平章山洋面上，一陣颶風把船吹翻，張世傑被淹死了。外公掉在海裏，僥倖被人救起，吃了許多苦頭才得回家。在本地怕又被抓去當兵，遷居到盱眙津里鎮。他原來會巫術，就靠當巫師，畫符念咒，看風水，合年庚八字過活。到老年常含著一泡眼淚說這一段傷心事，惹得聽的人也聽一遍哭一遍。

外公只生了兩個女兒，大的嫁給季家，小的就是母親。外公收了季家大表兄做過繼孫子。外公死後，因為隔得遠，家裏這多年也沒有和季家來往，料想這年頭，景況也不見得會好。[14]元璋左想右想，竟是六親俱斷，天地雖寬，卻無投奔之處。越想越煩悶，無精打采走回家來，蒙頭便睡。

又挨過了一些日子，遊魂似的晃來晃去，一點辦法也沒有。

大嫂帶著侄兒走娘家去了。常時在一起的幾個朋友周德興、湯和年紀都比自己大，有氣力，有見識，又都出外謀生去了，無人可以商量。從四月一直待到九月，有半個年頭了，還計較不出一條活路。和二哥商量，哭了半天，看來也只有遠走他鄉，各奔前程。

兄弟捨不得分離，相抱痛哭，驚動了鄰舍，隔壁汪大娘知道重六不放心小兄弟，就提起當年五四公在皇覺寺許願，捨重八給高彬法師當徒弟的事，如今何不一徑當和尚去，一來還了願，二來有碗淡飯吃，總比餓死強，二哥同意了。[15]

原來元璋小的時候多病，才生下，三四天不會吃奶。[16]肚子脹得圓鼓鼓的，險些不救。朱五四著急得很，胡思亂想，做了一個夢，夢裏覺得孩子不濟事了，也許只有佛菩薩才救得下，索性捨給廟裏吧。

他立刻抱著孩子走進一個大廟，不知怎的，廟裏和尚一個也不在，接不上頭，只好又抱回來。忽然聽到孩子哭聲，夢醒了，孩子真的在哭，媽媽在餵奶，居然會吃奶了，過幾天，肚脹也好了。長大後還是三天風，兩天雨，啾啾唧唧，病總不離身。父母著了慌，想起當年的夢，真的到寺裏許了願，給元璋捨了身。[17]

汪大娘娘兒倆替元璋預備了香、燭，一點禮物，央告了高彬法師。九月裏的一天，皇覺寺多了一個小行童。[18]朱元璋剃成光葫蘆頭，披上一件師兄穿爛的破衲衣，見人合十問訊，居然是佛門弟子了。掃地，上香，打鐘，擊鼓，煮飯，洗衣，是日常功課。見廟裏人叫師父、師兄、師娘，見俗人叫施主，連稱呼也改了。

早晚聽著鐘聲，鼓聲，木魚聲，念經聲，想想自己，想想不久前熱熱鬧鬧的家，想想孤孤單單挨餓的二哥，想想四下裏出外營生的那一夥朋友，心中無限激動。[19]

注釋

1《明太祖實錄》卷三十九：「洪武二年三月丙申，上以旱災相仍，因念微時艱苦，乃祭告淳祖、淳后曰：因念微時皇考皇妣凶年艱食，取草之可茹者雜米以炊，艱難困苦，何敢忘也。」

2《明太祖實錄》卷一，《明太祖文集》卷十四《御製皇陵碑》，光緒《鳳陽縣誌》卷十劉繼祖，三書都作孤莊村。沈節甫《紀錄彙編》本《天潢玉牒》作太平縣莊村是錯誤的。

3宋元以來的封建社會，平民百姓沒有職名的一般不起名字，只用行輩和父母年齡合算一個數目作為稱呼。例如俞樾《春在堂隨筆》卷五：

「徐誠庵見德清《蔡氏家譜》有前輩書小字一行云：元制庶人無職者不許取名，止以行第及父母年齒合計為名，此於《元史》無徵。然證以明高皇所稱其兄之名，正是如此，其為元時令甲無疑矣。見在紹興鄉間頗有以數目字為名者，如夫年二十四，婦年二十二，合為四十六，生即名四六。夫年二十三，婦年二十二，合為四十五，生子或為五九，五九四十五也。以上並徐君說。

「余考明勳臣開平王常遇春曾祖四三，祖重五，父六六。東甌王湯和曾祖五一，祖六一，父七一，亦以數目字為名，又考洪文敏《夷堅志》所載宋時雜事，如云興國軍民熊二，又云劉十二鄱陽城民也。又云南城田夫周三，又云鄱陽小民隗六，又云符離人叢四，又云楚州山陽縣漁者尹二，又云解州安邑池西鄉民梁小二，又云董小七臨川人，又云徽州婺源民張四，又云黃州市民李十六，其僕崔三，又云鄱陽鄉民鄭小五，又云金華孝順鎮農民陳二，諸如此類，不可勝舉，又載陽武四將軍事云，訪漁之家，無有知之者，亦不曾詢其姓第，識者鬟為神云。按言姓第，不言姓名，疑宋時里巷細民，固無名也。」

晗按：宋代平民姓第見於《清明集》戶婚門的很多，如沈億六秀，徐宗五秀，金百二秀，黎六九秀之類。《明太祖文集》卷五賜署令汪文劉英敕：「今汪姓劉姓者見勤農於鄉里，其人尚未立名，特賜以名曰文，曰英。」汪文劉英的年齡假定和朱元璋相去不遠，公元一三四四年均年十七八歲，到洪武初年已經四十多歲了，尚未立名，和俞樾所疑印證，可見宋元以來平民無職不起名字的情況。

據潘檉章《國史考異》卷一引承休端惠王《統宗繩蟄錄》，元璋的父親五四名世珍，大哥重四名興隆，二哥重六名興盛，元璋重八，原名興宗，這些名字大概都是後來追起的。

4《明太祖實錄》卷一，卷十八。

5《明太祖文集》卷十四《御製皇陵碑》，晗按《皇陵碑》有二本，一危素撰，《明太祖實錄》卷三十七：「洪武二年二月乙亥，詔立皇陵碑，先命翰林侍講學士危素撰文，至是文成，命左相宣國公李善長詣陵立碑。」一為朱元璋自己寫的：「洪武十一年四月，以皇陵碑記皆儒臣粉飾之文，特述艱難，明昌運，俾世代見之」。一為散文，一為韻文。二文並見郎瑛《七修類稿》卷七，後文收入沈節甫《紀錄彙編》卷一。

6 徐楨卿《翦勝野聞》作劉大秀，《天潢玉牒》及高岱《鴻猷錄》作劉繼祖，沈德符《野荻編補遺》義惠侯條，劉繼祖字大秀。

晗按：秀也是宋元以來的民間稱謂，注三引《清明集》戶婚門之外，如洪邁《夷堅甲志》十一：「……問之曰：五秀何為至此？原注：何第五秀者其人呼秀才云。」明初南有沈萬三秀。秀和郎有區別，王應奎《柳南隨筆》卷五：「江陰湯廷尉《公餘日錄》云：明初閭里稱呼有二等，一曰秀，一曰郎；秀則故家右族，穎出之人，郎則微裔末流，群小之輩。稱秀則曰某幾秀，稱郎則曰某幾郎，人自分定，不相逾越。」光緒《鳳陽府志》卷十：「繼祖父學老，仕元為總管。」是故家右族，行一，故稱大秀。

7《明太祖文集》卷一《追封義惠侯劉繼祖誥》：「朕昔寒微，生者為衣食之苦，死者急無陰宅難，吁，艱哉！爾劉繼祖發仁惠之心，以己之沃壤慨然惠朕，朕得斯地，樂葬皇考妣於是，至今難忘。」光緒《鳳陽府志》卷十《劉繼祖》。

8 徐楨卿《翦勝野聞》，王文祿《龍興慈記》，王鴻緒《明史稿．太祖記》。

9 王文祿《龍興慈記》。

10《明太祖實錄》卷一《天潢玉牒》。

11《明太祖實錄》卷五十三，潘檉章《國史考異》引《朱氏世德碑》，郎瑛《七修類稿》卷七。

12《朱氏世德碑》，《國史考異》引《統宗繩蟄錄》。

13《朱氏世德碑》，《國史考異》引《統宗繩蟄錄》。

14《明史》卷三百《外戚陳公傳》。

15《御製皇陵碑》。

16高岱《鴻猷錄．龍飛淮甸》。

17《皇朝本紀》。

18光緒《鳳陽府志》卷十四明太祖《御製皇陵碑》：「彼時朕年十有七歲，方為行童五十日，於教茫然。」行童是僧侶的僕人，《睽車志》：「朱三有子，年十三四，傭於應天寺僧為行童。」

19《御製皇陵碑》，《天潢玉牒》，高岱《鴻猷錄．龍飛淮甸》。

二、遊方僧

皇覺寺原來叫於皇寺，坐落在孤莊村西南角山坡上。這個寺的規模相當大，一進山門，兩邊排列著四大金剛，橫眉怒目，中間坐著大肚子彌勒佛，一臉笑容，背後韋佗菩薩拄著降魔寶杵，是個護法神。二進大雄寶殿，坐著如來佛，兩旁是十八羅漢。三進禪堂，左邊是伽藍殿，右邊是祖師殿。多年沒修理，佛爺菩薩寶座的油漆已經剝落了，佛像金身蒙著一層厚厚的灰塵，殿瓦上長滿焦黃的雜草，院子裏鋪的石板已坎坷不平，顯出一副衰落樣子。

一二十個和尚，平時靠常住田租米過日子，加上替本鄉死人念倒頭經，做佛事，得一點襯錢，他們一不耕地，二不做買賣，日子卻過得和地主差不多。雖然吃不上大魚大肉，卻比當粗工，做佃戶出氣力安逸些。

原來那時候出家當和尚也是一門行業，有的人很迷信，以為當了和尚真的可以成佛做祖，這類人很少；有的人做了壞事，躲進佛門修來生；有的人殺人放火，怕受官府刑法，剃了頭穿了袈裟，王法就治不到了；更多的呢，是窮苦人家養不活孩子送來的。

和尚吃十方，善男信女的布施吃不完，拿來開當鋪，放印子錢。而且，寺院裏的長老要人侍候，佛堂要經常打掃，零碎活也著實不少，多一個行童，強過雇長工，既省事，又得力，還不用付工錢。朱元璋年輕力壯，正是使氣力的時候，高彬長老和住持德祝一商量，很划得來，便收留了他。[1]

元璋從小貪玩撒野，愛出主意，支使人。又是小兒子，父母哥嫂都寵著些。兼之有點小聰明，會思考，看事情比別人準，也來得快當，打定主意要做什麼，一定要做到，也十有九次做到，夥伴們都服他，聽他調度。可是一到皇覺寺，情形便全不相同了，不說師伯師叔師父師兄有一大堆，還有師娘師弟，原來高彬長老是有家小的[2]，個個都是長輩，是主人，就數他小、賤，他得低聲下氣，成天陪笑臉侍候。就連打水煮飯的長工，也還比小行童高一頭，當他做二把手，支使著做這做那。

這樣一來，元璋不單是高彬長老一家子的小廝，還帶著做全寺僧眾的雜役，根本就是長工、打雜了。事情多，閒氣也就多，日子長了，塞滿一肚子冤枉氣，時刻要發作，卻使勁按住，為的是吃飯要緊，鬧決裂了沒處去。

對活人發作不了，有氣無處出，只好對泥菩薩發作了。

有一天，掃佛殿掃累了，掃到伽藍殿，已是滿肚子的氣，不留神絆著伽藍神的石座，跌了一大跤，氣憤之極，順手就用笤帚使勁打了伽藍神一頓。

又一天，大殿上供的大紅蠟燭給老鼠啃壞了，長老數說了元璋一頓。元璋想伽藍神是管殿宇的，當看家菩薩的不管老鼠，卻害行童挨罵，新仇舊恨，越想越氣，向師兄討了管筆，在伽藍神背上寫「發配三千里」，罰菩薩到三千里外充軍。

這兩件事都被長老看在眼裏，因為朱元璋是不拿工錢的雜役，儘管淘氣，打發走了，就缺人使喚，因此也不說話。[3]

皇覺寺是靠收租子過日子的，這一年災情太大了，收不到租米，師父師叔成天輪班到佃戶家催討，吵架，恫嚇，再不交就送到衙門坐班房，打板子，還是不中用。存的糧食眼看著吃不了多少天，嘴多耗費大，師婆出主意，先打發掛單的和尚走路，接著師伯師叔師兄們也都出門雲遊去了。

朱元璋當行童才滿五十天，末了一個被打發出門。沒奈何，雖然不會念經，不會做佛事，也只好裝著個和尚的樣子，一頂破箬帽，一個木魚，一個瓦缽，背上小包袱，拜別了師父和住持，硬著頭皮，離開了家鄉。

說「雲遊」「遊方」是和尚們的話，也叫「化緣」。用社會上的話就是「叫化」，也就是討口，要飯，找大戶伸手要錢要米要飯吃。大戶人家多半養條惡狗看門，狗有宗狗德性，專咬衣衫破爛的窮人，你越怕牠就越凶，張牙舞爪咬得更厲害。遊方僧為著不讓狗咬，離大戶家大門遠遠的便使勁敲木魚，高唱佛號。

大戶的主人也和狗一樣，專打窮人的算盤，可是有這麼一點和狗有區別，那就是自己知道壞事做得太多，怕死後入地獄，上刀山，下油鍋，就得發點「善心」，修修來世，求菩薩保佑。還盼望多生兒女，多發財，生生世世享福，不只這輩子做地主，下下輩子也做地主。要得到菩薩的保佑，就得對和尚客氣一些，把從佃戶身上榨取來的血汗，豁出一星星做布施，算是對菩薩的賄賂。

這樣，他們只要聽見木魚響，就知道是做「好事」修來生的機會到了。一勺米，幾文錢，絕不吝惜。大戶對和尚一客氣，狗也落得大方了。要是大戶不出來，只要有耐性，把木魚敲得更響，佛號喊得更高聲一些，遲早會有人出來打發。

元璋雖然只住了幾十天和尚廟，卻成天聽的是這一套，見的也是這一套，不會也會了。既然非出去要飯不可，就找人商量，向哪兒走好，聽人說往南往西一帶年景比較好，反正只要討得飯吃，活得了命，不管什麼地方他都去。

也沒規定的日子，愛走多久就多久，走多遠就多遠。就一徑往南，先到合肥（今安徽合肥），折向西，到固始（今河南固始），信陽（今河南信陽），又往北到汝州（今河南臨汝），陳州（今河南淮陽），東經鹿邑（今河南鹿邑），亳州（今安徽亳縣），到潁州（今安徽阜陽）。

遊來遊去，只揀莊稼長得好有飯吃的地方走，穿城越村，對著大戶人家敲木魚。[4] 軟化硬討，山棲野宿，受盡了風霜之苦，走遍了淮西一帶的名都大邑，熟識了這片地區的河流、山脈、地理，尤其是這地區的人情、物產、風俗。見了世面，擴大了眼界，懂得了學會了許多事情，豐富了社會知識，也鍛煉了堅強的體力。

這時期的情況，他在後來回憶：

眾各為計，雲水飄揚。我何作為，百無所長。依親自辱，仰天茫茫。既非可倚，侶影相將，突朝煙而急進，暮投古寺以趨蹌，仰窮崖崔嵬而倚碧，聽猿啼夜月而淒涼。魂悠悠而覓父母無有，志落魄而佒佯。西風鶴唳，俄淅瀝以飛霜，身如蓬逐風而不止，心滾滾乎沸湯。[5]

身如蓬逐風，心似滾沸湯的生活，過了三年多。一直到至正八年，聽說家鄉一帶很不安靜，勾起了思鄉的念頭，依然和出來時一樣，一頂破箬帽，一個木魚，一個瓦缽，回到皇覺寺。

淮西在朱元璋遊方的幾年中，後來西系紅軍的開山祖師彭瑩玉正在這一帶潛伏活動，傳布彌勒佛下生的教義，組織革命力量。

彭瑩玉也是遊方和尚，朱元璋即使沒有見過彭和尚，也必然和彭和尚的門徒有過接觸。幾年後，這地區又成為東系紅軍的根據地了，這種子是彭和尚撒下的。

朱元璋在這個地區周遊了三四年，生活在下層社會，他接受了新的宗教，新的思想，新的政治教育，加入了秘密組織。

在智力和體力方面都已成熟了的行童，回到皇覺寺以後，開始交結朋友，物色有志氣有膽量、敢作敢為的好漢，還不時進濠州城裏探訪消息，同時也下決心要多認識一些字，多讀一些書，多懂一些道理，準備將來幹出一番事業來。[6]

彭瑩玉秘密傳布的宗教是多元的，並且有外國來的成分。教徒主要的特徵是燒香、誦偈，奉的神是彌勒佛和明王，誦讀的主要經典有《彌勒下生經》，《二宗三際經》，《大小明王出世經》等等。彭瑩玉出家於袁州（今江西宜春），布教於淮西，可以說是南派。

另一個系統是北派，頭目是趙州欒城（今河北欒城）的韓家。韓家幾代以來都是白蓮教的教主，燒香結眾，很得鄉村農民的信仰，潛勢力極大，張揚開了，被地方官尋個題目，謫徙到廣平府永年縣（今河北永年）居住。

到韓山童接手當教主以後，便使人到處宣揚天下要大亂了，彌勒佛降生，明王出世，組織力量，準備起義。這兩派起兵以後，因為目標相同，都反對元朝，信仰相同，都宣傳彌勒佛和明王，就混而為一了。

起義的教徒都用紅巾裹頭，以區別於元朝的軍隊，當時人稱之為紅軍，紅巾，或紅巾軍，香軍；奉的是彌勒佛，也叫彌勒教；宣傳明王出世，又叫做明教。[7]

明教的來源可以上溯到唐朝。原來叫摩尼教，是波斯人摩尼（公元二一六—二七七年）所創。這個教是個大雜燴，摻合了基督教、祆教、佛教而成為一個新宗教。主要的教義是二宗三際；他們認為世界上有兩種不同的力量，叫作明暗二宗，明是光明，是善，是理，暗是黑暗，是惡，是欲。

這兩種力量，對立鬥爭，經過三個階段，叫初際，中際，後際。初際階段，還沒有天地，便已有了明暗，明性知慧，暗性癡愚，形成對立狀態。中際階段，暗的力量發展擴大，侵占了壓迫了明的力量，恣情馳逐，造成「大患」，這時明王就出世了，經過鬥爭，把黑暗趕走。

後際階段，明暗二宗，各復本位，明既歸於大明，暗亦歸於積暗。初際明暗對立，是過去，中際明暗鬥爭，是現在，後際明暗復位，是未來。明教的神叫明使，也叫明尊，明王。[8]

唐武后延載元年（公元六九四年）傳到唐朝，又傳到回鶻，回鶻政府和百姓極為尊信。[9]明教教規不設偶像，不崇拜鬼神，吃齋，禁止殺生，教徒穿白衣服，戴白帽子，天黑了才吃飯。[10]回鶻當時幫唐朝打仗有功，因此，回鶻人崇信的明教，唐朝也加意保護。[11]到九世紀中期；回鶻內亂，為唐軍所敗。武宗會昌五年（公元八四五年）禁止佛教，明教也被禁止了，教堂被封閉，不許傳播。[12]從此明教便成為秘密宗教；暗地裏在民間活動，吸收了佛教和道教許多東西，又滲入許多民間的原始信仰，成為雜七雜八的混合宗教了。

因為明教認為在現在階段，雖然黑暗勢力占優勢，但是明王一定要出世，光明一定要戰勝黑暗，鼓勵革命，主張鬥爭，這種主張對於長期忍受地主階級的殘酷剝削，沒有受教育的機會，缺乏科學知識的農民來說，是極大的鼓舞和啟發，因之，明教教義深入民間，是被壓迫者被剝削者的宗教，得到廣大農民的信仰和支持，成為組織農民起義的力量。

五代時明教徒首先在陳州武裝起義，被政府軍打垮了。[13]一部分教徒逃到福建。

北宋時福建南部是明教最重要的教區。明教的一部分經典，編入道教的《道藏》，安置在亳州的明道宮。[14]又從福州傳到浙江，光是溫州（今浙江永嘉縣和附近幾個縣）一地，就有明教齋堂四十多個，齋堂裏的長老叫行者，執事有侍者、聽者、姑婆、齋姊種種稱呼。[15]到南宋初年，已經發展到遍及淮南、兩浙，江東、江西一帶地方了。[16]教徒嚴格執行在密日（日曜日）吃齋，神的畫像是摩尼和夷數（耶穌），這兩個神都是高鼻子，窪眼睛，黃頭髮，鄉下人看了很稀奇，以為是魔鬼，以此，這教在教外人說起來是「吃菜事魔」，吃菜指的是吃齋，事魔指的是拜魔神，又叫作魔教。

明教為了深入農村，廣泛吸引農民參加，提倡素食，薄葬，節省消費，同教的人互相幫助，大家湊錢來幫助新參加的和窮苦的教友。每逢初一、十五，出四十九文銅錢，給教頭燒香，錢匯齊後交給教主作教裏的經費。一家有事，同教的人有錢出錢，有力出力，萬一有人被捉去坐牢，也是大夥出錢幫著打官司。[17]

做到了有組織，團結、互助和合作，又有一定的經費，貧苦的農民向來只有被官府、地主剝削、壓迫，虐待、奴役的分兒，如今有了這麼些和自己一樣的人，穿一樣衣服，說一樣的話，誠心誠意來幫助自己，而且團結組織起來了，日後還大有好處，又怎麼會不參加？

貧苦農民入教的愈來愈多，明教的教區也跟著擴大，明教的力量也就日漸強大起來了。暴動、武裝起義，各種反抗地主和官府的行動，就愈來愈多了。從北宋末年起，睦州（今浙江建德和附近幾個縣）、台州（今浙江臨海和附近幾個縣），衢州（今浙江衢縣和附近幾十縣），東陽（今浙江東陽），信州（今江西上饒和附近幾個縣），涇縣（今安徽涇縣）等地，都曾發生過明教徒的武裝革命鬥爭。[18]

但是，也正因為明教徒主張最後目標是明暗各復本位，互不侵擾，黑暗的力量在經過鬥爭後依然存在，對農民的剝削，壓迫、奴役的制度也依然存在，在領導思想上不但是折衷的，妥協的，半途而廢的，而且，流血犧牲的結果，依然是地主對農民的統治，依然是階級對階級的壓迫，因之也就不能把革命進行到底，取得徹底的完全的勝利。歷史上所有這一類型的起義，都以失敗而告終。

明教又和民間流行的彌勒教、白蓮教兩種宗教混合。彌勒教和白蓮教都出於佛教的淨土宗，一個叫彌勒淨土，一個叫彌陀淨土。彌勒佛是佛教裏的著名人物，據佛教傳說，彌勒過去為王，對百姓慈育，是一個好國王。釋迦牟尼佛在世時，彌勒侍旁聽法，是個好學生。釋迦牟尼佛滅度（死）後五十六億七千萬歲，彌勒下降人世而成佛。[19]

佛教諸經典都承認彌勒是遙遠世代後繼承釋迦的佛。並且說釋迦滅度後，世界變壞了，種種壞事全都出現，不但氣候壞，莊稼收成壞，連人心也壞了，人們的生活苦到不能再苦。

幸得釋迦牟尼佛在滅度前留下了話，再過若干年，彌勒佛就出世了，這個佛一出世，世界立刻變了樣子，土地又寬大，又乾淨，刺人的荊棘不見了，青青的山，綠油油的水，滿地鋪著金沙，到處是清汪汪的水池，碧森森的樹林，美麗的花朵，芬芳的香草，還有各種無名的寶貝。人心也變好了，搶著做好事，好事做多了，壽命也長了，太太平平過日子。人口一天天加多，城市越來越富庶了。種的稻、麥，下一次種子就有七次的收成，用不著拔草翻土，自會成熟。[20]

自從出現這個美麗的神話故事以後，成千萬的農民都在期望這一天的到來，幾十年，幾百年過去了，依然在等待，在期望。一聽見什麼地方有彌勒佛出世的話，就搶著去參加起義。

從隋、唐一直到宋、元，七八百年來，歷史上寫滿了彌勒教徒起義的記錄。關於彌勒佛若干部經典的翻譯，早在兩晉時代已經開始，到南北朝時已發生很大影響。舉例說，那時候的風氣，和尚們化募了錢財，在山岩上挖洞雕刻佛像，一個山有好多洞，一個洞有好多大石佛，往往要費時幾年以至幾百年才能刻成。刻的佛像最多的就是彌勒佛和阿彌陀佛。

經典的傳播，佛像的禮拜，傳說的鼓動，無數次彌勒佛降生的號召，使得這一神秘而又親切的名字為樸素的農民所熟悉，信任，成為組織、發動反抗當時統治階級的力量。信仰彌勒佛的人也穿白衣服，戴白帽子，也燒香。[21]也相信世界上有明和暗，好和壞兩種力量，大體上和後起的明教類似，結果這兩個教也就混合在一起了。

白蓮社供養的是阿彌陀佛，勸人念佛修行，多做好事，死後便可以到西方淨土白蓮池上過快活日子。這個團體創始於五世紀初年，到十二世紀前期，又加進了天台宗的格言，忌蔥乳，不殺，不飲酒，衍變成白蓮教。因為儀式和戒條都和明教彌勒教相近，到十四世紀前期，這三個秘密宗教就自然而然混合為一了。[22]

明教和彌勒教都不滿現狀，都主張改變現狀，都相信不久以後，會有而且必然地有更好或最好的世界出現。這幻想世界的出現有一個顯明的標識，就是「明王」或「彌勒佛」出世。這樣，明王或彌勒佛出世就成為煽動農民參加武裝革命最通俗、最簡明的號召了。

這一號召有力地吸引了陷於貧困絕境的樸素善良的農民，他們用竹竿鋤頭武裝自己，進行英勇的不屈不撓的反抗暴力壓迫的正義鬥爭。雖然每一次的起義都被具有完善組織和威力強大的政府軍隊所鎮壓，他們失敗了，但是，農民是永遠不會屈服的，跌倒了，揩乾淨血跡，再爬起來，再反抗，永遠反抗下去，「野火燒不盡，春風吹又生。」只要封建壓迫存在一天，農民的各種形式的，特別是以武裝的革命反對武裝的反革命的鬥爭，便永不中止。

在廣大被壓迫被奴役農民的思想深處，儘管不懂得階級壓迫的道理，卻都痛恨地主、官僚的無情剝削，虐待，都憧憬著美麗而又富饒的遠景，相信總有一天會翻身，「明王」「彌勒」會出世！

遠在朱元璋出生前三年，元泰定二年（公元一三二五年）六月，息州人趙醜廝、郭菩薩就宣傳彌勒佛要來治理天下了。[23]

十二年後，陳州人棒胡（閏兒）又宣稱彌勒佛已經降生了，燒香會齊教友，在汝寧府、信陽州武裝起義，打下歸德府、鹿邑，燒了陳州（陳州正是四百多年前明教徒起義的根據地）。[24]這年，朱元璋已經十歲了。

第二年，元順帝至元四年戊寅（公元一三三八年）彌勒教徒周子旺在袁州起義，周子旺是袁州慈化寺和尚彭瑩玉[25]（又叫彭翼，敵人叫他妖彭）的徒弟，他們勸人念彌勒佛號，每晚點著火炬，燒香禮拜，口宣佛偈，信從的極多。

教徒約定寅年寅月寅日寅時起兵，參加的人背上都寫一佛字，以為有佛爺保佑，刀兵都不能傷了。年月日時都湊齊了，周子旺自稱周王。改了年號，率領五千人起事。

這一支沒有經過訓練的農民軍，剛一動手，就被地方軍隊殘酷地鎮壓了，周子旺被殺。彭瑩玉經常用礦泉水替附近農民治病，袁州老百姓當他是活神仙，爭著蔭蔽他。官府搜緝得緊，家鄉待不下去了，他只好逃亡到淮西，淮西地區老百姓早知道彭祖師的名聲，也搶著掩護他，便索性在淮西住下，秘密傳教，組織更大力量，準備再幹。

朱元璋這幾年內所到的地方，息州、陳州、信陽和淮西流域，前三個是彌勒教徒起義失敗的場所，淮西流域則是彭瑩玉秘密傳教的地區。[26]

注釋

1《御製龍興寺碑》，袁文新《鳳陽新書》卷八。

2《元史》卷三十八《順帝本紀》：「至元元年，凡有妻室之僧令還俗為民，既而復聽為僧。」葉子奇《草木子雜俎篇》：「中原河北僧皆有妻，公然居佛殿兩廡，赴齋稱師娘，病則於佛前首詡（同鞠），許披袈裟三日，殆與常人無異，特無髮耳。」《皇朝本紀》：「時師且有家室，所用弗濟。」談遷《棗林雜俎》《僧娶妻室》條：「鳳陽大龍興寺，即皇覺寺，一日於皇寺，太祖《敕僧律》：『有妻室僧人，除前輩老僧，蓋因元末兵亂，流移他方，彼時皆有妻室，今已年老無論外，其後進僧人有妻室者，雖在長上輩比肩及在下諸人，皆得凌辱，亦無罪責。』今僧俱婚娶，亦無差累。」

3《龍興慈記》。

4《明太祖實錄》卷一，危素撰《皇陵碑》。

5《御製皇陵碑》。

6《天潢玉牒》，《皇朝本紀》。

7《明史》卷一百二十二《韓林兒傳》：「時皆謂之紅軍，亦稱香軍。」參看《元史順帝本紀》，陸深《平胡錄》，何喬遠《名山藏天因記》，高岱《鴻猷錄》卷七《宋事始末》，錢謙益《國初群雄事略》卷一宋小明王。

8《摩尼教殘經·出家儀》第六。

9李文田《和林金石錄九姓回鶻可汗碑》。

10志磐《佛祖統紀》卷四十一，《冊府元龜》卷九十九。

11《唐會要》卷十九。

12《新唐書》卷二一七下。

13《舊五代史·梁書·末帝紀》，《佛祖統紀》卷四十一。

14徐鉉《稽神錄》，洪邁《夷堅志》，何喬遠《閩書》卷七《方域志》。

15《宋會要稿·刑法》。

16陸游《渭南文集》卷五。

17莊季裕《雞肋編》中，李心傳《建炎以來繫年要錄》卷七十六。

18《建炎以來繫年要錄》卷三十二、三十六、六十三、一百三十八、一百五十一、一百七—六。

19《淨名疏》。

20《法住記》，《彌勒下生經》。

21《隋書．煬帝本紀》卷二十三《五行志》。

22《佛祖統紀》卷四十七，重松俊章《初期之白蓮教》。

23《元史》《泰定帝紀》。

24《元史》《順帝本紀》。

25彭瑩玉的籍貫：

一、籍貫資料：

甲、袁州說

1、權衡《庚申外史》卷上：「袁州妖僧彭瑩玉徒弟周子旺以寅年寅月寅日寅時反。……瑩玉本南泉山慈化寺東村莊民家子。」

2、《明太祖實錄》卷八：「袁州慈化寺僧彭瑩玉以妖術惑眾，其徒周子旺因聚眾為亂。」

3、《明史》卷一百二十三《陳友諒傳》：「元末盜起，袁州僧彭瑩玉以妖術與麻城鄒普勝聚眾為亂。」

乙、瀏陽說

1、葉子奇《草木子》：「先是瀏陽有彭和尚能為偈頌，勸人念彌勒佛。」

2、陸深《平胡錄》：「先是瀏陽人彭和尚名翼，號妖彭，能為偈頌，勸人念彌勒佛。」

二、史源之比較

權衡，吉安人。元末兵亂（至正十二年閏三月，徐壽輝紅軍陷吉安），避居彰德。明初歸江西。

葉子奇，龍泉人。明初曾上書處州總制孫炎。

陸深，上海人。弘治乙丑（公元一五〇五年）進士。

權衡為江西吉安人，和彭瑩玉同時。《明實錄》、《明史》都據權衡說，今從之。（葉子奇也和彭同時，但他是浙江人。陸深則約後於彭瑩玉一百五十年。）

26吳晗《讀史札記・明教與明朝》。

三、紅軍起義

元順帝至正十一年（公元一三五一年）五月，江淮流域各地區的貧苦農民——元朝蒙漢地主階級所特別歧視的南人，短衣草履，頭包紅巾，擎著鮮紅的大旗。扛著竹竿鋤頭，長槍板斧，殺官僚，占城邑，開倉散糧食，破牢放囚犯，自立名號，敲響了元朝政府的喪鐘，這就是歷史上有名的紅軍起義。

紅軍的隊伍，到處都是。揀重要的著名的說吧：

東系在潁州發動的，頭目是杜遵道劉福通，占領了元朝的米倉朱皋（鎮名，屬河南光州固始縣），開倉散米，一下子就發展到十幾萬人。攻下汝寧（今河南汝南）、光州、息州、信陽；芝麻李（李二）的隊伍控制了徐州（今江蘇銅山）和附近各縣，以及宿州（今安徽宿縣）、五河（今安徽五河）、虹縣、豐（今江蘇豐縣）、沛、靈壁、南邊到了安豐（今安徽壽縣）、濠、泗（今安徽臨淮）。

西系起於蘄（今湖北蘄春）、黃（今湖北黃岡），由彭瑩玉和尚組織，推徐真逸（壽輝）作頭目，攻下德安（今湖北安陸）、沔陽（今湖北沔陽）、安陸（今湖北鍾祥）、武昌（今湖北武昌）、江陵（今湖北江陵）、江西（今江西九江南昌一帶）諸府。

起於湘水漢水流域的，推布王三孟海馬為頭目：布王三的隊伍叫北瑣紅軍，占領了唐（今河南唐河）、鄧（今河南鄧縣）、南陽（今河南南陽），嵩（今河南嵩縣）、汝、河南府（今河南洛陽及附近各縣），孟海馬率領南瑣紅軍。占領了均（今湖北均縣）、房（今湖北房縣）、襄陽（今湖北襄陽）、荊門（今湖北荊門）、歸峽（今湖北秭歸）。

這幾支紅軍都打著明王出世，彌勒佛降生的旗幟，前後不過幾個月工夫，東邊從淮水流域，西邊到漢水流域，都插滿了紅旗，像腰斬似地把元皇朝攔腰切作兩段。

元朝政府的崩潰，是由於蒙漢官僚地主階級對廣大農民殘酷的剝削和無情的壓迫，農民忍無可忍，被迫拿起武器，進行長期的壯烈的階級鬥爭；是由於蒙古色目貴族對漢、南人的殘酷粗暴的民族壓迫、掠奪和戕害，廣大人民挺身而起，進行長期的英勇的民族鬥爭是由於蒙漢統治階級的腐化和階級內部矛盾的尖銳化，分裂、對立，自相殘殺，掘下自己的墳墓。

鬥爭的開始，是以被壓迫階級反對統治階級的階級鬥爭形式出現於歷史舞臺的，到後期，階段鬥爭的實質因地主階級的參加而被閹割了，突出地強調了民族鬥爭，朱元璋統一了南北，建立了明朝。

蒙古滅金以後，圈占廣大土地作為牧場，有的竟至千頃以至十萬餘頃。滅宋以後，沒收了宋朝的官田和一部分貴族的土地。蒙古諸王、后妃、公主和大官、將帥以及漢南人投降的文官武將，僧侶寺觀，都以侵占或賞賜的方式占有大量土地，把原來耕種土地的農民抑為佃戶。如諸王中，晉王也孫帖木兒單是歸還朝廷的地就有七千頃，沒有歸還的一定多於此數是沒有問題的。西安王阿剌忒納失里有平江（今江蘇吳縣）賜田三百頃。郯王徹徹禿有蘇州賜田二百頃。沒收宋朝后妃的田地歸太后所有，專設江淮財賦都總管府掌管。另一大批沒收田地歸皇后所有的，專設江浙財賦府掌管。

文宗時（公元一三二九—一三三二年）魯國大長公主有平江等處賜田五百頃。順帝時公主奴倫引者思有地五千頃。大臣如伯顏有河南賜田五千頃。和薊州寶坻縣稻田提舉司所轄田土。脫脫有松江等處稻田提領所的田土。應該指出，江浙地區土地肥沃，人口稠密，幾百頃就是了不起的大數目了。此外，金和宋的投降官僚不但保持有原來的田土，而且還乘機兼併，有的一年收租數量竟達到二三十萬石，占有佃戶二三千戶之多。他們和蒙古色目地主聯合一起，奴役人民。

由於元朝尊信宗教，寺觀也往往占田幾百頃、千頃，最多的如大承天護聖寺，前後兩次共賜田三十二萬五千頃。大護國仁王寺有水陸田地十萬多頃，佃戶三萬七千五十九戶。白雲宗和尚沈明仁強奪民田二萬頃。江南寺院佃戶多到五十萬戶有餘。

儘管上邊這些土地占有情況不是同一個時候發生的，也不是這一大片土地在元朝整個歷史時期都歸最初占領的這一家一族所有的，但是，就憑這些材料，也可以看出元朝蒙漢地主階級貪婪無厭的占有土地情況，大量的土地被高度集中的情況，佃戶數目較過去歷史時期大量增加的情況，也就是階級鬥爭的日趨激烈的不可避免的情況。

蒙古諸王后妃大臣還有食邑，從幾千戶到幾萬戶不等，也有從一縣十幾縣到一路以至三路的。最多的如孛兒帖可敦有真定食邑八萬戶。元成宗以安西、平江、吉州三路為皇太子的食邑。食邑的地方官由領主推薦，農民要向領主繳納五戶絲和鈔，還要向元朝政府繳納賦稅。

就這樣，土地大量集中在少數蒙漢貴族官僚手裏，廣大農民和中小地主失去土地，或者被迫降為佃戶，或者被迫逃亡他鄉。江南的佃戶按地主定下的規矩和地主對半或者四六分收成，趕上青黃不接，水旱災傷，不得已向地主借貸口糧，立下契約，連本帶利，寫上數目，候收割時驗數歸還。才到秋收，所收糧食，除交給地主一份以外，有的佃戶把自己應得的一份全數拿來還債，還不夠付清本利，被迫抵當人口，折合傢具作數，甚至連鋤頭鐮刀也給折走了，活不下去，只好逃走。

佃戶逃亡的越多，田土荒廢的也就多了，生產的糧食也就少了。另一等佃戶繳納高額地租，還要承當地主家的雜泛差役，赤貧化的結果買不起農具、肥料，地裏收成一少，就被地主奪佃，失去活路。即使家裏人力多，侍候得地肥了些了，收成稍多，地主要要加租，交不起，還是種不成地。有些地方的佃戶，生男供地主奴役，生女則為地主婢妾，甚至計口立契，隨田地買賣，和買賣牲口一般。

北方的農民比南方的受苦也不輕，剝削的名目更多，種的桑棗禾稼經常被蒙古駐軍和官僚地主的牧馬作踐，有的田地索性被占作牧場，靠近大都（今北京）的畿內一帶地方，為了長馬草，時常禁止農民秋耕。農民養的馬匹耕牛一碰上有戰爭，就被官府搶走，有時給低價，有時不給一個錢。淮河以北一帶以至河南河北農民，千百成群地逃向南方，元世祖至元二十年（公元一二八三年）一次逃亡的農民就有十五萬戶。

二十三年以漢民就食江南者多，特派使臣盡徙北還。還專派官員在黃河、淮河、長江的關卡津渡檢查，凡漢民沒有通行公文的，一律不許通過。又立下法令，逃民必須押解還鄉，並禁止聚眾到千人，犯禁的罰杖一百。

順帝元統元年（公元一三三二年）京畿大水，饑民四十多萬人。第二年江浙大饑，饑民五十九萬多戶。地主階級的剝削越重，農民的日子過得越苦。地主兼併土地的速度越快，農民反抗的手段——逃亡也就越多。田地荒廢數目越大，糧食的產量就越少；鬧災荒的次數、面積越大越多，階級矛盾就越發尖銳，達到不可調和的地步，爆發了一次接著一次的農民革命戰爭。

為了緩和階級矛盾，元朝政府也曾經使用減輕賦稅，賑濟，設立常平倉，派遣勸農官等等辦法。但是免賦只免到地主和自耕農，佃戶還是得照樣向地主交租。賑濟呢，佃戶也還是輪不到。甚至像至元四年（公元一三四四年）河南北大饑，第二年又大疫，十成人死了五成那樣大災荒，朝廷說要賑濟災民，出賣官爵得了若干鈔和糧食，但後來聽說還有幾成收成，就不賑濟了，把賑款吞沒了事。

常平倉呢，有倉無米。即使有米，也還是落入大官、地主們手裏，分配不到農民。至於勸農官的設立。除了多設幾個剝削掠奪的官僚以外，沒有別的意義。

除了蒙漢地主階級的階級壓迫以外，還有蒙古、色目人對漢、南人的民族壓迫。

蒙古色目貴族為了便於鞏固軍事統治，永遠剝削和奴役以漢族為主體的貧苦人民，把社會劃分為四個階層：蒙古人最貴，色目人第二，漢人第三，南人最下。

蒙古軍事貴族在滅金之前，已經征服了中亞細亞花剌子模諸國，統稱這些國家的投降人口為色目人，被利用來壓迫較後被征服的漢人。漢人指的是金朝統治下的漢人和女真、高麗、契丹等民族；南人指的是最後被征服、宋朝統治下的以漢人為主體的各族人民。

為了分化漢族的團結，蒙古統治階級稍微給北方漢族地主一些政治上的小好處，和南人有明顯的區別。四等人的權利與義務是極不平等的，對漢南人平民的防制最為嚴刻。並賤稱漢人為「漢子」，南人為「蠻子」。同時，在蒙古各族中，窮苦牧民也和漢南人中的貧苦農民一樣，被迫自備馬匹武器去當兵，受到統治階級窮凶極惡的剝削。

應該指出，民族間的壓迫是形式上的，是對沒有政治地位的平民百姓的壓迫。實質上，蒙古、色目、漢人、南人的地主階級的聯合政權，對所有各族的貧苦人民，無例外地進行剝削、掠奪和奴役，歸根到底，本質上仍然是階級壓迫。

蒙古統治者在滅金滅宋的戰爭中，除開攻城略地，大量屠殺以外，更掠奪人口，叫作驅口，地位和奴隸一樣，所生子孫，永遠世襲。蒙古、色目、漢、南人官吏也多強占民戶為奴隸。上都（今內蒙古自治區多倫縣）、大都設有馬市、牛市、羊市、人市，人畜同樣買賣。江南販賣人口之風更盛。主人怕驅口奴隸逃走，或飲以啞藥，或用火烙足，驅使同畜牲一樣。

驅口和奴隸在法律上待遇同等，實際區別是在軍前俘獲稱奴，掠賣人口稱驅，奴不得自立門戶，驅得自立門戶，但不得自由遷徙。驅丁對朝廷每年納丁稅粟一石，對主人負耕田、供役、納貢賦、代主人服兵役的義務。如大將阿里海牙破湖南，沒收降民三千八百戶為家奴。十四世紀初年，江南官僚地主強占民戶做奴隸動輒百餘家，有多到萬家的。

蒙古戍兵和平民生活窮困的，也被迫賣妻鬻子為奴婢。元代官私奴隸在人口總數中占了很大的比例。奴隸數量越多，佃戶的數量就不能不相對地縮小了，這不只阻礙了生產的發展，也損害了各族中小地主階級的利益，造成了統治階級的內部矛盾。

南人始終被排擠在中央政治領導的圈外。兵權更不讓漢人掌管，漢人雖也有做軍政官的，但不能與聞軍政，參與機密，閱兵籍，知兵數。行省長官一般是蒙古人，其次是色目世臣，缺官才輪到色目和漢人。地方官以漢人做總管，色目人做同知，但總攬實權的卻是蒙古的監督「達魯花赤」。

宮廷的衛隊只用蒙古色目人，不許漢人南人投充。蒙古貴族子弟從宮廷衛隊出身做官，升遷很快。漢、南人則只能從科舉或學校出身。科舉也有民族差別，蒙古、色目人作一榜，漢人南人作一榜，蒙古、色目人考二場，漢、南人則須考三場；考試題目漢、南人比蒙古、色目人的難，及格授官的卻又正好相反，蒙古、色目人比漢南人高。

國立學校的學生名額，也是以種族作標準的，國子監生蒙古五十人，色目二十人，漢人三十人。考試蒙古生從寬，色目生稍加嚴，漢生考的內容最多。畢業後授官蒙古生六品，色目生正七品，漢人從七品。

文武官員的蔭敘和升遷的等級，也作了優待蒙古、色目人的規定。蒙古高於色目，色目又高於漢人和南人。官員的懲罰，法令規定色目人和漢人不勤於職的，處死刑還要抄家，蒙古人則例外。

除了政治地位不平等之外，元朝政府還特別制訂了壓迫漢族的法律，來保障和鞏固自己的統治權。

順帝元統二年（公元一三三四年）下令蒙古貴族和色目人犯奸盜詐偽，由專管蒙古貴族的機關「大宗正府」處理，漢、南人犯法的歸普通法庭判處。蒙古人官員犯法定罪行杖，必須由蒙古人判刑和監杖。蒙古貴族和色目人不但受特殊法庭的保護，而且遇有重大刑事案件，最後裁決權屬於蒙古大臣，更加了一層保障。蒙古人打死漢人，只判處當兵出征和罰交燒埋銀。蒙古人員毆打漢人，不得還手，只能指定證人到官府告狀。反過來，如漢人打死或打了蒙古人，就要嚴刑斷罪。並禁止漢人聚眾與蒙古人互毆。漢、南人犯竊盜罪例須在臉上刺字，蒙古、色目人則免刺。

對漢、南人地區用軍事力量控制秩序，鎮壓起義。辦法是解除漢、南人武裝；由朝廷分兵駐防各地；建立社甲制度。

元世祖至元十三年（公元一二七六年）元軍入臨安（今浙江杭州市）後，就下令沒收民間兵器。南人在軍中的尺鐵寸杖不得在手。民戶有鐵尺、手撾和杖之藏刃的都要一律交官。有馬的拘入官。私藏甲仗的處死。把民間兵器最壞的銷毀，稍好的給色目人，最好的收歸武庫，留作蒙古人用。

漢人在出征時所用兵器，打完仗就要交官，完全解除漢、南人在軍中的非戰時武裝。甚至漢人將領非經特許也不許執持武器。各路、府、州，縣為了捕盜的需要，所用弓矢也嚴格限制為各路十副，府七副，縣五副。不許漢人打獵。不許漢人學習武藝。不許漢人集眾祠禱祈賽神社、集場買賣。甚至學習蒙古、色目文字，也不許可。

駐防（鎮戍）軍以蒙古軍和探馬赤軍（色目諸部族軍）為主力，分屯河、洛、山東，以探馬赤軍漢軍和新附軍（宋的降兵）駐防淮水以南直到南海，都以蒙古宗王為大將。蒙古軍就營地住家，其他軍隊按時換防，都有一定制度。

江南三行省凡設戍兵六十三處，駐防地區幾十年不改。蒙漢地主政府用蒙古軍鎮壓淮水以北金地的漢人，用諸部族軍、漢軍輔以宋的降兵鎮壓淮水、長江以南宋地的南人，利用種族矛盾來貫徹軍事控制，運用軍隊力量來維護統治威權，加強階級壓迫和民族壓迫。民族間的猜忌越大，仇恨也就越深。

和駐防軍相結合的社甲制度，是蒙漢地主統治機構的基層組織。在滅宋以前，元世祖至元七年下令諸縣所屬村疃，凡五十家立為一社，擇年高曉農事的一人為社長，戶數達到百家的增設社長一員，不及五十家的與近村合為一社。

社原來是貧苦農民為了反抗封建壓迫，自願結合的一種組織形式，歷代統治者曾屢次加以禁斷，在禁斷無效的時候，便利用原來基礎，把它納入政府系統，成為官辦的社，通過這一組織，督促農民努力生產，達到增加稅收便於統治的目的。元朝政府繼承了這一制度，目的是為了加強統治和搜括，但是，有了這個組織，也就賦予了廣大農民為了反抗階級壓迫的秘密組織以合法的形式，使得農民普遍組織起來，就有了強大的反抗力量了。

三年以後，為了便於監視漢民，又令探馬赤軍隨處入社與編民等。蒙古色目人雖然有隨便居住各地的權利，蒙古軍卻不與漢人戶一處相合為社。這是北方地區的情況。到滅宋後，把南方人民編二十家為甲，以蒙古人為甲主，對甲內編戶有絕對的威權；「衣服飲食惟所欲，童男少女惟所命。」

城鄉到處編甲，甲主糟蹋掠奪平民妻女，誰也不敢說話。甚至夜間禁止人民通行，以鐘聲為號，一更三點鐘聲絕，禁人行，五更三點鐘聲動，聽人行。違者笞二十七。只有在禁鐘之前，曉鐘之後，才許市井點燈做買賣，平民人家點燈讀書、工作。這雖然只是滅宋以後的初期情況，但給南方人民的慘酷印象卻是世代難忘的。

元朝蒙漢地主階級透過了社長甲主，向農民施行凶殘的掠奪，在各種名目的苛捐雜徭下，到元朝中葉以後，每年田稅賦役所徵調的數量，比元初時增加到二十倍以上。因而使全國農業生產下降，廣大農民陷入破產的深淵。

從官書記載的戶口數字來看，宋的戶口，嘉定十六年（公元一二二三年）戶數一千二百六十七萬，口數二千八百三十二萬。金的戶口，泰和七年（公元一二〇七年）戶數七百六十八萬四千，口數四千五百八十一萬。兩國合計有戶約二千萬，口約七千四百萬。這個數字當然不包括蒙古色目的戶口數字。

可是到元世祖至元十八年（公元一二八一年），全國合計戶數只有一千三百二十萬，口數五千八百八十三萬，這個數字是應該包括蒙古色目的戶口數在內的。兩數比較，可以看出長期戰爭破壞的結果，戶數減損了約七百萬，口數減損了約一千五百萬。

到元文宗至順元年（公元一三三〇），全國戶數還是一千三百四十萬，和至元十八年的數字差不多，經過了五十年的漫長歲月，戶數仍然停留在原來的基礎上，儘管過去官書的戶口數字是很不可靠的，但就這許多數字對比起來看，也可以說明這五十年間戶口損耗情況，奴隸占有情況，這是階級壓迫和民族壓迫的悲慘結果。

蒙古統治階級內部矛盾的尖銳化和政治的腐化，是元朝政府崩潰的內因。

蒙古大汗國是由成吉思大汗子孫所分封的幾個汗國組織成功的，以元朝皇帝的宮廷作中心。自從忽必烈大汗（元世祖）破壞了蒙古向來召開大會選舉大汗的習俗，採用漢人封建制度立嫡長子為皇太子以後，帝位繼承的爭奪造成蒙古貴族上層矛盾的深化，政變、內亂，接連不斷，削弱了元朝政府的統治力量，政治局面經常在不穩定之中。

事實上，蒙古大汗國的分裂是元世祖即位以前的事。蒙古人習慣於遊牧生活，終年隨水草轉徙，沒有一定住處，也沒有城郭可以守護。如果沒有強而有力善於指揮作戰的軍事領袖，在突然遭遇強敵襲擊時，就會崩潰不可收拾。

多少世代以來，在蒙古的部族社會組織裏，所有關於各部族共同酋長——大汗的選舉與罷免，對其他部族的戰爭，和應付嚴重的天災和遷徙等大事，都由部族成員的全體大會——「庫利爾台」來解決。原任大汗有提名繼承人之權，但大會也可以另選他人。因之，各族中軍力最強大的軍事領袖，對選舉的決定權也最大。遇有意見不一致，堅持的雙方軍事力量又不相上下的時候，就不可避免地各自承認一個大汗，造成分裂以至用武力解決，陷於長期內戰的境地。

從成吉思大汗以來，歷次大汗的選舉都為幾個強大的軍事集團所操縱，發生了內戰。長期內戰的結果，蒙古大汗國瓦解了，元世祖和他的子孫所直接統治的只是中國這一部分土地。

元世祖以後的元朝帝位的繼承，不是宮廷陰謀，便是軍事實力貴族的爭奪戰，大會通過只不過是照例文章罷了。從元世祖死到元順帝立（公元一二九四—一三三三年）四十年間，換了九個皇帝，政變不到四五年就爆發一次，特別是從公元一三二八年到一三三三年，六年之中竟換了六個皇帝，蒙古貴族上層內部的矛盾更加深化激化了，自相殘殺更厲害，政治局面變化更快，更不穩定，統治階級的力量也就進一步更加削弱；皇朝權力愈弱，地方的權力也就愈重，內輕外重，政令不行，最後就造成了軍事貴族混戰，自掘墳墓的局面。

一面是統治階級的爭權奪利，自相殘殺，一面是統治階級的荒淫無恥，墮落腐化。

元世祖從滅宋以後，為了積累更多財富，發動了多次海外侵略戰爭。至元十九年發兵十萬打日本，遭颶風大敗而回。又三次興兵打安南（公元一二八四—一二九四年），兩次打緬國（公元一二八二—一二八七年），打占城（公元一二八二—一二八四年），打爪哇（公元一二九二年），越打敗仗，越不服氣。軍費的負擔天天擴大，財政發生困難，只好任命一批刮錢能手的商人做大臣，專門搜括財富，增加賦稅，賣官鬻爵，剝削人民，造成了貪汙腐化的政治風氣。

巨額軍費之外，還有對諸王貴族的巨額歲賜（定期賞賜），特賜（額外賞賜），朝會賞賜，庫利爾台大會後的賞賜。歲賜如斡真那顏銀一百錠（五十兩為錠），絹五千九十八匹，緞三百匹，諸物折中統鈔一百二十錠，羊皮五百張，金一十六錠四十五兩；特賜如中統四年（公元一二六三年）賜公主古巴銀五萬兩；朝會賞賜如元貞二年（公元一二九六年）定太祖位下金千兩、銀七萬五千兩，世祖位下金各五百兩，銀二萬五千兩等，成吉思大汗的子孫遍布歐亞兩洲，元朝歷年這筆開支該有多大？

庫利爾台大會儘管是個形式，但為了報答諸王貴族的支持，賞賜數目更是驚人，如至大四年（公元一三一一年）仁宗即位後的賞賜總數為金三萬九千五百五十兩，銀一百八十四萬九千五十兩，鈔二十萬三千二百七十九錠，幣帛四十七萬二千四百八十八匹。這一年的額外賞賜是鈔三百餘萬錠。往往開一次大會，把上都大都的庫藏全部給光了還不夠數。

這種種不同名目的賞賜，實質上都是為爭取諸王貴族支持所付出的賄賂，來源就是漢、南人辛勤勞動所創造的財富。此外，還有供養僧侶的大量費用，因為要利用宗教麻醉人民，元朝對各種宗教都予以保護，歷代皇帝都崇奉佛教，在即位前都先受佛戒，尊「番僧」為帝師、國師，窮極供奉。內廷做佛事，最多的一年達到五百多次。各寺做佛事，有的每天用羊一萬頭。

據至大三年（公元一三一〇年）的統計，元朝政府經費用在寺院的占很大的比重。至大四年的財政收支情況，歲出鈔約二千萬錠，歲入常賦卻只有鈔四百萬錠，其中上繳到大都的只有二百八十萬錠。赤字為歲收的七倍多。這一年十一月國庫的現金只有鈔十一萬錠。彌補赤字的辦法是預賣鹽引，加稅加賦，甚至動用鈔本（發行鈔的準備金、銀）。

至順二年（公元一三三一年）的財政歲出入，虧空鈔二百四十萬錠。元朝初年的鈔法原來有相當完整的制度，發行有定額，可以隨時兌取現金，和物價有一定的比例，通行全汗國，信譽極好。到了財政無辦法時，把鈔本都支用完了，變成不兌現紙幣，加上無限制地發行，發行得越多，幣值越跌，相對的物價就愈高，到了十四世紀中期，整車整船運鈔到前線，一貫鈔還不值一文錢，紙幣既失去效用，民間只好進行物物交換，皇朝財政和國民經濟都接近崩潰的邊緣了。

政治方面的情況也和經濟相適應。從元武宗以來，用人不問才力，只要得到皇帝歡心，就可做大官，一無所長的人有做到中書左丞、平章、參政的；國公、司徒、丞相也非常之多。諸王貴族隨便殺人，隨便薦人做官。地主豪民犯法該殺的，只要買通帝師、國師，就可以得到皇帝特赦。後來索性賣官鬻爵，賄賂公行了。

地方官吏貪汙的情況，元朝末年浙江人葉子奇作了典型的刻劃，他說，蒙古、色目的官吏，根本不知道有廉恥這回事，問人討錢，各有名目，例如下屬來拜見有「拜見錢」，無事白要「撒花錢」，逢節要「節錢」，過生日要「生日錢」，管事要「常例錢」，送迎有「人情錢」，發傳票拘票要「齎發錢」，打官司要「公事錢」。弄得錢多說是「得手」，除得美州縣（肥缺）說是「好地分」，補得職近說是「好窠窟」。甚至監察官都可以用錢買，出錢多的得缺。

肅政廉訪司官巡察州縣，各帶庫子（管錢的吏役），檢鈔秤銀，爭多論少，和做買賣一般。大官吃小官，小官吃百姓。民間有詩嘲官道：「解賊一金並一鼓，迎官兩鼓一聲鑼，金鼓看來都一樣，官人與賊不爭多。」

地方官對百姓剝削得太窮凶極惡了，元朝政府怕百姓反抗，造成民變，有時也派大員到各地方宣撫，企圖緩和一下官民之間的矛盾。宣撫剛出京時，地方官吏大為震動，誰知到了地方以後，還是一樣要錢，大收賄賂，和地方官「官官相護」起來了。

百姓也給他們編了幾句順口溜：「奉使來時，驚天動地，奉使去時，烏天黑地，官吏都歡天喜地，百姓卻啼天哭地。」又說：「官吏黑漆皮燈籠，奉使來時添一重。」、「九重丹詔頒恩至，萬兩黃金奉使回。」、「奉使宣撫，問民疾苦，來若雷霆，去若敗鼓。」

溫州、台州一帶的老百姓，在村子邊豎起旗子，上面寫著：「天高皇帝遠，民少相公多，一日三遍打，不反待如何！」老百姓再不造反，活不下去了。

軍隊從滅宋以後，駐防在內地繁華都市，日子久了，生活腐化，忘記了怎樣打仗，也不願意打仗了。軍官們大都是世襲的貴族子弟，懂吃，懂喝，懂玩，會發脾氣，會剋扣軍糧，會奴役虐待兵士，更會搶劫百姓；就是不會打仗。

蒙古初起時的軍事主力，勇敢標悍健兒的子孫，已經完全變質了，失去戰鬥力量了。

至正元年（公元一三四一年）山東「強盜」縱橫至三百餘處，七年蔓延到濟寧、滕、邳、徐州等處。近畿的臨清、廣平、灤河也到處「盜」起。河南從至正七年「盜賊」出入不常，八年福建、海寧州、沭陽等處「盜」。甚至每年運糧百萬石到大都的運河也被騎「盜」阻劫，至正六年三月騎「盜」四十人，劫船三百艘，元軍不敢捕。

至正七年十一月，海「盜」摽劫沿江江陰、通、泰、鎮江，真州一帶，海「盜」才三十六人，元軍萬數不能進討，反為所敗。通州在大都東面，至正七年「盜賊」蜂起。京畿從至元三年到至正六年都有「盜賊」四起。甚至連軍事中心的大都，至正二年也鬧到強賊四起了。蒙古、色目統治階級壓迫漢南人的工具腐朽了，再也經不起紅軍雷霆萬鈞的打擊了。

階級的壓迫，民族的壓迫，重重疊疊壓在漢、南各族的老百姓身上，壓迫愈重，漢、南人的反抗力量也就越大。漢、南各族勞苦人民都反對階級壓迫，民族壓迫，都要用反抗的手段解除這種壓迫，武裝鬥爭，前仆後繼，從南宋滅亡，一直到紅軍大起義，這七十年中漢人、特別是南人的反抗，一直沒有停止過。

從可歌可泣的崖山之役，張世傑、陸秀夫壯烈犧牲以後，起兵抗元，幾次失敗，百折不回的文天祥終於在至元十九年十二月被殺於大都，成仁取義，發揮了民族正氣，感動、號召了各族人民和後代子孫。

文天祥死後的第二年，建寧路總管黃華起義，用宋祥興年號。至元二十三年西川趙和尚自稱宋福王子，在廣州起事。後至元三年（公元一三三七年）合州大足縣縣民韓法師起兵，自稱南朝趙王，都用恢復趙宋作號召。

此外如至元二十年廣州的羅平國，漳、邕、賓、梧、韶、衡諸州（福建、廣西、廣東、湖南）的農民暴動，二十三年婺州（今浙江金華）永康縣民陳巽四的起義，二十五年廣東、浙江，二十七年江西，成宗元貞二年贛州的暴動，以至至元三年（公元一三三七年）廣州的大金國起義，都是南人各族人民英勇鬥爭的記錄。

至正八年（公元一三四八年）漢人也起義了，遼東鎖火奴和遼陽兀顏撥魯歡都自稱大金子孫，反抗元朝。同時，各地區各族貧苦人民也先後起義，起了削弱元朝軍力，瓦解元朝統治階級政權的巨大作用。

從至順四年到至正十四年（公元一三三三——一三五四年）的二十年中，湖南、廣西的瑤族人民不斷起義，先後攻陷道州（今湖南道縣）、賀州（今廣西賀縣）、連州（今廣東連縣）、桂州（今廣西桂林）、靖州（今湖南靖縣）、潯州（今廣西桂平），武岡（今湖南武岡）、沅州

（今湖南芷江）、黔陽（今湖南黔陽）：寶慶（今湖南邵陽）、全州（今廣西全縣）、辰州（今湖南沅陵）、衡州（今湖南衡陽）等地。

靖州瑤族領袖吳天保從至正六年到九年，四年中四陷武岡，五攻沅州，大量殺傷了元朝的軍力。從至元元年到至正十四年（公元一三三五—一三五四年），西北的「西番族」到處起兵，阻斷嶺北驛道，至正七年起兵的就有兩百多處，攻陷哈剌火州（新疆土魯番城東，今作哈剌和卓）。

東北遼陽「吾者野人」和「水達達」，也於至正六年起兵反抗。前面跌倒了，後面的跟上去，倒下一個兩個，起來了百個千個。這許多次的反抗運動起因雖不完全相同，目標卻只有一個，解除階級壓迫和民族壓迫。

漢，南人雖然同樣被壓迫奴役，但是，元朝的主要的強大的軍事力量，用在控制以大都為中心的腹裏地區，江南地區的軍事控制力量相對地是比較薄弱的，以此，南人的各族人民的武裝起義就有可能一次接著一次爆發。到了元朝軍事力量被無數次起義所日益削弱，漢人也有可能揭竿起義了。加上腹裏地區「盜賊」四起，元朝軍力分散，失去全面控制、鎮壓的能力，全面起義的條件便成熟了，至正十一年的紅軍大起義，正是這一連串反抗運動的延續和發展。

紅軍大起義的導火線，是蒙漢統治階級對漢南人的加強壓迫和歧視。

元順帝（妥懽帖木兒）以親王的身分從廣西進京做皇帝，河南行省平章伯顏率領部下蒙古援軍護送。太師燕帖木兒殺了元順帝的父親明宗，順帝做了皇帝，他心懷疑懼，溺於酒色而死。伯顏升為丞相。

伯顏仗著功勞大，獨擅朝權，貪汙舞弊。弟侄都做了大官。他又仇恨漢人，反對蒙古人讀漢人書，告訴元順帝說：「陛下有太子，休教讀漢人書，解人。又其間好生欺負人，往時，我行，有把馬者久不見，問之曰往應科舉未回。我不料科舉都是這等人，得了！」就這樣，把至元元年禮部科舉停止了。更恨南人，為的是南人經常「作反」。

養著一個「西番」師婆叫畀畀，常問她來年好歹，自己身後事如何？畀畀說當死於南人之手，因之益發忌恨。下令漢、南人不得持軍器，凡有馬的都拘收入官。

至元三年（公元一三三七年）河南棒胡起義於汝寧信陽州。朱光卿、石昆山在廣南惠州起義，李智甫、羅天麟在漳州起義，至元四年彭瑩玉、周子旺在袁州起義，十一月河南趙丑端起義，伯顏益發氣憤，說造反的全是漢人。漢人有在朝廷做官的，要提出誅捕造反漢人的辦法，表明心跡。接著又荒唐地主張殺張、王、劉、李、趙五姓的漢、南人，因為這五姓人數最多，漢、南人殺了大半，自然造不了反了。

五年四月又重申漢、南人執持軍器的禁令，還頒布一條法令，蒙古、色目人毆打漢、南人，漢、南人只許挨打，不許還手。伯顏又和元順帝發生矛盾，和皇太后計較，要把順帝廢掉。這話被伯顏的侄兒御史大夫脫脫知道了，脫脫暗地裏告訴順帝，做了準備，趁伯顏出城打獵，收回兵權，關上城門，貶伯顏外地安置，伯顏進退不得，只好自殺。

伯顏的兄弟馬札兒台繼為丞相，又下令禁民間藏兵器。脫脫嫌他父親擋住自己當權，勸他辭位，自己做了丞相。紅軍起義消息報到大都，中書省官員把報告加標題「謀反事」，脫脫看了，改題作「河南漢人謀反事」，把河南全部漢人都算作起義軍了。

伯顏、脫脫一家人接著做首相，這一連串仇視敵視漢、南人的政策，反映了蒙古統治階級上層的脆弱和無知，這些瘋狂的絕望的鎮壓措施，逼使漢、南人進一步團結起來，組織起來，逼使漢、南人非用武力反抗，非用自己的力量來解除階級壓迫、民族壓迫不可，除此以外，是沒有別的出路的。在這樣緊張、對立的情況下，有人登高一呼，自然全國響應了。

至正三年五月，黃河在白茅口決口。四年五月大雨二十多天，黃河水暴溢，平地水深二丈，北決白茅堤，六月又北決金堤，曹、濮、濟、兗諸州都遭了水災，不但農田民居被淹，連鹽場也極為危險，皇朝稅收遭受很大損失。有人建議堵口，脫脫派人勘察，回來報告說河工太大，開工有困難，而且河南一帶遍處都有農民起義隊伍，要開工，便要集合幾十萬河工，萬一和起義軍結合起來，無法收拾。脫脫不聽，決意動工，派賈魯為工部尚書兼河防使。至正十一年四月二十二日，發汴梁大名十三路民夫十五萬，廬州等地戍軍二萬興工，從黃陵岡南到白茅口，西到陽青村，開河二百八十里，把黃河勒回舊道。

韓山童得了消息，叫人四處散布童謠說：「石人一隻眼，挑動黃河天下反。」暗地鑿了一個石人，臉上只有一隻眼睛，偷偷埋在黃陵岡當挖處。

元朝政府發的河工經費，被修河官照例貪汙，河工不能按時按數拿到錢，吃不飽，正在怨恨。韓山童又打發幾百個教徒去做挑河夫，宣傳天下要大亂了，彌勒佛已經降牛了，明王已經出世了，傳來傳去，不上幾天工夫，河南、江淮一帶的農民全知道了。

韓山童和親信劉福通、杜遵道商量，農民是起來了，還得念書的做官的一起來幹，力量就更大。至少也要做到讓念書的做官的同情反元，不站在敵人方面去。劉福通說過去許多農民起義隊伍都打著趙宋的旗子，我們的祖先都是宋朝的老百姓，只要提出復宋的旗號，說得切實些，念書的做官的不會不支持。韓山童很贊成，就接著這個意思做了部署。

有一天，挑河夫挖到黃陵岡的一段，果然在一棵樹下挖出一隻眼的石人，一嚷嚷，看的人越來越多，幾萬挑河夫擠得水泄不通，駭得目瞪口呆，再加上韓山童派的教徒的鼓動，一霎時鬧翻了天，人人口中念佛，三個一堆，五個一群，紛紛議論，大家心裏明白，這是一個信號，要出頭了，翻身的日子到了，是動手的時候了。

韓山童聚集了三千人在白鹿莊，斬白馬烏牛，祭告天地，宣稱韓山童是宋徽宗的第八代孫子，當為中國主。劉福通是宋朝大將劉光世的後人，該輔佐舊主起義，恢復天下。大家齊心推奉韓山童為明王，克定日子起兵。四處派人通知，同時發動，以頭裹紅巾為記號。

正在歃血立誓，分配任務，舉杯慶祝，興高采烈的時候，不料消息走漏了，永年縣的縣官帶領馬快弓手，冷不防團團圍住白鹿莊，韓山童脫身不及，被擒去殺了。山童妻楊氏帶著兒子林兒趁著慌亂，逃出重圍，躲入武安山中，隱姓埋名，等候外邊消息。

劉福通苦戰逃出，事已如此，等不得預定的起義日子，整頓了隊伍，出敵人不意，攻占潁州、羅山、上蔡、正陽、霍山，分兵取舞陽、葉縣等處。黃陵岡的挑河夫得到信號，吶喊一聲，殺了監工的河官，頭上包了紅巾，漫山遍野一片紅，一股紅流和主力部隊會合在一起，不上十天，紅軍已經是五六萬人的大部隊了。

兩淮、江東西的貧困農民、工匠、小商小販、城市遊民，已經等待了多少年月，這時晝夜不停地趕來入伍，到了隊伍就像到了自己家裏一樣。紅軍聲勢一天比一天浩大，占領了汝寧、光、息，得到大量糧食，部隊發展到幾十萬人。各地紅軍聞風響應，半個中國照耀著紅光。各別攻城占地，開倉庫，救窮人，建立政權，嚴守教規，不殺平民，不姦淫，不搶劫，越發得到廣大人民擁護。

當時民間流傳著一闋醉太平小令，也不知道是誰寫的，從大都一直到江南，到處唱著，詞道：

> 堂堂大元，奸佞當權，開河變鈔禍根源，惹紅巾萬千。官法濫，刑法重，黎民怨。人吃人，鈔買鈔，何曾見？賊做官，官做賊，混賢愚，哀哉可憐！

另一首流傳的歌謠：

天遣魔軍殺不平（不公平的人），不平人（被不公年對待的人）殺不平人（不公平的人），不平人（被不公平對待的人）殺不平者（不公平的人），殺盡不平（不公平的人）方太平。

魔軍指的是紅軍，紅軍信奉明教，明教在教外被稱為魔教，他的軍隊當然是魔軍了。朱元璋在寺裏接連不斷得到外邊的消息，前些日子紅軍占了襄陽，元兵死了多少；另一支占了南康，元兵不戰而逃；芝麻李，趙社長八個人打扮成挑河夫，一晚上占了徐州。說的人津津有味，聽的人心花怒放。

紅軍檄文指斥元朝罪狀，最精彩最打進人心坎裏的話是「貧極江南，富誇塞北」。想著可不是種莊稼的一年到頭勞碌辛苦，收了糧食，卻吃草根樹皮！什麼好東西，糧食布帛，珍寶財富，都給括空了運到北邊！

種莊稼的為什麼窮？為什麼苦？一輩輩受熬煎呢？從他記得事情起，祖父是怎麼過日子的，父母和哥哥是怎樣死的，以前只怪窮人命苦，這兩句話卻明確指出窮、苦，輩輩子受熬煎的原因，敵人是誰，現在明白了。如要活命，就得改變這個局面，把吃人的朝廷推翻。

隔幾日，又聽說徐壽輝已在蘄水建都，做了皇帝，國號天完，年號治平，拜鄒晉勝作太師，彭和尚、項奴兒帶的一支軍隊已進了江西。元兵到處打敗仗，好容易調了六千回回阿速軍和幾支漢軍來進攻潁上紅軍，阿速軍素號精悍，擅長騎射，只是紀律不好，到處搶劫。

幾個將軍喝酒玩女人，昏頭昏腦，剛和紅軍對陣，望見紅軍陣勢大，嚇得直發抖，主將急急揚鞭勒馬往後跑，嘴裏連叫「阿卜！阿卜！」阿卜是走的意思，全軍立刻退卻，紅軍往前直衝，元兵一敗塗地。淮東西人把這一仗當做笑話，無人不曉。

又聽說脫脫調其弟御史大夫也先帖木兒為知樞密院事，統三十萬大軍收復汝寧，一支前鋒部隊幾萬人屯在汝寧沙河岸邊，將軍們白天黑夜沉溺酒色，都醉倒了，紅軍黑夜偷營，元軍大敗，大將也不見了，第二天在死人堆裏找到屍首。

元兵一潰退就是幾百里。也先帖木兒親自統軍，才到汝寧城下，尚未交鋒，見紅軍勢盛，便躍馬後退，地方官急了，挽住馬韁不放，也先帖木兒更急，拔刀便斫，叫道：「我的不是性命！」飛馬先逃，三十萬大軍跟著潰散，軍資器械，掃數丟光。也先帖木兒只剩下萬把人，踉踉蹌蹌溜回大都，仗著哥哥是丞相，不但沒有罪責，還依舊做御史大夫。

蒙古、色目、漢軍都不能打仗了，一上陣就垮，真正和紅軍拼你死我活的是各地方官和大地主們募集的「義兵」和「民兵」，地方官怕被紅軍殺害，大地主要保家產，又怕農民報仇，出大價錢雇了城鄉遊民和鹽丁，拼死頑抗，到底力量少，兵力又分散，面對著聲勢浩大的到處蜂起的紅軍，怎麼也抗不住。

「義兵」「民兵」為了和紅軍作對，穿戴著朝廷規定的服裝，一色的青衣青帽，也叫青軍。

到十二年二月底，又聽說濠州也給紅軍占了，頭目是郭子興、孫德崖，和姓俞、姓曾、姓潘的一夥人。

郭子興是定遠縣（今安徽定遠）有名的土豪，原是曹州（今山東曹縣）人。他父親到定遠賣卦相命，有一家地主的瞎女兒，嫁不出去，他父親娶了，得了一份財產，生下三個兒子，子興是老二。兄弟幾個都會盤算生理，賤時買進，貴時賣出，買田地，開店鋪，一二十年間居然盤剝成地方上數一數二的地主了。

只是有一件懊惱事，門戶低微，靠不上大官府，三天兩頭受地方官作踐，地方上派捐款，出民兵錢，供應糧秣，總是頭一戶，連馬快弓手也成天上門要這要那，稍不遂意，就瞪眼睛，拍桌子，好歹得花些錢打發。實在氣憤不過，便入了彌勒教，索性使錢交結賓客，接納江湖好漢，焚香密會，盤算有朝一日要出這口氣。

紅軍大起義以後，鍾離、定遠的農民，背上鋤頭鎬鈀，一哄就會合起萬數來人，地方官平時只會要錢，這時卻一點辦法也沒有了，裝不知道，惹不起，也犯不著多事。

二月二十七日，郭子興帶了幾千人，趁黑夜，裏應外合，偷入濠州，半夜裏一聲號炮，闖入州官衙門，殺了州官，在先有過杜遵道的號令，五個頭目都稱濠州節制元帥。元朝將軍徹里不花遠遠隔濠州城南三十里紮營，怕紅軍厲害，不敢攻城。卻派兵到各村莊騷擾，捉了壯丁，給包上紅布，算是俘虜，向上官報功請賞。老百姓給元兵害苦了，村子裏再也存不住身，呼親喚舊，魚貫入城，濠州聲勢越發壯大。

朱元璋盤算了又盤算，雖然相信彭瑩玉的話，吃人的元朝政府一定可以推翻，窮苦人一定可以翻身，眼下就是出頭的時候了。只有一條路，投奔濠州。但是，又聽人說起，城裏五個元帥各作主張，誰也不服誰，甚不和睦，跟著他們走，怕有風險，去不得。留在寺裏呢，遲早給官軍捆去請賞號，腦袋保不住，留不得。想了又想，委實決斷不下。

一天，有人從濠州捎來一封信，是湯和寫的，他帶了十幾個壯士投奔紅軍，已經積功做到千戶，催他快來入伍。背著人讀了，越發一肚皮心事。在大殿上踱過來，踱過去，以口問心，以心問口，反覆計較。猛然省悟，把信就著長明燈燒了，還是下不了決心。

又過了幾天，同房的師兄偷偷告訴他，前日那信有人知道了，要向官軍告發，催他趕緊逃走。元璋急得無法，到村子裏找著剛從外鄉回來的周德興，討一個主意。周德興尋思了好些時候，說只有投奔紅軍才能活命，勸他向菩薩討一個卦，是吉是凶？決定去留。

元璋心頭忐忑不定，慢慢踱回寺裏，還不到山門，就嗅到一股煙焰氣味，大吃一驚，飛奔進去，只見東一堆瓦石，西一堆冒煙的梁柱，大殿只剩下半邊，僧房齋堂全燒光了，只剩下伽藍殿，隔著一片空地還完整。滿院子堆著馬糞，破衲衣，爛傢具，僧眾星散，不知去向。

冷清清只剩下幾尊搬不動燒不爛的銅菩薩。原來元朝軍隊以為僧寺裏供著彌勒佛，紅軍念彌勒佛號，怕和尚給紅軍做間諜，把附近的寺廟都搶光燒光了，這一天輪到皇覺寺。

元璋呆了一陣，知道寺裏再也停留不得了，下定決心到紅軍隊伍裏去。向伽藍神磕了頭，討了卦。二十六年後他寫《皇陵碑》回憶這時候的心情道：

住（皇覺寺）方三載，而又雄者跳梁。初起汝、潁，次及鳳陽之南廂。未幾陷城，深高城隍，拒守不去，號令彰彰。友人寄書，云及趍降，既憂且懼，無可籌詳。旁有覺者，將欲聲揚。當此之際，逼迫而無已，試與知者相商，乃告之曰，果束手以待罪，亦奮臂而相戕？知者為我畫計，且默禱以陰相，如其言往卜去守之何祥，神乃陰陰乎有警，其氣鬱鬱乎洋洋，卜逃卜守則不吉，將就凶而不妨。

友人寄信催他參加紅軍，可見他和紅軍是早有聯繫的，既憂且懼的心情也是真實的，決心是下定了，卜卦只是加強了決心。但是他在《皇陵碑》中卻把自己的決心完全歸功於神佛的啟示，表明他的行動是受命於天的，弄神弄鬼，故作玄虛，這一段狡獪騙人的敘述和他一生利用佛道兩教的政治作用是一致的。

第二天，他離開皇覺寺，參加紅軍去了。

這一年，朱元璋二十五歲。

第二章 紅軍大帥

一、九夫長

元至正十二年閏三月初一，朱元璋到了濠州城下。這時濠州仍然在元軍包圍中。元軍雖然不敢攻城，遠遠地屯營對峙，城中紅軍還是不敢大意，城牆上布滿了守兵，旌旗林立，城垛下堆滿了擂石、石灰，守兵個個弓滿弦，刀出鞘。巡邏哨探的更是川流不息。

黎明時，城門守兵擋住一個穿得極其破爛的和尚，盤問根腳，他只說是投軍來的，更無別話。不由得引起了疑心，以為是元軍的奸細。三言兩語鬧翻了，把和尚一索子捆了，派人報告郭元帥，請令旗要殺。

郭子興聽了緣由，仔細一想，甚是可怪，若是奸細，怎能這般從容？也許真是來投順的好漢，不要枉殺了好人。騎一匹快馬趕到城門口，遠遠看見二三十個兵和老百姓圍成一圈，人頭攢動，指手畫腳在罵著呢。

連忙喝退眾兵，只見一個個子高大，長得怪頭怪腦的醜和尚，五花大綁，捆在拴馬樁上。衣服雖然襤褸，露出的肌肉卻很結實，眼睛裏充滿著火氣，神色鎮定，毫不害怕。

子興心裏已有點喜歡，下馬問明底細，知是孤莊村來的，入過教，是湯和寫信叫他來的，和紅軍中好些弟兄都有來往，就喊人鬆了綁，收為步卒。[1]

元璋入了伍，參見了隊長，逐日跟弟兄們上操。練習武藝。他體格好。記性強，才十幾天工夫已是隊裏頂尖頂上的腳色。幾次出城哨探，他計謀多，有決斷，態度沉著，臨機應變，同隊的都願聽調度。每次出去，總是立了功。不損傷一人一卒，喜歡得連隊長也遇事和他商量了。

不知不覺過了兩個多月。一日郭元帥帶著親兵出來巡查，經過元璋的營房，全隊排成一字向主帥行禮，元璋身材高大，排在隊頭。子興見了，記起那天的事。喚隊長問這投效的心地和能耐如何，隊長滿口稱讚，誇是千中選一的人材，子興大喜，就吩咐升元璋做親兵九夫長，調回帥府當差。[2]

元璋做事小心勤謹，又敢作敢為。得了命令，執行很快，辦理得好。打仗時身先士卒，得到戰利品，不管是金、銀，是衣服，是牲口糧食，掃數獻給元帥。得了賞賜，又推說功勞是大夥兒的，公公平平分給同出去的戰友。平時說話不多。卻句句有斤兩。又認得一些字，隊伍上一有文墨的事情，元帥的命令，杜遵道、劉福通的文告，以至戰友們的家信，夥伴們都找他解說。幾個月後，不但在軍中有了好名聲：勇敢、能幹、大方、有見識、講義氣、人緣好，甚至郭元帥也當他作心腹體己，不時和他商量事情，言聽計從了。

郭元帥的第二夫人張氏，撫養了一個孤女，原是子興的老友馬公託付的。馬公是宿州人，子興起兵時，馬公回到宿州，籌劃起兵響應，不料回去不多久就死了。子興十分感念，看待孤女甚好。子興愛重元璋，要他出死力，和張夫人商量要招贅做上門女婿，張夫人也聽說元璋才能出眾，子興脾氣不好，和四個元帥都合不來，得有個細心能幹的身邊體己人幫著些，就一力攛掇，擇日替兩口子成婚。

元璋平白地做了元帥嬌客，前程有了靠山，更何況是元帥主婚，自然滿口應承。從此軍中就改稱元璋為朱公子，有了身分了，起一個官名叫元璋，字國瑞。[3]

孫德崖一夥四個元帥，都是貧苦農民出身，性情直爽，有什麼說什麼，除了種莊稼，有力氣以外，別的事情懂得少，也說不上來。軍糧攤派，孫德崖一夥主張當然該多派地主，貧苦農民連飯都吃不飽，再派糧，不是要他們的命。郭子興卻有另一種主張，地主要少派些，橫豎地面上只有數得出的幾十家地主，派多了，地主吃不消，會逃跑，貧農小戶雖然油水少，但是人數多，一家派一點，匯總起來就是一個大數目。

兩家裏爭來爭去，子興一張嘴吵不過四個人，心裏很不服氣。他又嫌他們一夥人粗裏粗氣，說話做事沒個板眼，沒個體統。雖然名位都在子興之上，卻看不上眼，相處久了，遇事就吵，益發嫌惡。

兩下裏面和心不和，議事時，孫德崖四個人一個見識，子興總是搖頭，拿話頂駁，有時還說些帶刺的話傷人，使人不好受。孫德崖四人也討厭郭子興鬧彆扭，索性遇事都先商量好了，你不依也得依。

每次議事。孫德崖四人按時來，子興一肚子不高興，總是遲到，談不攏時，子興發怒走開，四人也就把事辦了，子興越發不耐煩。有時幾天才公會一次，子興一來，四個人都瞪著眼睛看他。子興覺著不對頭，心裏不安，也想不出主意，索性閒住在家，不管事了。五個元帥誰也管不了誰，誰也不服誰，各自發號施令。

占了濠州大半年了。除了向四鄉要糧秣、牲口以外，竟不能出濠州一步。子興知道四個元帥合在一起對付他，這個虧吃定了，得有對付的主意才好，和元璋商量，元璋勸他打起精神，照常和四帥公會，商量辦事，心一齊，力量就大，局面也就會好一些了。假如自己老不管事，卻怪不得別人管事。凡是事總得有人管啊！因為不齊心，事情搞壞了，大家都得吃苦頭，那時卻也分不出你我了。

子興聽了，第二天就出去公會，過不了三幾天，又鬧決裂了。兩邊的感情越搞越壞，都怕對方下毒手，互相猜忌提防。元璋勸說不動子興，背地裏向孫德崖陪小心，說好話，著意聯絡，以免真的鬧翻了。[4]

九月間，元丞相脫脫統「番」漢兵數十萬攻徐州。招募了當地鹽丁和矯勇健兒三萬人，穿黃衣，戴黃帽，號為黃軍。令做先鋒。用巨石做炮，晝夜猛攻，城破，下令屠城，見人便殺，見屋便燒。芝麻李奮戰逃出，被元兵逮住殺了。[5]彭大、趙均用率領殘兵投奔濠州，脫脫命賈魯領兵追擊。[6]彭大、趙均用的兵勢大，到了濠州以後，濠州五帥都受他們節制。

彭大勇悍有膽略，有智數，敢作敢為，和郭子興氣味相投。趙均用出身社長，孫德崖一夥都向著他，兩邊明爭暗鬥，鬧了好些日子。

孫德崖想了個借刀殺人的法子，拿話來挑撥趙均用，說郭子興眼皮淺，只認得彭將軍，百般趨奉，對將軍卻白眼看待，瞧不起人。趙均用大怒，就派孫德崖即時率領親兵，徑來火併，在大街上冷不防把子興俘虜了，毒打了一頓，鎖閉在冷屋裏。

這時朱元璋正好出差在外，得信奔回，郭家大小正在著急忙亂，不知如何是好。元璋估計這樁禍事準是因為郭子興厚彭薄趙，禍頭是趙社長，要解這個結，非彭大出頭不可。

第二天他陪著小張夫人和子興二子天敘、天爵，一徑到彭大處央告，彭大聽了，勃然大怒說：他們太胡鬧了，有我在，誰敢害你家元帥！立刻喊左右點兵，元璋也全身盔甲，帶兵團團圍住孫家，掀開屋瓦，救出子興。只見子興項帶木枷，腳帶鐵銬，渾身被打得稀爛。當時打開枷銬，背回私宅將息。趙均用知道彭大出頭，怕傷了和氣。只好隱忍著了事。[7]

賈魯進圍濠州，大敵當前，紅軍的頭領們才著了慌，暫時放下嫌怨，一心一意堅守城池。從這年冬天一直到第二年春天，濠州整整被圍了七個月，幸得城高濠深。糧食充足，元軍不明城中虛實，以為其要圍得水泄不通。斷絕糧道、救兵，紅軍自然困死，不用損折兵將，便可取勝，因此兩下相持，沒有什麼大戰鬥。

一天，元將賈魯病死，元軍屯兵堅城之下，日久疲敝，軍無鬥志，主將一死，便解圍他去。濠州方面，雖然鬆了一口氣，也折損了不少人馬，吃了大虧。

元璋奉命領兵攻五河，取定遠。在元兵合圍之前，又出兵攻懷遠，安豐。招收壯丁。合圍以後，又領奇兵突圍出來，攻克含山縣、靈壁縣和虹縣。

元兵他去，彭大、趙均用興高采烈，彭大自稱魯淮王，趙均用自稱永義王，郭子興和孫德崖等五人仍然是節制元帥。[8]

注釋

1 《御製紀夢》，《明太祖實錄》，《皇陵碑》，張來儀撰《滁陽王廟碑》，《天潢玉牒》。

2 《御製紀夢》，《明太祖實錄》卷一，《皇朝本紀》。

3 《明太祖實錄》卷一，談遷《國榷》。

4 《明太祖實錄》卷一，《皇朝奉紀》。

5 《庚申外史》，《元史》《脫脫傳》，《也速傳》。

6 《明太祖實錄》卷一。

7 《皇朝本紀》，《明太祖實錄》卷一。

8 《元史》《賈魯傳》，《國初群雄事略》卷二滁陽王。

二、小軍官

濠州缺糧，兵力也缺。元璋想法子弄了幾引鹽，到懷遠縣賣了，換了幾十石糧食，獻給子興。[1]又回到鍾離，豎起紅軍招兵大旗，少年夥伴和鄉里徐達、周德興、郭興，郭英、張龍、張溫、張興、顧時、陳德、王志、唐勝宗、吳良、吳禎、費聚、唐鐸、陸仲亨、鄭遇春、曹震、張翼、丁德興、孫興祖、陳桓、孫恪、謝成、李新、何福、邵榮以及耿君用、炳文父子，李夢庚、郁新、郭景祥、胡泉、詹永亨等人，聽說元璋做了紅軍頭目，都來投效。

其中徐達比元璋小三歲，生得長身高顴，性格剛毅武勇，和元璋十分契合。比元璋先來的湯和比元璋大三歲，身高七尺，倜儻有智謀，雖然已經做了軍官，卻對元璋格外尊重。邵榮打起仗來，英勇出眾，和周德興等人以後一直跟著元璋，衝鋒陷陣，出生入死，成為元璋部下基本隊伍。

又都是淮西人，有著鄉里、宗族關係，到了元璋的軍事力量日益擴大的時候，這些淮西老將便都分別做了領兵將帥，成為軍中的骨幹。以後元璋做了皇帝，淮西諸將和幕府僚屬都成了開國功臣，他們不但有汗馬功勞，也有了政治地位，在明朝初年的政治局勢中，淮人自然而然地形成了很突出的地位。

徐達等人投效紅軍以後，來投軍的人便越發多了，不上十天工夫，招募了七百人，子興大喜。至正十三年六月，升元璋做鎮撫，從此，元璋就一躍成為帶兵官了。[2]一年以後，又以軍功升作總管。[3]

彭、趙二王的部隊缺乏訓練，紀律不好。元璋看出老是侷促待在濠州，不但不能發展力量，遲早還會鬧事。便把新兵交代了，稟准主將，帶領貼身夥伴徐達、費聚等二十四人，往南到定遠掠地，又招收了一些人馬。

聽說張家堡驢牌寨有「民兵」三千人，孤軍無援，又斷了糧，處境很困難。決定親自去驢牌寨，那裏的主帥原是郭子興的相識，元璋告訴他，你孤軍缺糧，附近有一支軍隊要來打你，你是頂不住的。為今之計，要就跟我們走，保全力量，否則就趁早轉移，別的辦法是沒有的。

那主帥答應了，說過幾天就來。元璋留下騎士費聚等候。不料過了三天，費聚來報，變了卦了，他們要轉移了。朱元璋立刻帶了三百人又去，左說右說，不得要領。只好使計，派一個勇士去請那主帥議事，主帥剛一到，幾百人就把他重重圍住，邊嚷嚷邊走，走了十幾里，再派人去傳主帥的命令，就說是移營了，三千人就都跟著來了。朱元璋得到這支軍隊，就指揮它向東襲擊橫澗山。

橫澗山有「民兵」二萬，主帥是定遠人繆大亨，他糾集了一大批地主武裝力量，進攻濠州沒有占到便宜，元兵潰走，他率眾二萬退守橫澗山，元朝封為義兵元帥，派軍官張知院監軍。元璋令勇將花雲帶了隊伍，趁黑夜敵人不防，四面包圍，鼓聲吶喊聲震天動地，張知院嚇慌了，隻身逃走。

元璋部下有人和繆大亨交好，元璋派他勸繆大亨投降，繆大亨想想沒有出路，只好答應。元璋得了當地七萬人口，選出精壯二萬，組成一支浩浩蕩蕩的大隊伍，用元璋自己的話來形容，真是：「赤幟蔽野而盈崗。」[4]

元璋得了這支生力軍，立刻重新編制，加緊訓練。他最著重紀律，在檢閱新軍時，特別指出這一點，懇切地訓誡將士說：「你們原來是很大的部隊，可是毫不費事就轉到我這邊來了。原因在哪裏呢？一是將官沒有紀律，二是士卒缺乏訓練。現在我們必須建立嚴格的紀律，做到嚴格的訓練，才能建功立業，大家都有好處。」[5]三軍聽了，無不喜歡。

就這樣，元璋不但有數量眾多的驍將，也有了幾萬人經過訓練的大部隊，為此後的軍事活動打下了堅強的基礎。

定遠人馮國用、馮國勝（後來改名勝，又名宗異）兩兄弟，家裏有幾百畝田地，幾十家佃戶，是個中小地主。兩兄弟都喜歡讀書，通兵法。國用深沉有計謀，國勝慓勇多智略。紅軍兵起，他們團結地方上的地主和鄉民，結寨自保。只是力量單薄，怕被別的「民兵」大隊伍吃掉。繆大亨一投降，越發自危，多方打聽，知道元璋軍隊紀律好，便帶領部隊來投效，甚見親信。

元璋問以攻敵方向，國用以為建康（元集慶路，今南京）形勢險要，古書上說是「龍蟠虎踞」，是歷代帝王建都的地方。如今應該先取作根據地，以後逐步發展，擴充地盤。不貪子女玉帛，多做好事，取得人民的支持，建功立業不是難事。元璋大喜，任用為幕府參謀。[6]

在南下攻滁洲（今安徽滁縣）的路上，定遠人李善長到軍門求見。善長是地方上有名人物，讀書有智謀，善於料事，治法家學問。從他的經歷，年輕時便能夠一意讀書，不必操心生活來看，出身於地主家庭是沒有問題的。他和元璋談得很投機。

元璋問他四方兵起，什麼時候才能太平？善長勸他學漢高祖，說漢高祖也是平民出身的，為人氣量大，看得遠，也看得寬。善於用人，也不亂殺人，五年工夫，便平定了天下。元朝不得人心，上下不和，已到土崩瓦解地步。濠州和沛相去不遠，你如能學習這位同鄉的長處，天下太平也就快了。

元璋連聲叫好，留下作幕府的掌書記（秘書長），囑咐他：「如今群雄四起，天下糜爛，仗要打好，最要緊的是要有好參謀人員。我看群雄中管文書和作參謀的幕僚，總愛說左右將士的壞話，文武不團結，將士施展不了才能，自然非失敗不可。將士垮了，好比鳥兒去了羽翼，主帥勢孤力單，也非滅亡不可。你要替我作一個橋梁，調和和幫助將士，不要學那些幕僚的壞樣子。」

從這時候起，元璋心目中時時有個老百姓出身的皇帝同鄉在作榜樣，說話，辦事，打仗，事事都刻心刻意向他學習。[7]善長也一心一意當好幕僚長，溝通將士、幕僚和主帥，以及將士間的意見。建議提拔有功和有能力的，處分不稱職的將吏，使得部下都能人盡其才，安心做事。[8]

但是，他也有致命的缺點，鄉里觀念是他很重的包袱，在戰爭年代，這個缺點還不很明顯，到了南北統一以後，他對用人行政還是從淮西人的利害出發，朱元璋雖然倚靠淮西人的力量起家，卻比李善長看得寬些，大些，他要倚靠全國各個地方可以倚靠的力量，因此，他們兩人之間，在戰爭全局取得勝利之前，互相信任，利害是一致的，但在勝利以後，矛盾便逐步展開了，儘管關係很久很深，最後還是免不了徹底決裂。

滁州守軍力量單弱，元璋的前鋒長身黑面，綽號「黑先鋒」的花雲單騎衝破敵陣，在如雷的戰鼓聲中，全軍跟著進攻，把滁州占了。元璋親侄文正、姐夫李貞帶著外甥保兒（後起名文忠）得到消息，奔來投靠。說起家鄉情況，才知道二哥三哥都已去世了，免不得大家哭了一場。又傷心又歡喜，傷心的是偌大的一家人只剩了這幾口，歡喜的是處在這樣亂世，還能團聚。

「一時會聚如再生，牽衣訴昔以難當。」[9]還有定遠人沐英，父母都已死去，孤苦可憐。元璋把三個孩子都收養作義子，改姓為朱。

原來收養義子是當時軍隊中流行的風氣，帶兵的將領要培養心腹幹部人才，都喜歡收養俊秀勇猛的青年在身邊，不但打仗時肯拼死命，在緊要關頭，還可以用來監視諸將，起耳目心腹的作用。

沐英在軍中稱為周舍，又叫沐舍，舍是舍人的簡稱（文武官員的兒子叫舍人）。元璋義子除朱文正、李文忠、沐英以外，還有二十幾個，後來所占城池，專用義子作監軍和將官同守：如得鎮江用周舍，得宣州用道舍，得徽州用王駙馬，得嚴州用保兒，得婺州用馬兒，得處州用柴舍、真童，得衢州用金剛奴、也先。

此外還有買驢、潑兒、老兒、朱文遜等人。柴舍即朱文剛，後來在處州死難；道舍即何文輝，馬兒即徐司馬，保兒即平安，朱文遜小名失傳，在太平陣亡，王駙馬、真童、金剛奴、也先、買驢、潑兒、老兒，復姓後的姓名也都失傳了。[10]

至正十八年胡大海、李文忠占領嚴州後，兩人意見不和，元璋派帳前都指揮使首領郭彥仁告誡李文忠說：「保指揮（保兒）我之親男，胡大海我之心腹，前者曾聞二人不和。且保指揮我親身也，胡院判（大海官銜行樞密院判官的簡稱）即我心腹也，身包其心，心得其安，心若定，身自然而定。汝必於我男處丁寧說知，將胡院判以真心待之，節制以守之，使我所圖之易成。」

李文忠代表元璋監視大將胡大海，並有節制之權。這一個例子說明了義子的作用，也說明了元璋駕馭將士的策略。[11]

除用義子監軍以外，另一辦法是規定將士家眷必須留在後方居住。這法子在剛渡江時便實行了。元璋統兵取集慶，馬夫人和諸將家屬留在和州（今安徽和縣）[12]。取集慶後，定下制度：「與我取城子的總兵官，妻子俱要在京住坐，不許搬取出外。」「將官正妻留於京城居住，聽於外處娶妾。」這樣，將官顧慮妻子安全，自然不敢投敵以至反叛，平時徵調差遣，也方便得多了。

可是，也有相反的情況，後來驍將邵榮的怨望以至圖謀暗殺朱元璋，正是因為常年征戰，不能和家人團聚的緣故。

此外，他還提防將官和讀書人勾結，規定：「所克城池，令將官守之，勿令儒者在左右議論古今，止設一吏，管辦文書，有差失，罪獨坐吏。」凡是元朝的官吏和儒士，都要由他自己選用，逃者處死，不許將官擅用。[13]

元璋進攻滁州時，彭大、趙均用率領濠州紅軍主力，攻下了盱眙泗州。兩人為郭子興的事結下怨恨，竟鬧決裂了。均用和孫德崖四帥合成一夥，彭大孤立，手下得力的人也逐漸被均用收買過去，氣悶不過，發病死了。他兒子早住接著也稱魯淮王，均用沒把他看在眼裏，倒也相安無事。

郭子興原來倚仗彭大作靠山，彭大一死，孫德崖幾次尋題目要害子興，礙著元璋在滁州有幾萬部隊，投鼠忌器，不好下手，便攛掇均用下令牌調元璋來守盱眙，一箭雙鵰，一窩子收拾掉。

元璋知道這是陷阱，委婉推辭，說是元軍要來進攻，部隊移動不得。又使錢買通均用左右得力人物，勸均用不要聽小人挑撥是非，自剪羽翼，萬一火併了，他部下不服，也不得安穩。說話的人又勸他好好地看待子興，讓他出氣力，占地方，保疆土。成天有人在旁說好話，均用不由得不信，竟放子興帶本部人馬到滁州。子興一到，元璋交出兵權，三萬多兵強馬壯的隊伍，旗幟鮮明，軍容整肅，子興大喜。[14]

至正十四年十一月，元丞相脫脫統兵大敗張士誠於高郵，分兵圍六合。

張士誠原名九四，淮南泰州（今江蘇泰縣）白駒場人。泰州在海邊，居民都靠曬鹽過活，苦於官役過重，度日艱難，怨恨官府。士誠從小潑皮講義氣，有膂力，會武藝，和兄弟士義、士德、士信一家子都靠撐船販私鹽過日子，販私鹽利大，士誠輕財好賙濟窮困，很得人心，私鹽販子推他作頭目。

當地地主揀便宜買私鹽，又欺侮他們，有時賴賬不給錢，也告不得狀。弓兵丘義專和私鹽販子作對，受了士誠的賄賂，還不時尋事，三天兩頭攔截鹽船。士誠氣憤不過，趁各處兵起，帶著兄分和李伯升、潘原明、呂珍等十八壯士，殺了丘義和仇家地主們，一把火燒了房子。事情鬧大了，索性招兵買馬，鹽丁們和無業遊民、貧苦農民都來跟從，攻下泰州，高郵，占了三十六鹽場，自稱誠王，國號大周，改年號為天祐。這是至正十四年正月間的事。[15]

元兵圍六合，六合守將派人到郭子興處求救。六合在滁州東面，是滁州屏障，要保滁州，就非守住六合不可。郭子興和六合守將有嫌怨，不肯出兵，元璋費盡唇舌才說服了。元兵號稱百萬，諸將不敢去，推託求神不吉。子興派元璋領兵出救。元兵排山倒海似地來攻，六合城防工事全被摧毀，守兵拼死抵住，趕修了堡壘，又給打平了。眼看抵擋不住，只好把老弱婦孺掩護撤退到滁州，元璋在中途設下埋伏，令耿再成佯裝敗陣逃走，元兵追擊遇伏，滁州守軍鼓噪迎擊，元兵大敗，元璋得了好多馬匹。

卻顧慮到滁州孤城無援，恐元兵增兵圍困，忍氣打點牛酒，派地方父老把馬匹送還，推說全是良民，團結守護，是為了防禦寇盜，情願供給大軍軍需給養，請並力去打高郵，饒了這一方老百姓吧。

元兵打了敗仗，丟失馬匹，正沒主張，怕受上官責備。一見來人說好話求情，馬也送回來了，正好下場，就引兵他去，滁州算是保全了。[16]

元兵一退，郭子興喜歡極了，打算在滁州稱王。元璋勸他：滁州是山城，不通船隻商賈，也沒有險要地形可守。一稱王目標大了，元兵再來怕保不住。子興才放棄了做王爺的念頭。[17]

脫脫大軍用全力攻高郵，外城已被攻破，城中支持不住，想投降又怕不肯赦罪，正在兩難間，張士誠急得唉聲嘆氣，準備突圍下海。突然間元順帝頒下詔旨，責備脫脫，說他：「往年征徐州，僅復一城，不久又丟掉了。這回再當統帥，勞師費時，已經過了三十月，還無功效。可削去兵權，安置淮安路。弟御史大夫也先帖木兒安置寧夏路。如膽敢抗拒，即時處死。」

宣讀後全軍忿恨大哭，即時四散，一部分投入紅軍，紅軍越發強大。張士誠趁機出擊，不但轉危為安，而且從此基礎鞏固，地盤日漸擴大。

脫脫交出兵權，被押解西行，鴆死於吐蕃境上。[18]

這一變化，是蒙古統治階級內部矛盾尖銳化的必然結果。脫脫是蒙古貴族世臣，有能力，有辦法，元順帝極為信任，賦以軍政大權。從徐州攻下後，元順帝就以為天下太平了，該好好享樂一番。

寵臣哈麻背著人引進了會房中運氣之術的西天僧，他能使人身之氣，或消或脹，或伸或縮，號「演揲兒法」，也叫秘密佛法，多修法。順帝大喜，封西天僧為司徒，大元國師。國師又薦了十個皇親貴族會這佛法的，叫作十倚納，內中有個叫老的沙的，是順帝的母舅。上都穆清閣修成，一溜兒幾百間房子，千門萬戶，朝朝宴會，夜夜笙歌，君臣都玩昏了。

哈麻的母親是元寧宗的乳母，他出身宮廷禁衛，深得元順帝寵愛，初時依附脫脫兄弟，做到中書右丞，有地位了，和脫脫的親信鬧意見，被調官為宣政院使，位居第三。哈麻恨極，向奇皇后和皇太子愛猷識裏達臘挑撥，說立皇太子後好久沒有行冊命和告廟之禮，都是脫脫兄弟在阻撓。又誣告脫脫師老無功。脫脫出師在外，失去宮廷的支持，被貶毒死，哈麻代為丞相。

脫脫使計謀排斥伯父伯顏，取得相位，在對漢南人的政策上，卻和伯顏一致。當紅軍初起時，凡議軍事，不許漢南人參預。有一天脫脫進宮報告軍事，中書官（中書省的屬官，機要秘書一類的官職）兩人照例隨後跟著，因為這兩人是漢人，脫脫忙叫禁衛喝住，不許入內。又上奏本說，如今河南漢人造反，該出布告，一概剿捕漢人；諸蒙古色目犯罪貶謫在外的，都召回來，免得吃漢人殺害。這榜文一出，不但河南，連河北漢人也不能不參加紅軍了，紅軍聲勢因之日益浩大。[19]

脫脫死後，元順帝越發無所忌憚了，為所欲為。這時東南產米區常州、平江、湖州（今浙江吳興）一帶都被張士誠占領，浙江沿海地區被方國珍占領，往北運河沿線被紅軍控制，陸運和內河運輸線全被切斷了。另一糧食補給區湖廣（湖南、湖北）也早已失去。南方的糧食不能北運，大都過百萬軍民立刻缺糧，鬧糧荒，加上中原地區連年鬧蝗災、旱災、兵災，老百姓餓飯只好吃蝗蟲，大都的軍民則連蝗蟲也吃不上，餓死的不計其數，又鬧瘟疫，慘到人吃人的地步。[20]

在這樣嚴重的境況中，元順帝卻毫不在意，在內苑造龍舟，親自打圖樣，龍舟長一百二十尺，寬二十尺，駛動時，龍的頭跟口尾都跟著動，內有機栝，龍爪自會撥水。元順帝每登龍舟，還命盛妝彩女，兩岸牽挽。[21]

又自製宮漏，高約六七尺，寬三四尺，造木為櫃，暗藏諸壺其中，運水上下。櫃上設西方三聖殿，櫃腰立玉女捧時刻籌，到時候自然浮水而上。左右站兩金甲神，一懸鐘，一懸鉦，到夜裏金甲神會按時敲打，不差分毫。當鐘鉦打響時，兩旁的鳳凰獅子也會飛舞應和。櫃的東西面有日月宮，飛仙六人立於宮前，到子、午時飛仙排隊度仙橋到三聖殿，又退回原處，精巧準確，的是空前的科學製品。[22]

又喜歡搞建築，自畫屋樣。愛造宮殿模型，高尺餘，棟梁楹檻，樣樣具備，匠人按式製造，京師人叫他做魯班天子。內侍們想得到新殿的金珠裝飾，一造好就批評不夠漂亮，說比某家的不如，他就馬上拆毀重造，內侍們都發了財。[23]

他愛好機械製造，愛好建築藝術，愛好音樂歌舞，成天搞這樣，修那樣，就是懶得管公事，每日遊船飲宴，打仗的事也不在意了。老百姓成批餓死，更是漠不關心。有限的一點存糧全運到女寵家裏，百官俸祿只好折支茶紙雜物。宮廷裏充滿了腐臭淫亂的生活，表面上裝點出一片繁麗昇平的氣氛。[24]

滁州在戰亂後，突然增加幾萬大軍，糧食不夠吃，軍心不安。元璋建議南取和州，移兵就食。虹縣人胡大海生得高個子，黑臉膛，智力過人，帶全家來歸附，元璋就用他為前鋒，一鼓攻克和州。至正十五年正月，子興得到占領和州的捷報，派元璋作總兵官鎮守。

元璋在子興諸將中，名位不高，年紀又輕，奉命總兵，怕諸將不服。尋思了半天，想出主意。他叫人撤去大廳上主將的公座，只擺一條木凳子。

次日五鼓，諸將先到，當時座位高低按蒙古習俗以右首為尊，元璋故意遲到，一看只留下左末一席，不做聲就坐下了。

到談論公事時，諸將只會衝鋒陷陣，要判斷敵情，決定大事，卻什麼也說不出來，面面相覷。元璋隨事提出辦法，合情合理，有分寸，有決斷，諸將才稍稍心服。末後議定為了更好地防禦敵人進攻，要分工修理城池，各人認定地段長度，限三天完工。到期會同諸將查驗工程，只有元璋認定的一段完了，其餘的全未修好。

元璋沉下臉，擺公座朝南坐下，拿出子興命令，對諸將說：「奉主帥令總兵，責任重大。修城要事，原先各人分別認定，就該如期完工。如今都延誤了，一有敵情，這仗怎麼打？軍務緊急，竟這般不齊心，還有什麼紀律？現在說明白，既往不咎，今後如再有不遵軍令的，就要嚴格執行軍法，可顧不得弟兄情分了！」

一來確是子興的令牌，元璋是和州的主將，違拗不得；二來諸將誤了軍機，理虧，做聲不得。大家只好謝罪求饒。儘管如此，諸將還仗著是子興老部下，面子上認輸，心裏仍然不服氣。只有湯和小心謹慎，最聽話，也最守紀律，做出一個榜樣。李善長左右溝通，盡心調護，元璋的主將地位才逐漸鞏固下來。從此，元璋又從總管升成總兵官，從帶領幾千人的小軍官成為鎮守一方的大將。[25]

一天，元璋出外，有一小兒在門外啼哭，元璋問他為什麼哭，說是等他父親。問父在何處，說在官養馬。母親呢？說也在軍營裏，和父親不敢相認，但以兄妹相呼。他不敢進去，只好在門外等著。

原來子興的部隊數量發展大了，「民兵」「義兵」都成批地大量地摻雜進來，這些地主的武裝隊伍，成分複雜，流氓、地痞，什麼樣人都有，他們在攻破城池以後，就亂殺人，亂搶東西，俘虜壯丁，霸占婦女，鬧得老百姓妻離子散，家破人亡。

元璋認為情勢嚴重，再這樣胡搞下去，軍隊是站不住腳的。立刻召集諸將，申明約束：「大軍從滁州來此，人皆隻身，並無妻小。入城後亂搞一起，虜人妻女，使老百姓夫婦離散。軍隊沒有紀律，怎麼能夠安定地方。以後取城子，凡有所得婦人女子，惟無夫未嫁者許之，有夫的婦人不許擅有。」

第二天召集全城男子婦女在衙前集會，讓男子分列門外大街兩旁，所虜婦女從門內一個接一個走出，下令是夫婦即便相認，一時夫妻父子紛紛互相叫喚，鬧哄哄擠成一團，有哭的，有笑的，有先哭後笑的，也有又哭又笑的，一霎時有多少家庭團圓，也有不少孤兒寡婦在啜泣。原來慘慘淒淒路上斷人行，商賈罷業的景象，登時改變了，和州城稍稍有了生氣，不光是一座有駐軍的城子，也是一座有人民的城子了。

孫德崖因濠州缺糧，一徑率領部隊到和州就食。將領兵士攜妻挈子，不由分說，占住和州四鄉民家。德崖帶了親兵，進駐州衙。元璋無法阻攔，正在叫苦。郭子興得了消息，也從滁州趕來，兩個死對頭擠在一處，多時積聚的怨恨集中爆發了。

子興性情暴躁，耳朵軟，容易聽人閒話，開頭有人說元璋多取婦女，強要三軍財物，已是冒火。接著又聽說孫德崖和元璋合夥去了，越發怒氣沖天，也不預先通知，黑夜裏突然來到。一進門，子興滿面怒容，好半晌不說話。元璋跪在下面，也不敢說話。

突然子興問你是誰，答說總兵朱元璋。子興大喊：「你知罪嗎？你逃得到哪裏去！」元璋放低了聲氣說：「兒女有罪，又逃得到哪裏去。家裏的事遲早好說，外面的事要緊，得有個主張。」子興忙問是什麼事，元璋站起來，小聲說：「孫德崖在此地，上回的事結了深仇。目前他的人，城裏城外都擠滿了，怕會出事。大人得當心，安排一下。」子興一聽，才明白元璋不是和孫德崖結成一夥，氣就消了。

天還不亮，孫德崖派人來說：「你丈人來了，我得走了。」元璋知道不妙，連忙告訴郭子興。又去勸孫德崖：「何必這樣匆忙呢？」德崖說：「和你丈人相處不了。」元璋看德崖的神色，似乎不打算動武，就勸說兩軍同處一城，要走也得讓部隊先走，元帥殿後好鎮壓，免得臨時出事故，傷了和氣。德崖答應了。

元璋放心不下，親自替孫軍送行，走了十多里，正要回來，後軍傳過話來，說是城裏兩軍打起來了，死了許多人。元璋慌了，忙喊隨從壯士耿炳文、吳禎靠近，飛馬奔回。孫軍抽刀攔住去路，揪住馬韁繩，簇擁向前，見了許多將官，都是舊友，大家七嘴八舌，以為城內兩軍火拼，元璋一定知情。

元璋矢口分辯，邊說邊走，趁人不提防，勒馬就往回逃。孫軍的軍官幾十人策馬追趕；槍箭齊下，僥倖衣內穿了連環甲，傷不甚重。逃了一陣，馬力乏了，追騎趕上，元璋中槍墮馬，被用鐵索鎖住脖子：有人就要舉刀砍殺，又有人勸住，說孫元帥現在城裏，如此時殺了朱元璋；孫元帥也活不了，不如派人進城看明白再作道理。

立時有一軍官飛馬進城，見孫德崖正鎖著脖子，和郭子興對面喝酒呢。郭子興聽說元璋被俘，也著慌了，情願走馬換將。可是兩家都不肯先放，末後有人出個主意，郭子興先派徐達到孫軍作抵押，換回元璋，元璋回到城裏再放孫德崖，孫德崖回去了，再放回徐達。元璋被孫軍拘囚了三天，幾次險遭毒手，虧得有熟人保護，才能平安脫身回來。[27]

元至正十五年（宋龍鳳元年）二月，紅軍統帥劉福通派人在碭山（今江蘇碭山）夾河訪得韓林兒，接到亳州，立為皇帝。又號小明王，臣民稱為主公。建國號為宋，年號龍鳳。拆鹿邑太清宮木材，建立宮殿。小明王尊母楊氏為皇太后，以杜遵道、盛文郁為丞相，劉福通、羅文素為平章政事，福通弟劉六為知樞密院事。軍旗上寫著鮮明的聯語：「虎賁三千，直抵幽燕之地；龍飛九五，重開大宋之天。」上聯聲言要統一全國，下聯說明這個政權是繼承趙宋的。

杜遵道的出身是元朝樞密院椽史，作了丞相，得寵擅權。劉福通不服他，私下埋伏甲士，撾殺遵道，自為丞相。不久又改作太保。紅軍軍政大權全部掌握在他一人手裏。韓宋剛剛建立的新政權，還沒有完備、鞏固，內部就發生衝突，自相殘殺，削弱了自己的力量。[28]

郭子興恨死了孫德崖，逮住了正要殺害，出一口氣，為了交換元璋，只好放走，心中快快不快，成天憂鬱發悶，得了重病，三月間不治身死，葬在滁州。軍中軍務由子興子天敘，婦弟張天祐和元璋共同掌管。

正在發愁，主帥新死，萬一元軍來攻，孤軍無援，又怕孫德崖乘機來接管兵權，無法應付。正好杜遵道派人來計較立帥，軍中公推張天祐到亳都面議，不久就帶回小明王命令，委任郭天敘為都元帥，張天祐為右副元帥，朱元璋為左副元帥，軍中文告都用龍鳳年號。[29]

注釋

1 《皇朝本紀》。

2 《御製紀夢》，《明太祖實錄》卷一，光緒《鳳陽縣誌》。

3 《國初群雄事略》引俞本《紀事錄》。

4 《紀夢》，《御製閱江樓記》，《皇明本紀》，《御製皇陵碑》。

5《明太祖實錄》卷一。

6《明史》卷一百二十九《馮勝傳》。

7《明太祖實錄》卷一，《明史》卷一百三十五《孔克仁傳》。

8《明史》卷一百二十七《李善長傳》。

9《御製皇陵碑》，《明太祖實錄》卷一，《明史》卷一百二十六《李文忠傳》。

10《國初事蹟》，孫宜《洞庭集》《大明初略》三，王世貞《弇山堂別集》《詔令雜考》，《明史》卷一百二十六《沐英傳》，卷一百三十四《何文輝傳》，卷一百四十四《平安傳》。

11《國初事蹟》。

12《明史》《高皇后傳》，卷一百二十五《常遇春傳》，卷一百三十《康茂才傳》，宋濂《宋文憲公集》卷四《開平王神道碑銘》，《蘄國武義康公神道碑銘》。

13《國初事蹟》，《洞庭集》。

14《明太祖實錄》卷一，《國初群雄事略》卷二滁陽王，錢謙益《太祖實錄辯證一》。

15《輟耕錄》卷二十九《紀隆平》，《國初群雄事略》卷七，《明史》卷一百二十三《張士誠傳》。

16《明太祖實錄》卷一，《皇朝本紀》。

17《明太祖實錄》卷一。

18《元史》卷一百三十八《脫脫傳》，《國初群雄事略》卷七《周張士誠》。

19《庚申外史》上，《元史》《脫脫傳》，《元史》卷二百零五《哈麻傳》。

20《草本子》卷三《克謹篇》。

21《庚申外史》下，《元史》卷四十三《順帝本紀》。

22《元史》卷四十三《順帝本紀》。

23《庚申外史》，《元史》《順帝本紀》。

24《庚申外史》下。
25《明太祖實錄》卷二。
26《明太祖實錄》卷二，《皇朝本紀》。
27《明太祖實錄》卷二，《皇朝本紀》。
28《輟耕錄》卷二十七《旗聯》，《元史》卷四十四《順帝本紀》，陸深《平胡錄》，《國初群雄事略》卷一《宋小明王》。
29《皇朝本紀》，《國初群雄事略》卷一《宋小明王》。

三、大元帥

和州都元帥府三個元帥，依軍中階級說，郭天敘是主帥，張天祐和朱元璋是副職，一切軍務都應該由都元帥發號施令。但是，一來郭天敘年輕，沒有軍事經驗，出不了主意，張天祐一勇之夫，逢事無決斷；二來朱元璋不但有大批勇猛善戰的貼身夥伴，徐達、邵榮、湯和等戰將，更重要的是他有自己系統的軍隊，這一支軍隊占郭子興軍事力量的很大比重；第三，元璋處心積慮要自立門戶，又有李善長，馮國用等一幫弄文墨的做助手，越發施展得開。以此，元璋雖然在軍中坐的是第三把交椅，卻作得主，辦得事，儼然是事實上的主帥。

虹縣人鄧愈，十六歲就跟父兄參加紅軍，父兄都陣亡了，鄧愈帶著部隊，每戰挺身當前，先登陷陣，軍中都服其勇武。懷遠人常遇春，勇猛過人，精於騎射，世亂沒活路，跟人做了些時候強盜，眼看那些頭目只會打家劫舍，沒出息，不成氣候，決心自找出路。兩人都來投奔，鄧愈有隊伍，命為管軍總管，常遇春以勇猛命做前鋒。[1]

和州東南靠長江，城子小，屯駐的軍隊多。元兵幾次圍攻之後，雖然堅決頂住，卻又鬧糧荒了。跨過長江，正對面是太平（今安徽當塗）。太平南部蕪湖，東北達集慶（今江蘇南京），東倚丹陽湖。湖周圍的丹陽鎮、高淳、溧水、宣城都是產米區。部隊沒飯吃，卻眼看著對岸有成倉庫的糧食，只是被長江隔斷了，怒濤洶湧，浪花起伏，沒船隻如何過得去？即使有船，少了也不濟事，總得上千條才行，一時又怎麼打造得起來？即使有了那麼多船，沒有水手又怎麼駛得過去？元璋和文武將佐晝夜商量，也沒個主意。

正好巢湖水軍頭目李扒頭（國勝）派部將俞通海來商量軍事。原來從潁上紅軍起義以後，巢湖周圍地區，彭瑩玉的門徒金花小姐、趙普勝，李扒頭等人紛起響應。至正十二年李扒頭據無為州，雙刀趙（普勝）據古山寨，聯結各地起義頭目俞廷玉、通海、通源、通淵父子，廖永安、永忠兄弟，趙仲中、庸兄弟，桑世傑、張德勝等人，和元軍力戰。

在一次大戰中，金花小姐戰死，李扒頭、雙刀趙退屯巢湖，建立水砦，有一千多條大小船隻，萬多人水軍，因為都是彭瑩玉的門徒，這水砦就稱為彭祖家，也叫彭祖水寨。大夥推李扒頭作大頭目，雙刀趙坐二把交椅。

他們和廬州（今安徽合肥）頭目左君弼結下怨仇，吃了好多回敗仗，勢孤力單，三次派人來求救兵。元璋大喜，親自到巢湖連絡，勸以與其死守挨打，不如兩家合力，一起渡江，尋謀出路。正好五月間梅雨季節，一連下了二十幾天雨，大小河流都漲滿了水，毫不費事，船隻魚貫出了巢湖。雙刀趙不願和元璋合夥，半路上率領所部逃歸彭瑩玉，餘下大小船隻掃數到了和州。[2]

龍鳳元年（元順帝至正十五年，公元一三五五年）六月初一日，元璋率領徐達、邵榮、馮國用、湯和、常遇春、鄧愈、耿君用、毛廣、廖永安、李善長諸將分領水陸大軍乘風渡江，直達采石，常遇春跳上岸，揮戈奔向元軍，諸軍鼓勇續進，元兵驚潰，緣江堡壘，一齊歸附。

紅軍將士餓了多時，一見糧食牲口，歡天喜地，搶著搬運，打算搬回和州慢慢享用。元璋和徐達商量，退守和州，過些日子還得鬧饑荒，不乘勢打開局面，更待何時？決計乘勝直取太平。下令把船纜都砍斷了，把船推入急流，霎時間大小船隻順流東下，江面上空空如也，片帆不見，諸軍慌亂叫苦。

元璋使人喊話，前面就是太平府，子女玉帛，無所不有，打下了隨意搬回家。軍士聽了，飽餐後徑奔太平城下，一鼓攻克，正要大殺大搶，元璋事先叫李善長寫了禁約：「不許擄掠，違令按軍法處置。」四處張貼，還派一班執法隊沿街巡察。軍士看了只得住手。有一小兵犯法，立時斬首。太平一路的百姓頓時安定下來。又怕軍心不穩，勒令當地大財主獻出些金銀財帛，分賞將士，大小三軍無不歡喜。[3]

從和州渡江是巢湖水軍的功勞，李扒頭起了野心，打算吞併元璋的軍隊，在船上擺酒慶功，陰謀殺害。桑世傑不以為然，勸阻不住，便暗地告知元璋，元璋推病不去。隔幾天，元璋設宴回請，李扒頭不防，被灌醉捆住手腳，丟在江裏。扒頭手下諸將，全部投降。元璋從此又有了水軍。[4]

太平地方儒士李習、陶安率領地方父老出城迎接紅軍。陶安建議：「如今群雄並起，攻城奪邑，互相雄長。他們眼裏只看見子女玉帛，燒殺搶掠，成不了氣候。將軍若能一反群雄所為，不殺人，不擄掠，不燒房子，東取集慶，據其形勢，出兵以臨四方，是可以平定天下的。」

元璋很以為然，留陶安在元帥府做令史。下令改太平路為太平府，以李習為知府。置太平興國翼元帥府，元璋自任元帥，以李善長為帥府都事，潘庭堅為帥府教授，汪廣洋為帥府令史。點鄉下老百姓精壯的做民兵，居民積蓄掃數運進城來，命諸將分守各門，修城浚濠，準備固守。[5]

元兵分兩路包圍太平；水路以大船封鎖采石，堵住紅軍的歸路；陸路由「義兵」元帥陳埜先率軍數萬進攻，形勢急迫。元璋親自率領壯士拼命拒守。新討的二夫人孫氏，勸他把府庫的金銀抬到城上，分給有功將卒，鼓舞士氣。徐達別出一軍，繞到敵人背後，前後夾擊，元軍大敗，生擒陳埜先，元璋勸他投降，宰白馬、烏牛祭告天地，結為兄弟。第二天埜先全軍歸降，合軍進攻集慶。

埜先的妻子被留在太平做質，部下被張天祐領去攻集慶。他家是大地主，極恨紅軍，暗地裏囑咐部下，只裝做打仗的樣子，千萬別認真打，三兩日內自己脫了身，就回來打紅軍。七月間，紅軍進到集慶城下，元朝守將福壽力戰，張天祐帶的人只有小半人在打，大半人在看，結果吃了一個大敗仗，回來好生沒趣。

九月間，郭天敘、張天祐和陳埜先合軍再攻集慶，把集慶團團圍住，打了七天。埜先早已和元將福壽約好，城內外表裏夾攻，他各宴請兩個元帥吃酒，席間伏下壯士，生擒郭天敘、張天祐，送給福壽，即時殺了。元軍乘機反攻，紅軍大敗，死了兩萬多人。陳埜先一鼓作氣，追擊紅軍到溧陽，當地元朝「民兵」不明底細，只聽說他投降了紅軍，設下埋伏，也把他殺了。部隊由從子兆先接管。[6]

郭、張二帥死後，子興的舊部就全歸元璋指揮了。他現在是名實一致的都元帥，小明王麾下的大將。子興的三子天爵，後來小明王命為中書右丞，在元璋底下作官，無兵無權，不免發牢騷，和子興一部分老部下合謀，想除掉朱元璋，自立門戶，被發覺後處死。[7]

元璋率領大軍渡江，馬夫人和將士的家眷仍留在和州。和州是後方基地，得有親人鎮守，將士家眷有人照看，也可以使將士安心作戰。和州和太平的交通只有水路，雖然七八個月來，陸續占領了溧水、溧陽、句容、蕪湖一些城子，集慶孤立，三面被包圍，可是水路卻被元軍切斷了，消息不通。

一直到龍鳳二年二月，元璋大敗元水軍，盡俘其舟艦以後，兩地的交通才完全暢通，軍心也安定了。三月初一，元璋自太平親率水陸大軍並進，三攻集慶。城外屯兵陳兆先戰敗投降，得兵三萬六千人。集慶城破，守將福壽戰死，水寨元帥康茂才和軍民五十餘萬歸降。

元璋入城後，召集官吏軍民大會，剴切宣告：「元朝政治腐爛，到處起兵反對它，老百姓吃夠了苦頭。你們困處危城，成天擔心害怕，生命沒有保障。我帶兵到這裏是為你們除亂的。大家都要各安職業，不要疑懼；賢人君子願意跟我建功立業的，以禮任用；做官的不許橫暴，作踐百姓；舊制度對百姓不好的立刻改掉。」一番話安定了人心，建立了正常的秩序。

老百姓高興極了，互相慶賀。當下改集慶路為應天府，設天興建康翼統軍大元帥府，以廖永安為統軍元帥，以趙忠為興國翼元帥守太平。儒士夏煜、孫炎、楊憲等十幾人進見，先後錄用。小明王得到捷報後，升元璋為樞密院同僉。不久又升為江南等處行中書省平章，李善長為左右司郎中，以下諸將都升元帥。[8]

元璋得應天後，他的地盤以應天作中心，西起滁州，畫一直線到蕪湖。東起句容到溧陽。西邊長，東線短，是一塊不等邊形，橫擺著恰像個米斗，西線是斗底，東線是斗口。

四面的形勢是：東邊元將定定扼守鎮江；東南張士誠已據平江，破常州，轉掠浙西，東北面青衣軍張明鑒據揚州（今江蘇江都）；南面元將八思爾不花駐徽州（今安徽歙縣），另一軍駐寧國（今安徽宣城）；西面池州（今安徽貴池）已為徐壽輝所據；東南外圍則元將石抹宜孫守處州（今浙江麗水），石抹厚孫守婺州（今浙江金華），宋伯顏不花守衢州（今漸江衢縣）。元璋局面小，兵力不強，處境四面受敵，雖然有了糧食，部隊不致挨餓，軍事形勢卻十分不利。

幸虧這時元軍正用全力和小明王作戰，顧不上朱元璋這地區的軍事。前一年十二月，元將答失八都魯大敗劉福通於太康，進圍亳州，小明王奔安豐。察罕帖木兒和紅軍轉戰河南，一時分不出力量來打南面。紅軍主力軍的威力暫時消沉，張士誠的兵鋒又活躍起來了，徐壽輝也在湘漢流域攻城掠地，元軍處於兩線作戰的危境，非常被動。

龍鳳二年秋天，小明王的紅軍主力經過整頓補充，決定北征戰略，分兵出擊：一路破武關（在今陝西商縣東），陷商州，進攻關中（今陝西省），一路攻克了山東北部。第三年劉福通分兵三路：大將關先生、破頭潘、馮長舅、沙劉二、王士誠一路趨晉、冀（今山西、河北）；白不信、大刀敖、李喜喜一路攻關中，毛貴一軍由山東北上。

第一路軍又分兩路：一軍出絳州（今山西新絳縣），一軍出沁州（今山西沁縣），過太行山，破遼、潞（今山西遼縣，長治縣），陷冀寧（今山西太原），攻保定（今河北保定），下完州（今河北完縣），掠大同、興和（今山西大同，內蒙古自治區張北縣）塞外部落，攻下上都，轉掠遼陽（今遼寧遼陽），侵入高麗，從西北折到東北，兜了一個半圓圈。

第二路軍陷鳳翔（今陝西鳳翔）、興元（今陝西南鄭），南進四川；另一支部隊又陷寧夏，轉掠靈武諸邊地。第三路軍盡占山東西北部、河南北部，北取薊州（今河北薊縣），犯漷州（今北京通縣南四十五里），略柳林（今北京通縣南，故漷縣西），直逼大都。

福通親自統軍占山東西南和河南北部，出沒河南北。龍鳳四年五月，攻下汴梁（今河南開封），建作都城，接小明王來定都。[9]

紅軍所到地方，攻無不取，戰無不勝，元朝地方官吏嚇破了膽，一聽有紅軍來攻，便忙著逃命。當時有童謠形容道：

滿城都是火，府官四散躲，城裏無一人，紅軍府上坐。[10]

二三年間，紅軍長驅深入，轉戰萬里，來回地兜圈子，元朝主力軍隊用盡一切力量抵抗和進攻，軍力大大地削弱了，而且大敵當前，也就顧不到這東南地區新起的紅軍小頭目了。

朱元璋趁元軍無力南顧期間，逐步鞏固根據地，擴充實力，逐步消滅元朝的分散兵力和割據群雄，開闢疆土。

雖然他所處的地理位置在東南地區說是四面受敵，但是在全國範圍說，和元朝主力軍對峙的形勢上說，恰好中間隔著三個割據政權，東面是張士誠，北面是小明王，西面是徐壽輝，東西兩面雖是敵國，免不了打仗，卻起了隔絕元朝主力軍進攻的作用，北面是紅軍主力，更不用說，這三個大衛星保護著朱元璋，給他以發展壯大的機會。

等到小明王的軍事力量已被元朝消滅以後，兩敗俱傷的結果，元朝的軍事力量也已經消耗殆盡了。相反的，在這段期間，朱元璋取得向南面和東南外圍，處在被隔絕、孤立、分散的元軍主動進攻的軍事成果，擁有廣土眾民，財力充足，他的軍隊已成為從戰鬥中鍛煉出來的有組織有訓練的最強大的軍事力量，可以和元軍打硬仗，比高下，角雌雄了。

在這一斗形地區所處的軍事形勢，東邊鎮江如落在張士誠手裏，便可以直搗應天，南邊寧國如給徐壽輝占了，就像背上插一把尖刀，關係十分重大。要確保應天的安全，就非取得這兩個據點不可。

元璋在應天才安頓停當，便派徐達統兵攻下鎮江，分兵占領金壇、丹陽等縣，向東線伸出一個觸鬚。到六月，又派鄧愈攻下廣德路，把住後門。在出兵時，為了整頓軍隊紀律，和徐達商量好了，故意找出徐達錯處，綁了請王命牌要處死刑，李善長和一群幕僚再三求情，說好說歹，才放了綁。當面吩咐，這次出兵，攻下城子，不燒房子，不搶財物，不殺百姓，才準將功折罪。

徐達破鎮江時，號令嚴肅，百姓安安靜靜，照常過日子做買賣，像不曾打過仗似的。別的城子聽說朱平章的軍隊不殺人，軍紀好，都放了心。這名氣傳遍了，元璋軍事上的成功和鞏固便有了保障，把元軍和一些地主軍都孤立起來了，此後便一個勝利接著一個勝利，地盤隨著一天天擴大。經濟力量和軍事力量也隨著日益強大了。[11]

接著分遣諸將攻克長興、常州，親自攻下寧國。又先後占領江陰、常熟、池州、徽州、揚州等地，在龍鳳三年這一年中，把應天周圍的戰略據點全數取下，作為向外發展的前哨基地。在戰略上，東起江陰，沿太湖南到長興，畫一條直線，構成防線，堵住張士誠西犯的門路；在寧國、徽州屯駐大軍，安排進入浙東的步驟；西線和天完（徐壽輝的國號）接境，採取以守為攻的戰略；北面是友軍，只放少數軍力鎮壓地方就可以了。

元璋看清楚了周圍情況，集中力量，攻其弱點，先伸出南面的拳頭，消滅和本部完全隔絕，孤立無援的浙東元軍，形勢已和一年前大大不同了。

元璋懂得讀書的好處，因為祖先的許多成功、失敗的經驗都寫在上面。不讀書便沒有辦法取得這些經驗。也苦於自己讀書不多，許多道理還不大說得明白，以此，他很尊敬有學問的讀書人。也懂得讀書人能替人出主意、辦事。

這些儒士，誰對他們尊重，給面子，給好處，養得好，吃得飽，就替誰出力做事，這種辦法叫作「養士」，是自古以來就已行之有效的老辦法。他要想建立好自己的基業，管好占領的地方，就非養士不可。而且，假如不養，儒士跑到敵人方面去，或者糾集地主武裝抵抗，結果只能是削弱自己，壯大敵人，是十分有害的。

並且，儒士掌握著知識，在地方上有聲望，老百姓怕官府，有了什麼事都得找儒士出主意；在經濟上，儒士處於中小地主地位，有許多佃戶，佃戶是不敢不聽田主的話的，儒士和老百姓之間有著多方面的聯繫，把他們養了，老百姓也就好管了。因之，每逢占領一個新地方，必定訪求這地方的儒士，軟的硬的方法都用，總之是非來不可，羅致在幕府裏作秘書、顧問，參謀一類的工作，表現忠心的就派做地方的長官。

在打下徽州時，老儒朱升告訴元璋三句話：「高築牆，廣積糧，緩稱王。」意思是要他第一鞏固後方，第二發展生產，第三縮小目標，長遠打算，對元璋後來事業極有影響。[12]

渡江以後不久，又遭遇到糧食不足的困難。這是因為幾年來到處戰亂，農村壯丁大部分從軍去了，土地上的勞動力大感缺乏；加之，因為戰爭的破壞，堤壩失修，耕牛被屠殺，糧食產量下降。元璋軍隊駐在各處的給養，只好採取強徵辦法，到處張貼大榜，招安鄉村百姓繳納糧草，叫做寨糧。

農民收的糧食被徵發得多了，生產的積極性也就低了，懶得深耕細作，糧食產量因之更加減少，軍隊越發吃不飽了。[13]這情況是具有普遍性的，揚州的青衣軍甚至拿人當做糧食。[14]

朱元璋的軍隊在行軍的時候，出征軍士概不支糧，按元璋軍令：「凡入敵境，聽從捎糧。若攻城而彼抗拒，任將士檢括，聽為己物。若降，即令安民，一無所取。如此，則人人奮力向前，攻無不克，戰無不勝。」[15]捎糧也就是寨糧。檢括這一詞的來源，出於同時的苗軍，苗軍打仗，靠檢括供給。檢括的意思就是抄掠，不過還要重一些，重到括乾淨不留一點兒的地步。[16]

胡大海和常遇春先後提出意見，以為寨糧這辦法行不通：占領地區政權的鞏固主要依靠老百姓的支持，要糧要稅都出在老百姓身上，捎糧沒有個數目，老是捎糧，老百姓受不了，不是經久之計。元璋想了又想，和幕僚們研究出一個老辦法，要「廣積糧」，除了老百姓出一點，還得部隊自己動手搞生產。古書上有過屯田的例子，是條好經驗。

幾年來兵荒馬亂，農田圩圍堤壩都破壞了，老百姓修不起。龍鳳四年二月，以元帥康茂才為都水營田使，要他專責興修水利，分巡各處，做到高地不怕旱，窪地不怕澇，務使用水蓄泄得宜，恢復農業生產，供給軍需；又分派諸將在各處開墾荒地，立下章程，用生產量的多少來決定賞罰，且耕且戰，除了供給本部軍餉以外，還要做到有存糧。一年後，康茂才的屯區得谷一萬五千石，餘糧七千石。元璋下令褒獎，指出要解決糧食不足的困難，減輕農民負擔，強兵足食，必須做好屯田工作。幾年工夫，到處興屯，倉庫都滿了，軍食夠了。龍鳳六年五月才明令禁止各州縣徵收寨糧，農民很高興。水利修多了，糧食產量也相應增加了。

在設置營田使的同一年，又立管領民兵萬戶府，抽點民間壯丁，編作民兵，農時則耕，閒時練習戰陣，作為維持地方安寧的力量，這樣便可以抽出正規軍專門打仗，一面把作戰力量和生產力量合而為一，另一面又把保衛地方武裝力量和進攻作戰軍隊分開，不但加強了生產力，也同時加強了戰鬥力。這一番作為，說明了為什麼當時群雄都先後失敗，惟獨後起的朱元璋所以成功的原因。[17]

外圍的軍事威脅已經解除，內部的糧食生產也有了辦法，元璋的進攻矛頭立刻指向土地肥沃盛產糧食絲綢的浙東、西穀倉。先取皖南諸縣，從寧國經過徽州時，聽說當地儒士唐仲實很有學問，就找他談話，問以漢高祖，光武帝、唐太宗、宋太祖、元世祖都統一了全國，是什麼道理？

唐仲實說：「這幾個皇帝都不喜歡亂殺人，所以能做到統一。現在你攻取城池，軍隊紀律好，民心安定，這是大好事。但是，我還要說，老百姓雖然安心了，可是生產還沒有信心，負擔還重。」

元璋說：「你的話很對。我的蓄積少，費用多，只好多拿老百姓一點，這是沒有辦法的事。也經常想到讓老百姓能夠鬆一口氣，與民休息，這事我要牢牢記住。」[18]

由徽州進取建德路，改為嚴州府。先頭部隊東達浦江，構成側面包圍婺州的形勢。

龍鳳四年十二月，元璋親自統率十萬大軍，軍旗上掛著金牌，刻著「奉天都統中華」字樣。圍城後，同鄉儒士王宗顯來說，城中守將各自為心，第二天守將就開城迎降了。元璋就在婺州置中書新東行省，於省門建二大黃旗，上面寫著：「山河奄有中華地，日月重開大宋天」。兩旁立兩個木牌，寫著：「九天日月開黃道，宋國江山復寶圖。」[19]一入城就下令禁止軍士剽掠，有親隨知印黃某搶了百姓財物，立刻斬首號令。隔了幾天，又召集諸將大會，申明軍紀說：

「要平定天下必須講仁義，光靠軍事威力是不能取得人民支持的。打仗占城於要用兵，安定民心要用仁。前時進集慶，做到秋毫無犯，百姓很喜歡。這回新占婺州，百姓安堵，要用心撫恤，使人民樂於歸附，這樣，其他郡縣就會聞風歸附了。我每回聽到諸將下一城，得一郡，不亂殺人，就喜歡得不得了。百姓是喜歡寬厚的政治的，作將帥的能夠做到不亂殺人，於國於己，都有好處。能夠做到這一條，也就可以建功立業，平定天下了。」[20]

婺州是兩百多年來的理學中心，出了很多著名學者，號為小鄒魯。經過多年戰亂，學校關門，儒生四散，沒有人講究學問了。元璋聘請當地著名學者十三人替他講解經書、歷史。建立郡學，請學者當學正、訓導。任命金華人葉儀、宋濂為五經師，范祖幹為諮議，宋濂是當時有名的文人。他開始和儒學接觸了，受宋儒的思想影響了。[21]這種思想學說是為封建統治階級的利益服務的，元璋覺得很有用，認真學習。

龍鳳五年五月，小明王升元璋為儀同三司江南等處行中書省左丞相。[22]八月，元將察罕帖木兒攻陷汴梁，劉福通奉小明王退保安豐。元璋的浙東駐軍先後占領諸暨、衢州和處州，東南一帶被孤立的元軍據點，次第消滅。他的領土遂成為東面北面鄰張士誠，西鄰陳友諒，東南鄰方國珍，南鄰陳友定的局面。

四鄰的敵國，比較起來，張士誠最富，陳友諒最強，方國珍陳友定志在保土割據，並無遠大企圖。因之，元璋的軍事計劃適應新的軍事形勢，又改變了重點，採取對東南取守勢，東北和西線取攻勢的戰略。

以張士誠和陳友諒相比，士誠出身私鹽販子，遇事斤斤計較，顧慮多，疑心重。友諒是打魚出身的，慣在風浪裏過日子，野心大，欲望高，一個保守持重，一個冒險進取。以此，對東北面和西線的攻勢又分清先後緩急，對士誠以守為攻，用精兵扼住江陰，常州、長興幾個據點，使士誠不能向西進一步；對友諒則以攻為守，使友諒不能不分散兵力，駐守可能被攻擊的要塞，不能集中運用兵力。元璋區別不同的敵人，運用不同的戰術，在軍事上取得了主動有利的優勢。

浙東雖已大部平定，地方上有名望的豪族葉琛、章溢、劉基等人還躲在山裏不肯出來。元璋派人禮請，他們都是反對紅軍的地主，雖然手裏都有武裝力量，可是軍力少、弱，抵抗不了；替紅軍做事，當然不幹，因此，只一味說好話推託。

葉琛是麗水人，在元將石抹宜孫幕府，官行省元帥；章溢，龍泉人，是理學大師許謙的再傳弟子，組織「鄉兵」和蘄、黃紅軍作戰，累官浙東都元帥府僉事。元璋平處州，葉琛，章溢避走福建。[23]

劉基是青田大族，元朝至順年間考中了進士，做過高安丞、江浙儒學副提舉等官。方國珍起兵後，行省薦劉基為元帥府都事，和元將石抹宜孫守處州。劉基主張用兵力平定方國珍，方國珍賄賂京中權要，元朝決定用官爵招安，劉基被奪去兵權，回到青田。

地主們怕被方國珍擾害，都來投靠，劉基組織了「民兵」，方軍不敢進犯。他是死心塌地忠於元朝的，但元朝不用他，牢騷滿腹，寫了許多詩，如《次韻和孟伯真感興》四首的一首：

平時盜賊起成雲，厚祿能無愧庶民，
樽俎自高廊廟策，經綸不用草茅人。……

《次韻張德平見寄》：

賈誼奏書哀自哭，屈原心事苦誰論？

《感興》三首：

乾坤處處旌旗滿，肉食何人問采薇？

以賈誼、屈原自比，怨元朝政府不用草茅，不問采薇，自艾自歎。對紅軍則辱罵為盜賊，群盜，對元朝軍隊的軍紀也極為不滿，如《憂懷》：

群盜縱橫半九州，干戈滿目幾時休？
官曹各有營生計，將帥何曾為國謀！
猛虎封狼安薦食，農夫田父苦誅求，
抑強扶弱須天討，可怪無人借箸籌！

如《次韻和石抹公春晴》詩：

赤眉青犢終何在，白馬黃巾莫漫狂。
將帥如林須發蹤，太平功業望蕭張。

對朱元璋的起義，直斥為盜賊，如《次韻和孟伯真感興》：

五載江淮百戰場，乾坤舉目總堪傷。
已聞盜賊多於蟻，無奈官軍暴似狼。……

《聞高郵納款漫成口號》：

聞道高郵已撤圍，卻愁淮甸未全歸。
聖朝雅重懷柔策，諸將當知虜掠非。……[24]

江淮、淮甸，都指的是朱元璋，聖朝當然是元朝，劉基的立場思想、感情是很堅定、很清楚的。但是朱元璋也很堅定，要確保浙東的地方秩序安定，首先得把這人物收為己用，處州總制孫炎奉命再三邀聘，劉基還是不肯出來，孫炎便寫了一封幾千字的長信，反覆說明利害，概括成一句，就是不出來不行。

陶安和宋濂也寫信勸他們應聘，實在實在沒辦法了，三人才勉強於三月間到應天。[25]劉基離開青田時，有人勸他帶著部隊去，他不聽，把部隊交給親兄弟劉陛和得力家人統率，要他們善守境土，提防方國珍進攻。[26]到了應天以後，元璋大喜，特別蓋了一所禮賢館，作為賢士的住處。[27]

這幾個人都是地主，都做過元朝的官，都是地方上的豪紳巨室，並且還是軍事首領。在思想上繼承宋儒的傳統，堅決維護舊制度、舊秩序，仇視紅軍，罵紅軍是「妖寇」、「紅寇」、「紅賊」。[28]

在行動上組織地主軍隊，建立「鄉兵」、「義兵」，修築堡砦，保衛身家產業，幫助元朝政府抗拒紅軍。一直到元朝在浙東的軍事力量完全被消滅，失去了依靠，怕紅軍不能相容，才不得已逃避山谷。經過元璋多次派人禮聘，講清楚不算舊賬，只要肯出來，不但可以保全身家，還可以做官辦事，共治天下。

他們弄清楚了這個新政權並不是和地主作對的，相反，是和自己的階級利益完全一致的，心上一塊石頭落了地，再加上元璋對他們的重視和優厚待遇，傾聽他們的意見，才死心塌地作朱元璋的官。

不久，李文忠也舉薦儒士許元、王天錫、王禕，同處禮賢館。他們指望依靠朱元璋的強大軍力，建立統一的國家，享受和平安定的生活；指望通過新政權，繼續維持一千多年來的封建秩序和文化、習慣，保持和發展地主階級的利益。

過去他們為了這些要求，堅決和元朝政府合作反抗紅軍，現在也正因為朱元璋看來可以實現這些要求。反過來和元璋合作，進行推翻元朝的民族鬥爭了。

在朱元璋這方面，由於得到一部分舊地主階級的合作和支持，元朝的抵抗力量就日益減少了；由於劉基等地主頭目的歸附，地方的秩序安定也有了保證了。

後來在洪武三年（公元一三七〇年）授劉基為弘文館學士誥就明說：

「朕親臨浙右之初，爾基慕義。及朕歸師，即親來赴。當是時，括蒼（處州）之民，尚未深信，爾老卿一至，山越清寧。」[29]

就這樣，隨著軍事勝利和占領地區的日益擴大，地主階級知識分子參加的就越來越多，朱元璋的軍事力量也就越加壯大，取得了更多更大的勝利。

同時，元璋部下諸將，雖然大部分是明教徒，對舊地主階級有著強烈的仇恨，但是，隨著軍事勝利所取得的政治地位，莊田、奴隸和其他財富，諸將本身也已經從農民階級轉化為新興的地主階級了，階級成分改變了。一部分舊地主階級的合作和新地主階級的成長，從根本上逐步改變了朱元璋政權的性質，這個政權現在已經不是原來的農民階級政權，而是日漸向地主階級的政權轉化了。

這個政權，從李善長、陶安，李習參加的時候，就開始變質，到了劉基，宋濂、葉琛、章溢等地主大量參加以後，變質的過程就更加迅速了。政權的本質逐漸改變了，鬥爭的目標自然也非跟著轉變不可。

就這樣，階級鬥爭的內容被取消了，新政權要從地主階級本身的利益來考慮一切問題，農民階級的利益要服從地主階級的利益。另一面，民族鬥爭的口號被放在突出的主要的地位，通過反元來爭取和團結具有民族意識的地主、農民和知識分子，從而加速全面勝利的取得。

元璋決心爭取地主階級的合作，封建統治階級的孔孟儒術理論的支持，來加強和建立自己基業。他在小明王的軍事力量還相當強大，在北線還可以起掩護自己和牽制元軍作用的時候，對宋是君臣關係，發命令辦事都用「皇帝聖旨」；但是到了小明王的軍事主力被元軍消滅以後，他的態度就突然改變了，他完全站在地主階級立場上，在文字上口頭上公開斥責紅軍為「妖寇」、「妖賊」了。

他談孔說孟，自命為恢復封建舊秩序，保存封建舊文化的衛道者了。從此以後，他更進一步接受這些舊封建地主階級知識分子的深刻影響，思想作風和「大宋」日益對立，和為封建統治階級利益服務的儒家日益接近。[30]

【注釋】

1《明史》卷一百二十五《常遇春傳》，卷一百二十六《鄧愈傳》。

2《明太祖實錄》卷二、卷十八，《皇朝本紀》，《國初群雄事略》卷二滁陽王，高岱《鴻猷錄·龍飛淮甸》，《明史》卷一百三十三《廖永安傳》、《俞通海傳》。

3《皇朝奉紀》。

4《國初事蹟》。

5《國初事蹟》，《明太祖實錄》卷三。

6《國初事蹟》，《明太祖實錄》卷三，《國初群雄事略》卷二滁陽王，陳基《夷白齋稿》卷十《南台御史西夏永年公勳德詩序》：

「至正十六年五月，淮西寇渡江，攻陷太平，縱兵四劫，潛趣集慶，攻南門。……秋七月，賊復至，又敗之。九月，賊大至，圍城四面，凡七日。……先是淮西義兵元帥陳埜先率其徒渡江，屯集慶城南之板橋，行台用言者計，命埜先與官軍並征太平。埜先陷城，賊質其妻子，使為先鋒，務必取集慶。埜先素服公威信，輸密款，願擒首賊自效，眾皆疑其詐，公獨決聽之無惑，令俾官軍與埜先表裏合攻，遂生擒偽元帥郭、張二人及其餘偽官甚眾，殺死者無算。因乘勝逐北，鼓行趣太平，且旦暮克復，而埜先為鄉兵誤殺，舉痛惜之。」

7《國初群雄事略》卷二滁陽王。

8《國初事蹟》，《明太祖實錄》卷四，《國初群雄事略》卷二滁陽王。

9《庚申外史》，陸深《平胡錄》，《國初群雄事略》卷一《宋小明王》，《明史）卷一百二十二韓林兒傳。

10《輟耕錄》卷九《松江官號》。

11《皇朝本紀》，《明太祖實錄》卷四。

12《明史》卷一百三十六《朱升傳》。

13《國初事蹟》。

14《輟耕錄》卷《想肉》，《明太祖實錄》卷五。

15《國初事蹟》。

16《輟耕錄》卷《志苗》。

17《明太祖實錄》卷六，卷八，卷十二。

18夏燮《明通鑑》。

19《國初群雄事略》卷一《宋小明王》引俞本《記事錄》。《國初事蹟》作：「於南城豎大旗，上寫『山河奄有中華地，日月重開大統天』」，大宋作大統。大統無意義，顯然是後來竄改的。

20《明太祖實錄》卷六、卷七。

21《明太祖實錄》卷六，《明史》卷一百二十八《宋濂傳》。

22《國初事蹟》，《國初群雄事略》卷一《宋小明王》。

23《明史》卷一二八葉琛、章溢傳。

24劉基《誠意伯文集》卷十六。

25《明史》卷二百八十九《孫炎傳》。
26《誠意伯文集》，吳伯生《誠意伯劉公行狀》。
27《國初禮賢錄》，《明太祖實錄》卷八。
28徐勉《保越錄》，陳基《夷白齋稿精忠廟碑》。
29《誠意伯文集》。
30吳晗《讀史札記》《明教與明朝》。

第三章 從吳國公到吳王

一、鄱陽湖決戰

彌勒教首領彭瑩玉從元順帝至元四年袁州起義失敗以後，逃避在淮西一帶地方，依靠當地人民掩護，秘密傳布教義，組織武裝力量，準備更大規模的起義。

這人信仰堅定，有魄力，有口才，善於組織、宣傳鼓動工作，他在和農民共同生活中，經常和農民談話，說出老百姓的苦處，指出元朝政府一定會被組織起來的人民所推翻，給受苦難的人民以希望和信心。

儘管他使用的是宗教的語言，摻雜著大量的迷信、落後的內容，但是，要起來革命，只有革命才有出路，這一點卻是明確的，是能夠為廣大人民所理解和支持的。他辛辛苦苦在地下工作了十四年，成千成萬的窮苦人民團結在他的周圍。

至正十一年，他和鐵工麻城鄒普勝、漁人黃陂倪文俊組織西系紅軍，舉起了革命的旗幟。鄒普勝膂力出眾，講義氣，結交江湖朋友，很有威信。

倪文俊是水上英雄，打魚的人也和貧苦農民一樣，要交魚稅，交船稅，成天這樣稅，那樣稅，被剝削得實在受不了，倪文俊出頭帶領漁夫抗稅抗捐，官兵來追捕，他率眾抗拒，大敗官兵，就成了黃陂一帶的起義領袖。

徐壽輝是羅田的布販，又名真逸，真一。布販子經常來往城市和農村，他人緣好，結交了不少朋友。又長得魁梧奇偉，相貌出眾，入了教，彭瑩玉推為首領，說他是彌勒佛下生，當為人世之主。

這年八月間，一切都準備好了，就焚香誓眾，起兵反元。九月占領蘄水和黃州路，以蘄水為都城，取意於西方淨土蓮台，號為蓮台省。[1]立壽輝為皇帝，國號天完，年號治平。分兵兩路，一路由鄒普勝、倪文俊率領，占領漢陽、武昌、安陸、江陵、沔陽，岳州等地；一路由彭瑩玉、項甲（又名項奴兒、項普、項普略）率領，攻克江州（今江西九江）、饒州（今江西鄱陽）、信州（今江西上饒）、袁州、徽州。

至正十二年七月，由饒、徽集中兵力，入昱嶺關，取杭州路。天完疆域擴充到今湖北、湖南、江西、安徽南部和浙江西北部。這支軍隊紀律好，不殺百姓，不姦淫擄掠，口念彌勒佛號。每攻克城池，便登記歸附的人民姓名，各令安業，只運走官府府庫裏的金帛，作為軍費，很得人民擁護。[2]彭祖師的威名，嚇得元朝地方官吏膽戰心驚。

彭瑩玉連下徽、杭，分兵取浙西、浙東州縣，正在兵力分散的時候，突然遭到元軍的意外襲擊。這支元軍主力在攻陷安豐後，正要進攻濠州，中途奉緊急軍令回援江南，趁彭瑩玉在杭州還沒有站穩腳跟，軍力孤單，出其不意，乘虛進攻，紅軍大敗，彭瑩玉、項甲戰死，杭州、徽州又為元軍所占。[3]

彭瑩玉失敗的原因，主要是：彌勒教的未來天國是幻想，是神話，是迷信，它吸引了組織了大量的貧苦農民、小手工業者、小商小販來參加反元鬥爭，對當時的封建統治階級起了打擊作用。但是，它認為封建統治皇朝一經推翻，不必再努力勞動，也不必再進行革命鬥爭，就會出現所期望的「地上樂園」了。

在這種束手等待好日子到來的懶漢思想指導下，攻占城邑以後，只是發放庫糧給窮人，搬運金帛回老家，吸引更多的貧苦農民和遊民來壯大自己的隊伍，再去攻占新的城邑，拿不出積極的具體的方針政策，這樣，也就不可能鞏固和發展所得到的勝利果實，更不可能解決當時社會上存在的階級矛盾，建立新的社會。

其次，各地紅軍的力量雖然很大，但從來沒有統一的指揮和通盤的軍事調度，「各有其眾，各戰其地。」[4]宋和天完的軍隊都是單獨作戰，儘管在個別戰役上，都起了削弱元朝軍力的作用，但在全面戰局上，卻不能互相支持、互相配合，取得決定性的勝利，甚至有時還發生內部衝突，以致抵銷、削弱自己的力量。

因之，在反抗腐朽的元朝統治的鬥爭中，當紅軍力量集中的時候，很容易取得勝利，相反，當紅軍軍力分散的時候，也極容易遭到失敗，勝利得快，失敗得也快，占的地方雖多，卻守不住，鞏固不了。

第三是江浙一帶土地特別集中，大地主人數多，軍力強，頑強地抵抗紅軍，這股力量和元軍主力結合，就造成紅軍局部的軍事劣勢，一遭意外襲擊，便非失敗不可了。[5]

彭瑩玉雖然犧牲了，但他的威名和事蹟仍然為淮西和蘄、黃一帶的農民所傳誦歌唱，記錄紅軍起義的歷史家也片斷地敘述了他的活動。[6]

十四年後，羅田縣的彌勒教徒還假冒他的名字，鑄印章，設官吏，反抗朱元璋的統治。[7]

洪武六年（公元一三七三年）羅田縣又有人自稱彌勒佛降生，傳寫佛號。[8] 蘄州彌勒教徒燒香聚眾。[9] 都為明兵捕殺，也可見其影響入人之深了。

徐壽輝是以人緣好、相貌好被推作皇帝的，庸庸碌碌，沒才幹，也沒見識。彭瑩玉一死，失去依靠，越發手足無措。他嫌蘄水不夠繁華，遷都到漢陽。丞相倪蠻子（文俊）掌握兵權，壽輝為其所制，毫無實權。

治平七年（元至正十七年，公元一三五七年）壽輝和左右圖謀，想去掉倪文俊，倪文俊也設計謀殺壽輝，被人告發，率兵出奔黃州。文俊部將沔陽人陳友諒，家世打魚為生，力氣大，有一身好武藝。在縣裏當貼書，和上官不合，屢被責罰，發怒投奔紅軍，立了戰功，作領兵元帥。

文俊逃到黃州，正是他的防區，用計襲殺文俊，奪過軍隊，自稱平章。向東侵占安慶、池州、南昌諸地，和朱元璋接境。兩軍對峙，打仗互有勝負。

龍鳳六年五月，陳友諒挾徐壽輝統大軍攻下太平，元璋守將花榮戰死。陳友諒進駐采石，志得意滿，自為以可以克日占領應天了，使人殺了壽輝，等不得擇日子，挑地方，就以采石五通廟為行殿，在暴風雨裏，即皇帝位，國號漢，改年號為大義，盡有江西、湖廣之地。[10]

群雄中陳友諒的軍力最強，疆土最廣，野心也最大。朱元璋在應天，友諒順流而下，看元璋是籠中的雞，手到拿來。派遣使者和張士誠相約，東西夾攻，瓜分朱元璋的領地。友諒水軍大艦名為混江龍、塞斷江、撞倒山、江海鼇等共一百多艘，戰舸幾百條，真是「投戈斷江，舳艫千里」。

應天的文官武將都嚇慌了，有人主張投降；有人主張放棄應天，保存軍力，再作計較；有人主張主動出擊太平，牽制友諒兵力。七嘴八舌，亂成一團。膽子小的竟背地裏收拾細軟，盤算城破後的去處了。[11]

劉基到了應天之後，元璋徵求他對軍事形勢的意見，劉基分析東西兩面情況說：「張士誠齷齪無大志，只想保住他那塊地方，不會有什麼作為，暫時不必管他。主要的危險的敵人是陳友諒，他擁有精兵大艦，而且據我上游，野心勃勃。面對這樣形勢，軍事上就必需爭取主動，針對主要的敵人，集中力量先除陳友諒，上游無事，張士誠便勢孤了，一舉可定。然後再北取中原，可成王業。」

元璋聽了，極為稱讚。

陳友諒東下的警報傳來以後，元璋和劉基兩人在臥室內密議：投降不是辦法，逃走更不是辦法，目前的出路只有堅決抵抗。抵抗有兩種打法：一種是兩線同時作戰，東西兼顧，兵力一分，拿自己的一半兵力去對付陳友諒的全部軍力，必敗無疑；另一種打法是迅速集中主要兵力，看準敵人弱點，做致命的一擊，取得勝利後，再回師來對付另一線，這也還是兩線作戰，不同的是以自己的全部兵力集中打擊敵人的全部兵力，先打垮一個，再勻出手打另一個。關鍵只在於爭取軍事上的主動。

兩人仔細研究兩線形勢，斷定主要的敵人是陳友諒，論兵力陳強張弱，論士氣陳旺張餒，論水軍陳多張少，那麼，就很明白，只要先集中力量打敗陳友諒，張軍勢孤，連進攻都不可能了。[12]

要先打擊陳軍，最好使他先來進攻，造成有利戰機。元璋部將康茂才和陳友諒是老朋友，茂才的老門房也侍候過陳友諒。茂才受命使老門房偷跑到友諒軍中，帶了茂才的親筆降書，還告訴了許多假軍事情報，願以自己一軍和友諒裏應外合，並勸友諒分兵三路直取應天。友諒喜極，問康將軍現在何處，說現守江東橋，問是石橋還是木橋，答是木橋。約好友諒親自進軍江東橋，以喊「老康」作信號。[13]

陳友諒的進軍路線和軍力分配都弄清楚了。元璋一面調胡大海軍進取廣信（今江西上饒），擣友諒的後路，一面按友諒進軍路線，設下重兵埋伏。連夜把江東大橋改為石橋，一切準備停當，只等友諒自投羅網。

元璋親自在盧龍山頂這個踞高點指揮，規定信號，發現敵人舉紅旗，伏兵出擊舉黃旗。友諒興沖沖帶領主力軍趕到江東橋，一看是大石橋，知道被騙，大吃一驚，銳氣便挫了一半，連喊老康，又無人答應，越發膽戰心驚。

正在猶疑間，山上黃旗招展，四周伏兵高聲吶喊，奮勇出擊，把友諒這支精兵團團圍住，戰鼓雷鳴，山上、平地、水裏一齊打，這一仗把友諒的主力全軍殲滅，殺死淹死不計其數，俘虜了兩萬多。友諒水軍正值潮退擱淺，動彈不得，全被俘獲。元璋乘勝收復太平，下安慶，取信州、袁州。[14]

友諒吃了大敗仗，張士誠也不敢出兵了。

龍鳳七年正月，小明王封元璋為吳國公。[15]友諒不服輸，七月間又遣將攻下安慶。元璋大怒，召開軍事會議，決定溯江西伐。龍驤巨艦上建立大旗，上面寫著「弔民伐罪，納順招降」八個大字。

友諒為人忌能護短，從殺徐壽輝後，壽輝的將帥不服，又怕友諒殺害，紛紛投降元璋。部下驍將雙刀趙（普勝）屢次攻陷元璋西線軍事重鎮，是元璋死敵，被元璋使反間計，友諒一怒把他殺了。

雙刀趙的將領心懷怨恨，也就不肯出力死戰。元璋趁友諒將帥不和，士氣低落，大舉進攻。親自統軍一鼓攻下安慶、江州，友諒守將丁普郎、傅友德全軍歸附，友諒逃奔武昌。江西州縣和湖北東南角，就此全歸元璋版圖。

朱元璋的領土日益擴大，陳友諒的卻日益縮小，幾年來的軍事局面，在這一戰役後完全倒轉過來，元璋的軍事實力已經可以和友諒一決雌雄了。[16]

當江南朱陳兩軍血戰正酣的時候，江北的軍事局面也起了極大的變化。紅軍接連失敗，形勢很危急。元朝大將察罕帖木兒收復關、隴，趁著山東紅軍內部分裂，自相殘殺，招降紅軍丞相花馬王田豐，平定山東，軍威復振。

幾年來山東在小明王大將毛貴的治下，擴大疆土，建立制度，局面日漸穩定。毛貴有政治才能，有策略，有辦法，他招降了元「義兵」萬戶田豐、俞寶、王信，壯大了軍力；立賓興院，選用元朝官吏分守諸路。於萊州立屯田三百六十，每屯相去三十里，造大車百輛，往來運糧。定制無論官田民田，收成十分只取二分。冬則陸運，夏則水運，供給前方軍需。[17]

原來在濠州的趙均用、彭早住，駐軍淮泗一帶，早住病死，均用被元軍攻逼，抵擋不住，便北上和毛貴合夥。均用最恨元朝官吏，毛貴不但選用元朝官吏做地方官，還先後招降從黃軍出來的紅軍死對頭田豐一夥大地主武裝力量，均用十分氣憤，龍鳳五年四月冷不防襲殺毛貴。

七月間，毛貴部將續繼祖從遼陽回到益都（今山東益都），殺了趙均用。田豐又和掃地王王士誠兩軍自相仇殺，山東大亂。察罕帖木兒乘機進兵，攻下宋都汴梁，小明王退保安豐。（元軍撤離後，安豐又回到紅軍手裏。）龍鳳七年六月，察罕帖木兒統兵進攻山東，遣使招降田豐、俞寶、王士誠，進圍益都。

北邊的軍事形勢發生急轉直下的變化，山東失去後，不但小明王的都城安豐保不住，連元璋的根據地應天也隨著暴露在敵人面前，岌岌可危了。

元璋所占領地區幾年來的安定形勢和軍事發展，全靠小明王的紅軍主力在北邊掩護，如今局面突變，萬一安豐失守，就得直接面對元軍的主力進攻，估計彼我實力，相差太遠，硬打硬守是有困難的。遠交近攻，要想盡一切辦法，避開和元軍主力決戰的危機。

朱元璋在這樣形勢之下，決心向察罕帖木兒求和，派了兩次使臣去見察罕帖木兒，送上重禮和親筆信，要求通好，實質上也就是表示投降。

使臣回來，知道益都紅軍正在奮死拒守，一時還不致失陷，察罕帖木兒在取下這個重要據點之前，是沒有餘力進攻安豐的。元璋正確估計了北邊軍事局勢，放了心，才敢抓住這一間隙，西攻陳友諒。

察罕帖木兒的使臣元戶部尚書張昶帶了御酒、八寶頂帽，和任命元璋為榮祿大夫江西等處行中書省平章政事的宣命詔書航海到了浙東，在方國珍處等候了一年，方國珍兩次派人告訴朱元璋以元朝使臣到達的情況，元璋為了等候北邊的軍事變化，置之不理。一直到龍鳳八年十二月，張昶一行才從江西到達應天。

這時察罕帖木兒已被田豐、王士誠刺殺，他的養子擴廓帖木兒（察罕帖木兒的外甥，原名王保保）繼為統帥。不久，又得到情報，擴廓帖木兒和另一大將孛羅帖木兒正在爭奪地盤，打得十分激烈，眼見得元軍不會南向了。這才放下心，改變主意，準備下一步軍事發展的計劃。[18]

當張昶帶著元朝的官誥到應天招降的時候，寧海人葉兌寫信給元璋，勸他不要受元朝官職，自創局面，立基業。並且指出戰略步驟說：

愚聞取天下者必有一定之規模，韓信初見高祖，畫楚、漢成敗，孔明臥草廬，與先主論三分形勢是也。今之規模，宜北絕李察罕，南併張九四（士誠），撫溫、台，取閩、越，定都建康，拓地江、漢，進則越兩淮以北征，退則畫長江而自守。夫金陵古稱龍蟠虎踞，帝王之都，借其兵力資財，以攻則克，以守則固，百察罕能如吾何哉！

江之所備，莫急上流，今義師已克江州，足蔽全吳，況自滁、和至廣陵（今江蘇揚州市）皆吾所有，匪直守江，兼可守淮也。張氏傾覆，可坐而待，淮東諸郡，亦將來歸，北略中原，李氏可並也。今聞察罕妄自尊大，致書明公，如曹操之招孫權，竊以元運將終，人心不屬，而察罕欲效操所為，事勢不侔，宜如魯肅計，定鼎江東，以觀天下大釁，此其大綱也。

至其目有三：張九四之地，南包杭、紹，北跨通、泰，而以平江為巢穴。今欲攻之，莫若聲言掩取杭、紹、湖、秀，而大兵直搗平江。城固難以驟拔，則以鎖城法困之，於城外矢石不到之地，別築長圍，分命將卒，四面立營，屯田固守，斷其出入之路；分兵略定屬邑，收其稅糧以贍軍中。彼坐守空城，安得不困！平江既下，巢穴已傾，杭、越必歸，餘郡解體，此上計也。

張氏重鎮在紹興，紹興懸隔江海，所以鼓攻而不克者，以彼糧道在三斗江門也。若一軍攻平江，斷其糧道，一軍攻杭州，斷其援兵，紹興必拔。所攻在蘇、杭，所取在紹興，所謂多方以誤之者也。紹興既拔，杭城勢孤，湖、秀風靡，然後進攻平江，犁其心腹，江北餘孽，隨而瓦解，此次計也。

方國珍狼子野心，不可馴狎。往年大兵取婺州，彼即奉書納款。後遣夏煜、陳顯道招諭，彼復狐疑不從。顧遣使從海道報元，謂江東委之納款，誘令張昶齎詔而來，且遣韓叔義為說客，欲說明公奉詔。彼既降我而反欲招我降元，其反覆狡獪如是，宜興師問罪。然彼以水為命，一聞兵至，挈家航海，中原步騎，無如之何。

夫上兵攻心，彼言寧越（婺州）既平，即當納土，不過欲款我師耳。攻之之術，宜限以日期，責之歸順。彼自方國璋之沒，自知兵不可用。又叔義還稱義師之盛，氣已先挫，今因陳顯道以自通，正可脅之而從也。事宜速，不宜緩。宣諭之後，更置官吏，拘其舟艦，潛收其兵權，消未然之變，三郡可不勞而定。

福建本浙江一道，兵脆城陋，兩浙既平，必圖歸附，下之一辯士力耳。如復稽遲，則大兵自溫、處入，奇兵自海道入，福州必克。福州下，旁郡迎刃解矣。聲威既震，然後進取兩廣，猶反掌也。[19]

葉兌並不知道元璋兩次遣使通好察罕帖木兒的事，也不知道張昶之來，是元璋遣使的結果，更不知道元璋因察罕帖木兒之死和擴廓帖木兒與孛羅帖木兒的內戰，已經改變了降元的主意。不過他所計劃的攻取戰略，卻是經過深思熟慮，確有見解的。

後幾年元璋平定東南和兩廣的策略和步驟，果然和他所建議的相差不多。葉兌反對降元的舉動，正也代表了當時一部分反對元朝、要求統一，要求享受和平生活的地主階級知識分子的看法。同時也說明了當時一部分地主階級知識分子突然改變了那麼堅定地反對紅軍的立場，轉而支持朱元璋的原因。

張昶作了元朝多年大官，懂得朝章典故、名物制度。元璋告訴劉基、宋濂說：「元朝送一大賢人與我，爾等可與之議論。」任命為行中書省都事。同來的副使都被處死。[20]

小明王從稱帝以後，軍政大權完全由劉福通掌握。

福通勇悍果決，善於衝鋒陷陣，卻不會做軍事上的通盤調度，統一指揮；性情剛直，不善於調和諸將；占領了很多城池，卻不會定立有效的制度管理；領兵在外的大將，原來都是福通的同伴兄弟，不都堅決服從指揮，軍隊數量雖多，卻號令不一；打了勝仗，得不到主力部隊的支援，繼續擴大戰果；派出的三路大軍，全都孤軍深入，遠離後方，兵力分散，被敵人各個擊破；打了敗仗，到處亂竄，到處被包圍，占的地方雖多，沒有連成一片，也不鞏固，不久又個別被元軍攻下。

有的大將打了敗仗，怕受處分，索性投降敵人，翻過來打紅軍，龍鳳七年五月李武、崔德叛降於李思齊。破頭潘、關先生一軍侵入高麗，遭遇高麗軍民堅決抵抗，沙劉二、關先生被殺，逃出的一部分還攻上都，被孛羅帖木兒擊敗投降。

李喜喜的一支，東西轉戰，喜喜死，全軍也垮了。其餘的零星隊伍也被察罕帖木兒和孛羅帖木兒兩支地主軍打垮了。只剩下山東一部分軍力，做安豐的掩護。到益都被擴廓帖木兒大軍包圍以後，情勢危急，劉福通親自統兵援救，大敗逃回。益都陷落，安豐孤立。龍鳳九年二月，張士誠部下大將呂珍乘機攻圍，安豐糧盡援絕，軍民饑困。實在支持不下去了，劉福通只好派人到元璋處徵兵解圍。

在元璋出兵之前，劉基極力阻止，以為大兵不當輕出，萬一陳友諒乘虛來攻，便進退無路；而且如救得小明王出來，當發放何處？是繼續讓他當皇帝？還是關起來？殺掉？要是後者，救他作甚！要是前者，豈不自討沒趣，平白找個頂頭上司管制自己，喪失自出、主動之權。元璋則以為安豐如失守，應天就失去屏蔽，救安豐即是保應天。

遂親自統兵出救，不料軍隊還沒有到，呂珍已擊殺劉福通，元璋率軍力戰，呂珍不支逃走。元璋擺設鑾駕傘扇，迎小明王到滁州居住，建造宮殿，供養極厚，把宮中左右宦侍都換上自己的人。形式上是尊崇，實際上是把皇帝關起來了。[21]

三月十四日，小明王內降制書，封贈元璋三代：曾祖九四資德大夫江西等處行中書省右丞上護軍司空吳國公，曾祖母侯氏吳國夫人，祖初一光祿大夫江南等處行中書省平章政事上柱國司徒吳國公，祖母王氏吳國夫人，父五四開府儀同三司上柱國軍國重事中書右丞相太尉吳國公，母陳氏吳國夫人。[22]從封贈元璋父親官爵來看，元璋這時的官位是宋的中書右丞相了。

當元璋出兵援救安豐的時候，陳友諒果然乘虛進攻，以大兵圍困洪都（今江西南昌），占領了吉安、臨江、無為州。這一次倒真正是東西兩線夾攻了，雖然張士誠並不知道。

漢軍進攻規模比上一次更大，友諒看著疆土日漸縮小，氣憤不過，特造大艦數百艘，高數丈，一色丹漆，上下三層，層層都有走馬棚，下層設板房，有櫓幾十支，艫箱用鐵裹。上下層住的人相互聽不見說話。大的容三千人，小的容二千人。自以為必勝，載著家小百官，空國而來，號稱六十萬，洪都城原來緊接著贛江，上次友諒攻城，趁著水漲船高，漢軍從船上攀附登城，以致失守。

洪都收復後，元璋立刻下令把城牆改築退後，改建為去江岸三十步。這次漢軍又大舉進攻，大艦就靠不攏城牆了，只好登岸圍攻。洪都守將朱文正堅決死守，漢軍用盡攻城的方法，文正也用盡防禦的方法。

八十五天的攻守城，城牆被攻破了多次，敵兵湧進，都被火銃擊退，文正連夜趕修工事，用木柵掩護築城，敵兵奪柵，守軍且戰且築，攻城和守城的人都踩著屍首作戰，戰鬥激烈，雙方的死亡都十分慘重。

儘管洪都孤城無援，卻像一座大山似地擋住漢軍，不許前進一步。一直打到七月，元璋親統二十萬大軍來救，漢軍才不得已解圍，掉過頭來到鄱陽湖迎戰。

這一次水戰，兩軍主力苦戰三十六天之久，是一次決定生死存亡的大會戰。

在決戰開始前四天，元璋派出伏兵，封鎖鄱陽湖到長江的出口，堵住敵人的歸路，關起大門來打。兩軍的形勢，漢軍號稱六十萬，元璋是二十萬；水軍船艦，漢軍的又高又大，聯舟布陣，一連串十幾里，元璋的都是小船，要仰著頭才能望見敵人，論人力和裝備，元璋都處於劣勢。

但是，元璋也占有優勢；就士氣說，漢軍在洪都城下苦戰了三個月，不能前進寸步，鬧得死傷慘重，精疲力竭，動搖了必勝的信心；元璋方面則是千里救危城，生死存亡決於一戰，士氣高漲，就船艦說，漢軍幾十條大艦用鐵索聯在一起，雖然不怕風浪，缺點是轉動不便，既不快也不靈活，元璋方面雖是小船，載的人數少，卻操縱靈活，進退自如，體積方面雖居劣勢，運動方面卻占優勢。

就作戰指揮說，友諒性情暴躁多疑，將士不敢陳說意見，上下隔絕，彼此疑忌，內部是不團結的。元璋恰好相反，他虛心謹慎，有經驗豐富的謀臣和作戰勇敢的將帥，上下一心，謀定後戰。更重要的是軍隊給養的補充，漢軍的後路被切斷了，糧盡兵疲，元璋軍隊數量少，有洪都和後方的源源接濟，將士吃得飽，自然仗也打得好。

元璋軍的主要戰術是火攻，用大量火器焚燒敵方的大艦，火器有火炮、火銃、火箭、火蒺藜、大小火槍、大小將軍筒、大小鐵炮、神機箭，都充分利用了火藥，燃燒力很大，還有一種叫「沒奈何」，用蘆席做圈，周圍五尺，長七尺，糊以布紙，纏以絲麻，內貯火藥撚子及諸火器，用竿挑於頭桅之下，和敵船相遇，便點燃火線，割斷懸索，使「沒奈何」落於敵船，同時元璋水軍火器齊放，敵船不及撲滅，焚毀無救；另外還用火藥和蘆葦裝滿幾條船，敢死隊駛著衝進敵陣，點起火來和敵艦同歸於盡。

元璋軍指揮的信號是，白天用旗幟，黑夜用燈籠，遠的用信炮，近的用金鼓，全軍動作一致。

接戰時分水軍為十一隊，每隊都配備火銃、長弓、大弩，分作幾層，先發火銃，再射弓弩，最後是白刃戰，短兵相接，喊殺聲震天地，箭如雨點，炮如雷轟，刀光飛舞，波浪掀天，殺得連湖水都紅了。

兩軍戰士從這船跳到那船，頭頂上火箭炮石齊飛，眼面前一片刀光劍影，耳朵裏只聽見斫擊喊殺的聲音，胸膛裏懷著拼個你死我活的決心，湖面上漂流著戰死的將士和掙扎呼號的傷兵。漢軍船紅色，元璋船白色，一會兒幾十條白船包圍著紅船，一會兒又是紅船追趕著白船，一會兒紅船白船混雜在一起，打得難解難分；有幾天，白船像是占了上風，有幾天又是紅船占了優勢。

元璋激勵將士堅持戰鬥，多少次身邊的衛士都戰死了，坐艦被炮石打碎，換了船又擱淺動彈不得，險些被俘。兩軍相持，盡力苦戰，互有勝負，死傷都很大，卻誰也不肯後退一步。一直打到最後幾天，漢軍已經絕糧，在軍事會議上，友諒的右金吾將軍主張燒掉船，全軍登陸，直走湖南，左金吾將軍主張繼續打下去。

友諒同意走陸路的辦法，左金吾將軍怕被處分，領軍來降，右金吾將軍看清這仗實在打不下去了，也跟著來投降。友諒軍力越發削弱，決定退兵，打算衝出湖口，不料迎面的又全是白船，前後受敵。在激戰中，友諒要親自看明情況，決定戰術，剛把頭伸出船艙外，就被飛箭射死，全軍潰敗。部將載友諒屍首和太子陳理連夜逃回武昌。[23]

元璋雖然最後取得決戰的完全勝利，但是也付出了極大的代價，單是七月二十一這一天的戰況，紅船損失六萬人，白船也損失七千多人，驍將宋貴、陳兆先、張志雄、韓成、丁普郎等戰死。

友諒戰死的第二天，元璋焚香拜天，慰勞將士，答應將來天下一家，和巴都兒[24]們共享富貴，做大官。[25]後來又對劉基說：「我真不該到安豐去！假如友諒趁我遠出時，應天空虛，順流而下，直搗應天，我便進無所成，退無所守了。幸而他不直攻應天，反而去圍洪都，洪都堅守了三個月，給了我充分的時間來集中兵力，友諒出此下計，不亡何待。可是，這一仗雖然打勝，也是夠險的啊！」

後來在一次軍事會議上，諸將以為自古水戰，必得天時地利乃可取勝，如周瑜之破曹操，因風水之便。這一仗卻相反，陳友諒兵據鄱陽，先處上流而待我，他得了地利；而且，我千里赴援，我勞而他佚，結果反而我得勝利，是什麼道理呢？

元璋說：「你們不懂得天時不如地利，地利不如人和的道理，歸根結底，打仗的是人。陳友諒雖然兵強勢眾，但是內部不團結，人各一心，上下猜疑。並且，用兵連年，老是打敗仗，不會蓄積力量，抓住有利時機，一會兒在東邊打，一會兒在西邊打，勞而無功，軍心失望。必須懂得，用兵要得時，時則威，威則勝。我軍得了時，將士一心，像鷙鳥搏擊，巢卵俱覆，得了人和，此其所以成功。」

第一是全軍將士團結，第二是捕捉有利戰機，這個分析、總結是科學的，正確的，諸將都嘆服。[26]

陳友諒戰死，漢軍殘部指日可以肅清。張士誠侷促自守，不能為害。北邊的擴廓帖木兒和孛羅帖木兒兩軍為了爭奪防區，正在打得不可開交。元璋疆土日廣，政事日益繁多，吳國公的名號已經和當前的政治局面不相適應了，尋思也得稱王才好，問題是稱什麼王。

張士誠在九月間已經自立為吳王了，應天正是歷史上孫權吳國的都城，而且，幾年前就有童謠：「富漢莫起樓，貧漢莫起屋，但看羊兒年，便是吳家國。」[27]非得稱吳王不可。

龍鳳十年正月，元璋自立為吳王，設置百官，建中書省，以李善長為右相國，徐達為左相國，常遇春、俞通海為平章政事，汪廣洋為右司郎中，張昶為左司都事。立長子標為世子。[28]發布命令，用「皇帝聖旨，吳王令旨」的名義。[29]同時有兩個吳王，民間叫張士誠做東吳，元璋做西吳。[30]

軍隊服裝原先只是用紅巾作記號，穿的卻五顏六色，也給劃一了。規定將士戰襖戰裙和戰旗都用紅色，頭戴闊簷紅皮壯帽，插「猛烈」二字小旗。攻城係拖地棉裙，取其虛胖，箭不能入。箭頭原來是用銅做的，現在疆土擴大，有了鐵礦，改用鐵製。並且製造大批鐵甲、火藥、火銃、石炮，武器更犀利耐用。[31]

二月，元璋親率水陸大軍征武昌，陳理請降，立湖廣行中書省。到年底，友諒原來的疆土，從漢水以南，贛州以西，韶州（今廣東曲江）以北，辰州（今湖南沅陵）以東這一廣大地區，都為元璋所有。[32]

陳友諒雖然失敗了，但他畢竟是反對元朝蒙漢地主階級統治的英雄人物，在歷史上起過作用，當時人民對他是同情的、懷念的，他的墳墓到今天還在新建的長江大橋下被保存著，供來往遊人悼念。

注釋

1《草木子》卷三《克謹篇》。

2《輟耕錄》卷二十八《刑賞失宜》。

3《元史》卷一百八十八《董摶霄傳》：

「至正十一年除濟寧路總管，奉旨從江浙平章教化征進安豐。……遂復安豐，十二年有旨命摶霄攻濠州，又命移軍援江南，遂渡江至湖州德清縣。而徽、饒賊已陷杭州。教化問摶霄計，摶霄曰：賊皆野人，見杭州子女玉帛，非平日所有，必縱欲，不暇為備，宜急攻之，……遂進兵杭城，賊迎敵至鹽橋，摶霄麾壯士突前斬殺數級，而諸軍相繼擊之，凡七戰，追殺至清河坊，賊奔接待寺，塞其門而焚之，賊皆死，遂復杭州。已而餘杭、武康、德清次第以平。」

錢謙益《牧齋初學集》卷八十《答鳳督馬瑤草書》：「徐壽輝之眾，久而彌熾。歐普祥陷袁州，妖彭、項甲陷徽、饒，倪文俊陷武、漢，明玉真陷蜀，皆奉壽輝之虛號。」《回金正希館丈書》：「嘗觀元末，盜起汝、潁，而襄、漢、蘄、黃應之。蘄、黃之賊既陷江州，旋略南康、鄱陽，即由婺源犯休寧，一夕而陷徽州，由是而陷昱嶺關，破杭州，蔓延吳興、延陵，江南之塗炭從此始，當時克復徽、杭，殺妖彭，項奴兒者盜魁，遏楚賊方張之勢，董摶霄、三旦八輩督師剿禦（之功）。」

彭瑩玉死至正十二年（公元一三五二年）七月，至元四年（公元一三三八年）他在袁州起義，假定起義時為三十歲，彭瑩玉存年約為四十五歲左右（公元一三〇八——一三五二年）。

柯紹忞《新元史》卷二二六《徐壽輝傳》記彭瑩玉於至正十三年六月被殺於瑞州：

「初袁州有妖僧彭瑩玉用泉水治病多癒，遠近神之。至正十年其徒周子旺以妖術惑眾，從者五十餘人，僭稱周王，官軍獲而殺之。瑩玉遁去，匿淮西民家，日夜密構異圖。壽輝浴於池，瑩玉之徒見其有赤光，異之。十一年八月乃擁壽輝為王，聚眾剽掠。……其眾以紅巾裹首，與汝、潁妖賊同。……十二年二月彭瑩玉陷瑞州。……未幾，項普略陷饒州、信州。……十三年六月行省左丞火你赤復瑞州，執彭瑩玉，斬而臠之。瑩玉攻城略地，所至無噍類，至是就戮，天下快之。七月項普勝陷婺源州、徽州，自昱嶺關入浙西，遂陷杭州。……是年元帥董摶霄復杭州，受代去，壽輝兵復入昱嶺關，陷於潛，行省檄摶霄禦之，事具《摶霄傳》。」

按《元史》卷四十二《順帝本紀》：「至正十二年三月丁未，徐壽輝偽將陶九陷瑞州。」《新元史》卷二十五《順帝本紀》同，由此可知陷瑞州的是陶九，不是彭瑩玉。

項普略陷杭州年月，《新元史・順帝本紀》也作：「至正十二年七月庚辰，項普略陷杭州路，參知政事樊克敬死之。濟寧路總管董摶霄復杭州路，遂復徽州。」和同書《徐壽輝傳》自相矛盾。再接王逢《梧溪集》卷三《題歲寒橋》：「至正壬辰七月十日徽寇犯杭，時樊時中執敬為浙省參政，亟禦於橋，遂死之。」《輟耕錄》卷十一《女奴義烈》、卷十四《忠烈》、卷二十八《刑賞失宜》也記蘄、黃軍於七月初十日入杭州城，《元史》卷一百八十八《董摶霄傳》同。由此可見《新元史》的記載不但自相矛盾，也是錯誤的。今不取。

【附錄】

這本書寫成以後，中國科學院歷史研究所楊訥同志知道我正在研究彭瑩玉的史實，抄送給我一些前所未見的材料，附錄如下：

（1）正德《瑞州府志》卷十一《遺事志》：「至正八年，萬載妖人彭國玉詭白蓮教以惑眾，倡言撒豆成兵，飛茅成劍，謀為不軌。事敗，逃至麻城，糾鄒普勝，合眾數萬，以紅巾為號。十二年國玉及其黨閔總管導賊將況普天擁眾寇瑞，據焉，大肆殺戮。鄉民立寨自保者，亦稱紅巾應之。未幾，左丞火逆赤等克復本路，擒況普天、閔總管，彭國玉，並家屬無少長臠之。民之應者，亦戮以徇。」崇禎《瑞州府志》卷二十四附《餘志》所記同。

（2）趙汸《東山存稿》卷四《休寧縣達魯花赤八侯武功記》：「至正十二年十一月十三日，民有言項奴兒自廣德陷常、湖，為大軍所逼，棄其眾逃來，已入休寧境中者，侯（八忒麻失理）與邑義士分道遮捕，斬首三十餘級，生得項奴兒及其將二人。」卷五克復休寧碑：「項奴兒之眾潰於浙西，間道逃來，民爭起逐之，侯（八忒麻失理）與邑義士遮捕，生得項奴兒，檻車送行省伏誅。」《代舉留沙元帥狀》：「初復徽州，（沙不丁）親入賊陣，射殺蘄、黃賊首偽彭萬戶。」卷四《休寧縣達魯花赤八侯武功記》：「（至正十二年九月）十八日，行省兵大破賊，元帥沙不丁射偽萬戶之據徽州者，殪之。」

晗按：正德《瑞州府志》記彭瑩玉為彭國玉，項普略為況普天，火逆赤即《新元史》的火你赤。這條記載大概就是《新元史》的根據。

《瑞州府志》記彭瑩玉、項普略死於江西瑞州，趙汸則以為二人死於安徽，彭萬戶於至正十二年九月十八日被沙不丁射殺，項奴兒則於同年十一月十三日被擒送行省被殺。兩書記載互異，從時間先後看，彭瑩玉、項普略在杭州戰敗後，退走江西或安徽，中伏被擒殺是有可能的。但是，不管彭瑩玉死在何處，死的時間是至正十二年則是一致的。

4 《初學集》卷八十《答鳳督馬瑤草書》：「元季盜之初起，先自汝、潁，而後徐壽輝起蘄、黃，布三王起鄧州，孟海馬起襄陽，菩有其眾，各戰其地。」

5 《初學集》卷八十《回金正希館丈書》：「當時克復徽、杭，殺妖彭、項奴兒諸盜魁，遏楚賊方張之勢，雖董摶霄、三旦八輩督師剿禦，而汪同、程國勝、俞茂結集民兵，誓死血戰，恢復城柵，其功尚多。」

6 《庚申外史》，《草木子》卷三《克謹篇》，《國初群雄事略》卷三引俞本《紀事錄》，《明太祖實錄》卷八《徐貞一本傳》，陸深《平胡錄》，《明史》卷一二三《陳友諒傳》。

7 《明太祖實錄》卷十五。

8 同上卷八十一。

9 同上卷七十八。

10《國初群雄事略》卷三天完徐壽輝，《明史》卷一二三《陳友諒傳》。
11《明太祖實錄》卷八。
12宋濂《平漢錄》，《國初禮賢錄》。
13《明太祖實錄》卷八，《平漢錄》。
14《平漢錄》，《國初禮賢錄》。
15《國初群雄事略》卷一宋小明王引俞本《紀事錄》。
16《明太祖實錄》卷九。
17《元史》卷四十五《順帝本紀》，《明史》卷一百二十二《韓林兒傳》。
18《國初事蹟》，《明太祖實錄》卷九，《國初群雄事略》卷一宋小明王。
19《明史》卷一百三十五《葉兌傳》。
20《國初事蹟》，《國初群雄事略》卷一宋小明王。
21《國初事蹟》，《國初群雄事略》卷一宋小明王。
22《國初群雄事略》卷一宋小明王引《龍鳳事蹟》，郎瑛《七修類稿》卷七《朱氏世德碑》。
23《明太祖實錄》卷十二，宋濂《平江漢頌序》，《國初群雄事略》卷四漢陳友諒，《明史》卷一二三《陳友諒傳》。
24即撥都，巴圖魯，蒙古話勇士的意思。
25《國初群雄事略》卷四漢陳友諒引俞本《紀事錄》。
26《國初事蹟》，《明太祖實錄》卷十三。
27《庚申外史》，《元史》卷五十一《五行志》二，錢謙益《太祖實錄辯證》卷一。
28《明太祖實錄》卷十四。

29陶安《陶學士文集》，祝允明《九朝野記》。
30《國初群雄事略》卷七引《月山叢談》。
31《國初事蹟》。
32《明太祖實錄》卷十四。

二、取東吳

陳友諒兵強地廣，雄踞長江上流，兩次親統大軍要吞併西吳，結果反被消滅。西線的強敵解決了，朱元璋的軍力更加壯大了，第二個進攻目標，便是東吳張士誠了。

元璋和謀士們分析當時的軍事形勢，他指出：「天下用兵，河北有孛羅帖木兒，河南有擴廓帖木兒，關中有李思齊、張良弼。河北軍隊數量多而沒有紀律，河南的稍有紀律而軍力不強，關中的一部分道途不通，糧餉接濟不上。江南只有我和張士誠，士誠多奸謀，會用間諜，可是部隊全不講紀律。我有幾十萬大軍，固守疆土，修明軍政，建立嚴格軍事紀律，委任將帥，捕捉有利戰機，逐個消滅，統一天下是有把握的。」[1]便一心一意整頓軍隊，加強紀律教育，練習攻城本領，準備下一個戰役的攻堅戰。

元末南方群雄，分作兩個系統：一是紅軍系，一是非紅軍系。紅軍系分東西兩支，東支以淮水流域為中心，小明王是東支的共主，郭子興是滁、和一帶的頭目，子興死，元璋代起，日漸強大。

西支以漢水流域為中心，從徐壽輝到陳友諒，以及壽輝部將割據四川的明玉珍。非紅軍系如東吳張士誠、浙東方國珍。

紅軍的主要成分是廣大的貧苦農民和小手工業者以及一部分城鄉遊民，他們深受元朝蒙漢地主階級的殘酷剝削，壓迫，懷著深刻的階級仇恨，提出鮮明的政治目標，一定要推翻蒙漢地主階級，取得自己的解放。他們和蒙漢地主階級是勢不兩立的，決不妥協的，堅決鬥爭到底的。

非紅軍系便不同了，領導人物和基本隊伍主要是私鹽販子、鹽丁、中小地主和搖擺不定的中農，和一部分貧雇農，儘管他們也是被剝削、被壓迫，被欺侮的對象，反元起義的動機也是因為遭受元朝官吏、地主的凌辱，作踐，奮起反抗。但是領導集團卻沒有明確的政治目標，更沒有反抗階級壓迫的宣傳鼓動工作。

割據地方以後，便以為事業成功了，貪圖生活享受，日漸腐化。他們在元朝兵刀暫時不能到達的時候，自立名號。和元朝政府對抗。但是一遭受到統治階級的強大軍事壓力，形勢不利的時候，就變成軟骨頭了，妥協了，投降了。

元朝政府從一開始便對他們採取招撫的政策。只要投降，就給官做，他們做了元朝的官以後，一看到元朝政府軍事上的失利，便再次鬧獨立，另立名號。每反覆一次，個人的名位就高了一等，地盤也擴大了一些，向元朝政府討價錢的資本也就愈大。

另一方面，他們對紅軍的態度卻正好相反，決不投降，鬥爭到底，立場是十分堅定的。張士誠對小明王和朱元璋從一開始便處在敵對狀態，十年來連兵不解，方國珍地小兵弱，雖然沒有力量進攻紅軍，但也不肯真心講和修好，表面上有時候表示低頭，實質上卻要頑抗到底。

張士誠對元朝政府的關係是不穩定的，反反覆覆，時而對抗，時而投降。至正十三年元朝政府招降，授以官職，要他出兵進攻濠、泗紅軍，士誠怕吃虧，不肯去。知道泰州守軍虛弱，襲取泰州，破興化，據高郵。十四年自稱誠王，國號大周，改元天祐。

這年十一月，元丞相脫脫統大軍圍高郵，大敗周軍，士誠堅守無援，高郵將被攻破，突然脫脫被解去兵權，元軍奔散，周軍乘隙反擊，聲勢復振，取昆山、嘉定、崇明、常熟、平江、常州、湖州、淮安等地。

十六年三月建都於平江，改為隆平郡。改曆法為明時。開弘文館，招禮儒士。以陰陽術人李行素為丞相，弟士德為平章，提調各郡兵馬。以蔣輝為右丞，居內省理庶務，潘原明為左丞，鎮吳興，史文炳為樞密院同知，鎮松江。[2]郡州縣正官，郡稱太守，州稱通守，縣曰尹，同知稱府丞，知事稱從事。[3]

從至正十六年起，張士誠便和朱元璋兵戎相見，大小數百戰，互有勝負。這年六月，朱元璋的部將，原來是地主軍的降將陳保二執詹李二將降於張士誠。這時元璋的主要力量放在西線，為了避免兩線同時作戰，派遣使者和張士誠通好，要求「睦鄰守國，保境息民」。士誠置之不理。[4]

七月，士誠以水軍進攻鎮江，和元璋軍發生激戰，大敗於龍潭。徐達乘勝進圍常州，士誠派士德馳救，為徐達所擒。士德有勇有謀，禮賢下士，幫助士誠創基立業，被俘後堅決不降，還秘密帶話給士誠，勸他投降元朝，為元璋所殺。

至正十七年二月元璋部將耿炳文取長興，三月取常州，五月取泰興，六月趙繼祖、吳良取江陰。長興和江陰都是重要軍事據點，長興踞太湖口，從陸路可通廣德諸郡，江陰枕大江，扼平江通州濟渡之處，元璋得了長興，派耿炳文鎮守，士誠的步騎不敢出廣德，窺宣、歙；得了江陰，派吳良鎮守，士誠的水軍不能溯大江，上金、焦，士誠的軍事局勢，從此便急轉直下，處於劣勢了。

加上東面的嘉興，駐有苗軍楊完者的部隊，這支少數民族軍猛衝猛打，作戰很勇敢，幾次打敗張士誠的進攻，士誠兩面受敵，抵擋不住。

幾年來，元江浙右丞相達識帖木兒千方百計勸士誠投降，到此只好聽兄弟的話，再次投降了。元朝政府以士誠為太尉。士誠表面上做元朝的官，實際上有自己的打算，他設參軍府和樞密院，分轄地為江浙、淮南二省。以李伯升總軍事，六七年間，南侵江浙，占了杭州、紹興，北逾江、淮，直到濟寧（今山東），西略汝、潁、濠、泗，東面到海，有地二千餘里。

士誠降元，是因為軍事上受到元璋的威脅，元朝招降士誠，也有他們的打算。原來從紅軍起義後，大都缺糧，支持不下去了。達識帖木兒為了解決南糧北運，便不能不對張士誠和方國珍採招撫政策，他安排士誠出糧，國珍出船，由海運接濟大都。

但是兩人心裏都懷著鬼胎，張士誠怕把糧食交給方國珍，被吞沒了，賠了糧不見功勞；方國珍卻怕他的船出海被扣，張士誠乘虛進攻，達識帖木兒兩面疏通，費了多少事，從至正二十年到二十三年，算是每年運了十幾萬石。

楊完者的部隊紀律極壞，搶錢搶人，姦淫燒殺，無惡不作。駐防過的地方比經過戰爭還慘，民間有民謠形容道：「死不怨泰州張（士誠），生不謝寶慶楊（完者）。」[5]仗著有實力，不聽達識帖木兒約束。

達識帖木兒要除掉楊完者，和士誠定計，攻殺完者，苗軍將士大部分逃降元璋。達識帖木兒沒有軍隊的支持，政權也隨之失去了，事事受士誠挾制，不久便被拘禁。士誠乘虛進駐苗軍防區。二十三年九月又自立為吳王，達識帖木兒自殺，從此元朝徵糧，再也不肯答應了。[6]

士誠所占地方盛產糧食，又有魚鹽桑麻之利，人口眾多，最為富庶。他生性持重，不多說話，待人寬大，但沒有一定主見，只想守住這塊基業，怕冒險吃虧出差錯。大將大臣們都是當年走私的江湖兄弟，如今成了局面了，有福同享，做錯事以至打了大敗仗，士誠也不忍責備，賞罰不明。

將軍大臣們修府第，建園池，養女優，玩古董，和詩人文士們宴會、歌舞，上下都腐化了。甚至大將出兵，也帶著妓女清客解悶。損兵失地，回來照樣帶兵做官。

張士德（九六）重待文學之士，當時有名的詩人陳基、饒介、王逢、高啟、楊基、張羽、楊維楨等人都和他來往，有的在他幕府做事。浙西地區的開闢和國事的決策，士德很起作用。士德被擒死，士信（九七）做丞相，貪污無能，疏遠舊將，上下隔絕。士誠也養尊處優，懶得管事。元璋著人打聽了這情形，對人說：「我諸事無不經心，法不輕恕，尚且有人瞞我。張九四（士誠）終歲不出門，不理政事，豈不著人瞞！」[7]

士信任用姓黃、蔡、葉的三個人做參謀，弄權舞弊，東吳有一民謠道：「丞相做事業，專憑黃蔡葉，一朝西風起，乾癟！」[8]

士誠降元以後，要見當時著名詩人楊維楨，維楨拒絕不去。士誠又叫人徵求意見，維楨回了一封信，指斥他的缺點，信上說：

閣下乘亂起兵，首倡大順，以獎王室，淮吳之人，萬口一詞，以閣下之所為，有今日不可及者四：兵不嗜殺，一也；聞善言則拜，二也；儉於自奉，三也；厚給吏祿而奸貪必誅，四也。此東南豪傑望閣下之可與有為也。

閣下孜孜求治，上下決不使相徇也；直言決不使遺棄也；毀譽決不使亂真也；惟賢人失職，四民失業者尚不少也。吾惟閣下有可畏者又不止是：動民力以搖邦本；用吏術以括田租；銓放私人不承制；出納國廩不上輸；受降人不疑；任忠臣而復貳也。六者之中，有其一二，可以喪邦，閣下不可以不省也。

況為閣下之將帥者有生之心，無死之志矣；為閣下之守令者有奉上之道，無恤下之政矣；為閣下之親族姻黨者無祿養之法，有奸位之權矣；某人有假佞以為忠者；某人有托詐以為直者；某人有飾貪虐以為廉良者。閣下信佞為忠，則臣有靳尚者用矣；信詐為直，則臣有趙高者用矣；信貪虐為廉良，則蹠、蹻者進，隨、夷者退矣。又有某繡使而拜虜乞生，某郡太守望敵而先遁，閣下禮之為好人，養之為大老，則死節之人少，賣國之人眾矣。是非一謬，黑白俱紊，天下何自而治乎？

又觀閣下左右參議贊密者，未見其砭切政病，規進閣下於遠大之域者，使閣下有可為之時，有可乘之勢，而迄無有成之效。其故何也？為閣下計者少而為身謀者多，則誤閣下者多矣。身犯六畏，釁闕多端，不有內變，必有外禍，不待智者而後知也。閣下狃於小安而無長慮，此東南豪傑又何望乎！[9]

楊維楨是站在元朝政府立場說話的，信裏所責備：「銓放私人不承制，出納國廩不上輸。」罵他自選官吏，不繳糧食，的是實情。除此以外，指出張士誠的四個優點，四個缺點，特別批評張士誠的將帥、守令、親族等等只為自己打算，張士誠不分是非、黑白，刑賞失宜，狃於小安而無長慮，預言他不有內變，必有外禍。楊維楨和張士誠同時，他的朋友有不少人在東吳做官，這些批評都有事實根據，是可信的、公道的。

士誠從元至正十六年（宋龍鳳二年，公元一三五六年）起和元璋接境，便互相攻伐，至正十八年十月徐達、邵榮攻克宜興，廖永安率水軍深入太湖，後軍不繼，為呂珍所俘，不肯投降，被囚到死。次年正月胡大海攻克士誠的重鎮諸暨，杭州受到威脅，士誠傾全力要奪回諸暨，六月，士誠紹興守將呂珍攻諸暨，決水堰灌城，胡大海奪堰反灌，呂珍退去。

二十年九月第二次攻諸暨，二十二年三月乘元璋金華、處州苗軍叛變的機會，以張士信統萬餘人三圍諸暨，守將謝再興苦戰二十九日，設伏城外，大敗士信軍。士信發急，增兵再攻，再興求援於李文忠，李文忠命胡德濟馳援，揚言徐達、邵榮已從嚴州領大軍增援，士信軍心動搖，計劃退兵，德濟和再興於夜半率壯士出擊，士信軍大亂潰退。二十三年九月李伯升又領大軍圍諸暨，諸暨城守堅固，不克退去。二十五年二月張士信又統兵二十萬來攻，為李文忠所大敗。這五次爭奪戰，消耗了東吳大量軍力。

在第三次諸暨爭奪戰之後，發生了謝再興叛降張士誠的意外挫折。

謝再興是淮西舊將，元璋親侄朱文正的妻父。士誠紹興守將呂珍在諸暨築堰，每年水發，動輒淬城，再興不時遣人偷決，力戰功多。部下有兩個將領派人帶違禁物品去揚州販賣，元璋發覺了，怕洩漏了軍機，殺了這兩個人，把頭掛在再興廳上，再興已經受不住了。元璋又做主把他的次女嫁給徐達。召再興到應天計議軍事，返防後另派參軍李夢庚節制諸暨兵馬，再興成為副將。再興大憤，說：「女嫁不令我知，有同給配。又著我聽人節制！」竟執李夢庚向紹興呂珍投降，元璋氣極，說：「謝再興是我親家，反背我降張氏，情不可恕。」[10]從此種下了他對部下將領的猜疑心理，對他們的監視越發嚴密了。

西吳和東吳另一據點的爭奪戰是長興，至正二十一年十一月，東吳司徒李伯升率十餘萬眾，水陸並進，包圍長興，城中守兵只有七千人，苦戰月餘，常遇春，邵榮先後馳救，伯昇敗去。二十四年十月張士信又攻長興，為耿炳文、湯和所擊敗。此外，至正十九年二月邵榮攻湖州，十二月常遇春攻杭州，胡大海攻紹興，雖然都打了勝仗，卻都不能攻克城池，取得決定性的戰果。

在和東吳作戰的長期戰役中，元璋部下驍將邵榮、趙繼祖立了不少功勞。邵榮、趙繼祖也是元璋初起時的戰友，邵榮於至正十八年和徐達攻克宜興，十九年大破張士誠軍於餘杭，攻湖州大敗李伯升，二十一年三月以戰功從樞密院同知升為中書平章政事，地位在大將常遇春之上。

二十二年處州苗軍叛變，命邵榮統兵平定。凱旋回應天後，和參政趙繼祖密謀暗殺朱元璋，為檢校[11]宋國興所告發，元璋命廖永忠安排酒宴，席間擒了二人，鎖了脖子，元璋和他們喝酒，問：「我與爾等同起濠梁，望事業成，共享富貴，為一代之君臣，爾如何要謀害我？」榮答曰：「我等連年出外，取討城池，多受勞苦，不能與妻子相守同樂，所以舉此謀。」不肯喝酒，對趙繼祖說：「若早為之，不見今日，獵狗在床下死，事已如此，泣何益！」兩人都被縊死。[12]

這件公案，明朝史書記載都以為是謀叛，只有明末的史家談遷認為當時朱元璋和邵榮都是宋的將領：「渡江勳舊，俱魚服之侶，臣主未定，等夷相視，見兵柄獨握，未免為所欲為耳。」[13]他們的行為說不上是什麼造反，這個看法是正確的。儘管如此，這件事給元璋的影響是深刻的，內部發生了裂痕，非加強控制不可。不久又發生謝再興投敵的事件，越發使他認識到必須牢牢掌握軍權，建立一套必要的制度，使將不能專兵，軍隊不能由任何將領掌握，後來軍衛法的制定和殺戮功臣，都和這兩件事有密切關係。

元璋和張士誠相持了十年，打來打去，雙方都占不到便宜。直到元璋從武昌凱旋以後，集中軍力，進攻東吳，局面才發生劇烈的變化。[14]

元璋對東吳的攻勢，分作三個步驟：第一步攻勢起於至正二十五年十月，攻擊目標是東吳北境淮水流域，到二十六年四月間，盡取通州、興化、鹽城、泰州、高郵、淮安、徐州、宿州、安豐諸州縣，孫德崖早已死去，濠州四面受敵，也投降了。半年工夫，完成預定任務，使東吳軍力侷促於長江之南。

第二步攻勢起於二十六年八月，分兵兩路，進取湖州、杭州，切斷東吳的左右兩臂，到十一月間，湖、杭守軍投降，造成北西南三面包圍平江的形勢。

第三步攻勢是平江的攻圍戰，從二十六年十二月到吳元年九月，前後一共十個月，才攻下平江，俘執士誠，結束了十年來的拉鋸戰。

元璋於盡占淮水諸城之後，至正二十六年五月，傳檄聲討張士誠，檄文詳盡說明當時情勢，和自己起兵經過，檄文說：

> 蓋聞伐罪吊民，王者之師，考之往古，世代昭然。……近睹有元之末，主居深宮，臣操威福，官以賄成，罪以情免，憲台舉親而劾仇，有司差贊而優富。廟堂不以為慮，方添冗官，又改鈔法，役數十萬民，湮塞黄河，死者枕藉於道，哀苦聲聞於天。致使愚民，誤中妖術，不解偈言之妄誕，酷信彌勒之真有，冀其治世，以蘇

困苦，聚為燒香之黨，根據汝、潁，蔓延河、洛。妖言既行，凶謀遂逞，焚蕩城郭，殺戮士夫，荼毒生靈，千端萬狀。元以天下兵馬錢糧而討之，略無功效，愈見猖獗，然而終不能治世安民。是以有志之士，旁觀熟慮，乘勢而起，或假元氏為名，或托鄉軍為號，或以孤兵自立，皆欲自為，由是天下土崩瓦解。

予本濠梁之民，初列行伍，漸至提兵，灼見妖言，不能成事，又度胡運，難與立功，遂引兵渡江。賴天地祖宗之靈，及將帥之力，一鼓而有江左，再戰而定浙東。陳氏稱號，據我上游，爰興問罪之師，彭蠡交兵，元惡授首，父子兄弟，面縛輿櫬，既待以不死，又列以封爵，將相皆置於朝班，民庶各安於田里，荊、襄、湖、廣，盡入版圖，雖德化不及，而政令頗修。

惟茲姑蘇張士誠，為民則私販鹽貨，行劫於江湖，兵興則首聚凶徒，負固於海島，其罪一也；又恐海隅一區，難抗天下大勢，詐降於元，坑其參政趙璉，囚其待制孫撝，其罪二也；厥後掩襲浙西，兵不滿萬數，地不足千里，僭稱改元，其罪三也；初寇我邊，一戰生擒其親弟，再犯浙省，揚矛直搗其近郊，首尾畏縮，乃又詐降於元，其罪四也；陽受元朝之名，陰行假王之令，挾制達丞相，謀害楊左丞（完者），其罪五也；占據江浙錢糧，十年不貢，其罪六也；知元綱已墮，公然害其丞相達識帖木兒，南台大夫普化帖木兒，其罪七也；恃其地險食足，誘我叛將，掠我邊民，其罪八也。

凡此八罪，……理宜征討，以靖天下，以濟斯民。爰命中書左丞相徐達率領馬步官軍舟師，水陸並進，攻取浙西諸處城池。已行戒飭軍將，征討所到，殲厥渠魁，脅從妄治，備有條章。凡我逋逃居民，被陷軍士，悔悟來歸，咸宥其罪。其爾張氏臣僚，果能明識天時，或全城附順，或棄刃投降，名爵賞賜，予所不吝。

凡爾百姓，果能安業不動，即我良民，舊有田產房舍，仍前為主，依額納糧，餘無科取，使汝等永保鄉里，以全室家。此興師之故也。敢有千百相聚，抗拒王師者，即當移兵剿滅，遷徙宗族於五溪，兩廣，永離鄉土，以禦邊戎。凡予所言，信如皎日，咨爾臣庶，毋或自疑。

檄文開始：「皇帝聖旨，吳王令旨，總兵官准中書省咨，敬奉令旨。」結尾：「敬此，除敬遵外，敬請施行，准此，合行備出文榜曉諭，故依令旨事意施行。所有文榜，須議出給者。龍鳳十二年五月二十二日本州判官許士傑賫到。」[15]

和這篇檄文同時，還有性質相同的一道宣諭徐州吏民的文告說：

近自胡元失政，兵起汝、潁，天下之人以為豪傑奮與，太平可致。而彼惟以妖言惑眾，不能上順天意，下悅民心，是用自底滅亡。及元兵雲集，其老將舊臣，雖有握兵之權，皆無戡亂之略，師行之地，甚於群盜。致使中原板蕩，城郭丘墟，十有餘年，禍亂極矣。[16]

這兩篇文字，充滿了封建理論的代表者儒家的思想，可以明白看出是劉基、宋濂等人的策略，也可能出於他們的手筆。指責張士誠的八款罪狀，除了第四款和第八款和西吳有關以外，其他六款都是張士誠背叛元朝的罪狀，不看頭尾，使人容易誤會成是元朝政府的討伐令，朱元璋竟然站在他所反對的元朝政府立場聲討敵人了，由此也可以看出朱元璋這一方面實在舉不出張士誠什麼罪狀。

檄文末段分化東吳軍民，說明只殺首惡，不追究從犯；東吳臣僚投降的都給官做；逃亡居民和投降軍士，都許他們回來，百姓——主要是地主能夠安業的，許其保有原來田產房舍，爭取東吳治下官僚、地主的歸順，減少大軍進攻的抵抗力量，這一段文字明確聲明他的立場的改變，從反對封建地主突變為維護封建地主的既得利益，他的根本立場改變了。

特別值得注意的是，為了消除東吳官僚、地主對紅軍的疑懼。在第一段強調指斥彌勒教為妖術、妖言、凶謀，列舉他們殺人放火，主要是殺戮士大夫的罪狀，並且還嚴肅聲言自己已經灼見妖言不能成事，不相信這一套了。

他已經背叛了彌勒教了。陳友諒父兄子弟歸降，都封列侯，將相都作大官，地主和農民各安生理，就是他不相信彌勒教的證據，也就是東吳官僚、地主的榜樣。就這樣，聲討張士誠的檄文實質上是聲討紅軍的檄文，而被聲討者的最高人物——皇帝，恰恰就是紅軍的首腦宋帝小明王！表面上看來充滿了矛盾，而在實質上卻並不矛盾。

這兩篇文告公開、正式宣告了朱元璋對彌勒教、對紅軍的斥責、背叛，否認了自己和全軍過去對彌勒教的信奉，脫去宗教迷信的外衣，進一步宣稱進軍的任務是為了伐罪救民，是為了使民庶各安於田里，使百姓永保鄉里，公開地取消了階級鬥爭的內容，公開地聲明他對於農民起義的背叛，明確維護舊的封建地主階級秩序，保證給官僚、地主、庶民以和平安定的生活，這是朱元璋一生中劃時代的轉變，從農民起義的領袖轉變為地主階級的領袖的轉變。

陶安、李習，劉基、宋濂等這一地主儒生集團幾年來所起的作用，到這時候明朗化了，具體化了，公開化了。宋的軍隊沒有了，將領都已死亡，小明王寄居滁州，僅存名號，紅軍的招牌已經沒有號召作用，元璋的周圍充塞著地主階級的首腦人物，政權的本質起了根本性質的變化，和這基礎相適應，便不能不提出新的口號爭取地主巨紳的支持，各地「民兵」、「鄉軍」的支持，士大夫的同情和擁護。

這兩篇文告把朱元璋一生劃作兩個時期，前一時期他是彌勒教徒，農民起義的領袖，任務是破壞舊的封建社會秩序；此後則公開和地主、巨紳聯合，成為他們的保護人，封建統治理論的代表者儒家的護法，不但要鞏固封建地主階級的既得利益，並且要建立並維持舊的和新的地主階級政權和封建秩序了。

朱元璋已經公開宣告和紅軍決裂，小明王的存在就沒有意義了。至正二十六年（龍鳳十二年）十二月，元璋派大將廖永忠迎接小明王，於瓜州渡江，中流把船鑿沉，永忠徑回應天覆命。小明王死，宋亡。[17]此後，朱元璋不再提龍鳳的事，連當年鎮江西城打敗東吳的紀功碑，因為有龍鳳年號，也捶毀滅跡。[18]文書上有關的龍鳳史料，更是銷毀得乾乾淨淨。元璋死後所編的《明太祖實錄》，不提元璋和龍鳳臣屬關係一字，這一段歷史被湮滅，被歪曲了幾百年。

元璋對東吳的第二步攻勢，動員了二十萬大軍，以大將軍徐達、副將軍常遇春為統帥。

在出兵前商討戰略，常遇春堅決主張直取平江，以為巢穴既破，其餘諸郡可以不戰而下。元璋卻決定用葉兌的次策，以為士誠出身鹽梟，和湖、杭諸郡守將都是愍不畏死之徒，同甘共苦。如先攻平江，湖、杭守軍必然齊心並力，來救老家，援兵四合，不易取勝。不如想法分散他的兵力，先取湖、抗，士誠無法援救，我軍可以集中兵力，個別擊破，枝葉一去，根本動搖，使士誠疲於奔命，然後移兵直取平江，必然可以成功。

遂分兵攻圍杭州、湖州。元璋親自誓師，叮嚀囑咐，要將帥和睦，不許左右欺凌軍士，進城時不要燒殺擄掠，不要挖掘墳墓，尤其平江城外張士誠母親的墳，千萬不可侵毀，以免刺激東吳人民，增加抗拒心理。說了又寫成戒約，印發給軍士。[19]

第三步攻勢，湖、杭既下之後，應用葉兌的鎖城法，進圍平江，徐達軍葑門，常遇春軍虎丘，郭興軍婁門，華雲龍軍胥門，湯和軍閶門，王弼軍盤門，張溫軍西門，康茂才軍北門，耿炳文軍城東北，仇成軍城西南，何文輝軍城西北，四面築長圍困之。又架木塔三層，下瞰城中，名曰敵樓，每層施弓弩火銃於上。又設襄陽炮日夜轟擊。

士誠死守，外無援兵，內無糧草，突圍又失敗了。元璋一再派人勸降，士誠堅決拒絕。城破時親自率兵巷戰，看到實在不行了，一把火燒死了家屬，他也上吊自殺，被部將解救，西吳兵已到府中，俘送應天。在船上閉眼不說話，也不進飲食。元璋問話不理，李善長問話，挨了一頓罵。元璋氣極，一頓亂棍把他打死，連屍骨都燒成灰，這年士誠四十七歲，東吳亡。[20]

元璋後來和群臣總結戰勝漢、吳兩大敵人的經驗說：「元末群雄中，張士誠、陳友諒最強大，士誠地方富庶，友諒軍力雄厚，我都不如，只靠不亂殺老百姓，說話算話，刻苦做事，和大家同心協力，才能成功。開頭夾處在漢、吳兩大之間，士誠尤其逼近，有人主張先向東吳進攻。我的看法是，友諒志驕，士誠器小，志驕的好生事，器小的沒長遠打算，所以決定先攻友諒，鄱陽湖這一場決戰，士誠果然不能出平江一步。假如先攻士誠，友諒一定空國而來，我便被迫兩線作戰，腹背受敵，勝負便很難說了。」[21]

李伯升是士誠十八兄弟之一，同時起事，父親李行素作丞相，他官為司徒，守湖州，兵敗出降。平江固守，使說客招降的是他，把士誠交給常遇春的也是他。平江人記住這段歷史，凡是出賣朋友的人就叫做「李司徒」[22]。

張士誠從起兵到敗死，前後十四年。城破前他把徵收賦稅的魚鱗圖籍全部燒毀，平江固守十月，朱元璋恨當地人為士誠堅決拒守，取沈萬三家租簿定額，格外加賦，每畝完糧七斗五升。[23]六百年來，蘇州人每年於七月三十日燒九四香，託名為燒地藏香；九四是士誠小名，七月三十是士誠生日。[24]從這兩件事看來，士誠得到當地地主的堅決支持，他的政權也是變了質的，是屬於地主階級的政權。

元璋大軍凱旋後，論功行賞，第二天諸將來謝，元璋問有沒有擺酒席慶賀，都說吃了酒席，高興得很。元璋說：「我也何嘗不想和諸軍歡宴一天，但中原尚未平定，還不是晏安的時候。你們應該記取張士誠的教訓，他經常和將相們宴會、酣歌、逸樂，今天怎麼樣了，要引以為戒才是。」

又對東吳降將講話：「你們都是張士誠舊部，作將官帶部隊，計窮勢屈，才不得已投降。我厚待你們，還讓你們作將校。但是要給你們講清楚一條道理，我所用諸將，多是濠、泗、汝、潁、壽春、定遠諸州的人，勤苦儉約，不知奢侈。不比江浙地方富庶，耽於逸樂。你們也不是富貴人家出身的，一朝做了將軍帶了兵，就胡亂取人子女玉帛，什麼壞事全做了。如今既然在我這裏，就得改去老毛病，像我的濠、泗諸將那樣，才能保住爵位。人人都想富貴，但是取富貴不難，長保富貴卻是難事。你們真能盡心盡力，和大軍一起除暴平亂，早日統一天下，不但你們能享富貴，連子孫也可以享福。假如只圖一時快意，不向前看，雖然暫時快樂，卻保不住日後喪敗。這是你們親見的事，不可不戒。」[25]

平江合圍後，吳元年九月元璋又遣將攻討浙東方國珍令參政朱亮祖率浙江、衢州、金華等衛馬步舟師攻台州，征南將軍湯和、副將軍吳禎率常州、長興、宜興、江陰諸軍攻慶元

（今浙江寧波）。又命征南副將軍廖永忠率水軍從海路進攻，與湯和軍相會合，切斷國珍逃入海中的退路。

方國珍從至正八年聚眾海上起事，吳元年十二月降西吳，在群雄中最先起事，稱雄浙東二十年。台州黃岩靠近海邊，人多地少，無地少地的農民只好靠海吃飯，打魚曬鹽，飄洋過海，在海上過的日子比陸地上的多。國珍和兄弟國璋、國瑛、國珉一家子，世代販鹽浮海為業。國珍是地方上有名的土豪，生得身材高大，黑紫臉膛，體力強壯，快步如飛。

至正初年海盜劫掠商民，搶了運皇糧漕船，殺了督運使臣，地方官千方百計追捕，國珍的仇家向官府告發國珍私通海盜，坐地分贓，國珍殺了仇家，帶領全家和鄰里怕事的逃入海中，集結了幾千人，四處搶劫。[26]

元朝發兵圍殺，國珍打敗官軍，連將官也俘虜了。受招安作定海尉。不久又反，俘獲元朝大將，又受招安作了大官。如此時降時叛，每反覆一次便升一次官。到至正十七年一直做到元浙東行省參知政事海道運糧萬戶。他以慶元為根據地，兼領溫州、台州，占有浙東沿海一帶地方，擁有水軍千艘，控制著豐富的漁鹽資源，兄弟子侄全做大官，心滿意足，只想保住這份好基業。[27]

元璋攻取婺州後，和國珍鄰境相望。國珍兵力弱小，北有張士誠，南有陳友定，他和這兩家都不大和洽，見元璋兵勢甚盛，怕被吞併，就派使臣向元璋送金銀綢緞，接受龍鳳官誥，口頭還說願意獻出三郡，只是不肯奉龍鳳年號。元璋多次派使臣督責，國珍推說：「當初獻三郡，為保百姓，請上位（當時人稱君主為上位）多發軍馬來守，交還城池。若遽奉正朔，張士誠、陳友定來攻，援兵萬一趕不到，就危險了。不如姑以至正為名，他們便找不出罪名來攻。若真要我奉龍鳳年號，必須多發軍馬，軍馬一到，便以三郡交還。情願領弟侄到應天聽命，止求一身不做官，以報元之恩德。」

元璋聽說，笑了一聲：「也好，且擺在那裏。等我取下平江，那時他要奉正朔也晚了。」[28]

國珍一面向西吳進貢，一面又替元朝運糧，腳踏兩隻船，左右搖擺。到元璋取了杭州以後，國珍越發害怕，使人北通擴廓帖木兒，南聯陳友定，打算結成犄角之勢，抵抗西吳進攻。還盤算萬一兩頭的支援都靠不住，敵不過，好在他有千數的海船，到時載滿金銀財寶，闔家逃奔大海，也還夠一輩子享用。主意打定，日夜搜集珍寶，修治船隻，準備隨時下海。[29]

吳元年九月，朱亮祖軍進占台州、溫州，湯和大軍長驅直取慶元，國珍進入海中，又為廖永忠水軍所敗。走投無路，只好哀辭求降。西吳軍從進攻到凱旋，前後不過三個多月。[30]

這一年，韓林兒已死，龍鳳年號不能再用了，更不能用元至正年號。按甲子這年是丁未年，未屬羊，童謠不是說：「但看羊兒年，便是吳家國」嗎，東吳已在包圍中了，為了再一次應童謠，元璋下令叫這年為吳元年。

注釋

1《明太祖實錄》卷十四。

2《秘閣元龜政要》，《輟耕錄》。

3《國初群雄事略》周張士誠，周昂《元季伏莽志》。

4《明太祖實錄》卷四。

5《輟耕錄》卷二十九《紀隆平》，姚桐壽《樂郊私語》。

6《輟耕錄》卷八《志苗》，卷二十九《紀隆平》，《元史》卷一百四十《達識帖木兒傳》，《明太祖實錄》卷二十，吳寬《平吳錄》。

7《國初事蹟》。

8《明太祖實錄》卷二十，《平吳錄》，《明史》卷三十《五行志》。《實錄》文字有不同，作：「黃蔡葉，作齒頰，一夜西風來，乾癟！」

9貝瓊《貝清江集》卷二《鐵崖先生傳》。

10《國初事蹟》，《元季伏莽志》。

11元璋的特務人員稱為檢校。

12此據劉辰《國初事蹟》，《明太祖實錄》卷十一。支偉成《吳王張士誠載記》引俞本《紀事錄》：「八月，平章邵榮、參政趙繼祖等部海船於二村港，哨張氏謀叛，部下士密告之，朱吳公命廖永忠等謀邀飲擒之，泣數其罪，共宴數日，中秋夜俱斬於聚寶門。」以為邵榮、趙繼祖要帶海船投降張士誠，記載不同。

13《國榷》卷一。

14《明史》卷一百二十三《張士誠傳》，《國初群雄事略》卷七《周張士誠》引逸名《農田餘話》。

15檄文全文見《平吳錄》、祝允明《前聞記》、《野記》、陸深《續停驂錄》四書。《前聞記》和《平吳錄》文字不同處很多，有事後審的，如元璋在發此檄文時為吳王，皇帝指小明王，《前聞記》元璋自稱朕，《平吳錄》則稱予稱我，顯然《平吳錄》是比較可靠的，也有些地方如鄉軍指地主軍，《前聞記》作香軍，《平吳錄》作鄉軍，也據《平吳錄》。

16《明太祖實錄》卷十六。
17《庚申外史》，朱權《通鑒博論》，高岱《鴻猷錄》《宋事始末》，潘檉章《國史考異》十六。
18《國初事蹟》。
19《明太祖實錄》卷十六，關於張士誠母親的墳，確是受到保護，完整無損的。這個墳在一九六四年六月下旬因擴建小學被發現，進行了科學的發掘，詳情見《考古》一九六五年第五期《蘇州吳張士誠母曹氏墓清理簡報》。
20《國初群雄事略》卷七《周張士誠》引俞本《紀事錄》《明太祖實錄》卷二十，《平吳錄》。
21《明史》《太祖本錄》。
22《國初群雄事略》卷七引《冶城客論》。
23顧公燮《消夏閒記》。
24柴萼《梵天廬叢錄》。
25《明太祖實錄》卷二十
26葉子奇《草木子》，宋濂《方國珍神道碑銘》，《明太祖實錄》卷八十八，《國初群雄事略》卷八《方穀真》。
27《明史》卷一百二十三《方國珍傳》。
28《國初事蹟》。
29《明史》卷一百二十三《方國珍傳》。
30《國初群雄事略》卷八《方穀真》。

三、南征北伐

朱元璋在出兵征服方國珍的同時，決定了南征北伐的大計。

吳元年九月間，元璋統治的疆土，大體上據有現在的湖北、湖南、河南東南部和江西、安徽、浙江，包括漢水下游和長江下游，是全中國土地最肥沃，物產最豐富，人口密度最高，最繁榮富庶的地區。

中國南部除元璋所占地區以外，分裂成幾十軍事割據地區：以四川為中心的是夏國明昇，雲南有元宗室梁王鎮守，兩廣也是元朝的勢力，福建陳友定雖然跋扈，仍然對元朝效忠。元璋見夏國主幼兵弱，不會有所作為；雲南太遠，暫時可以不問。決定首先進軍目標是福建和兩廣。

中國北部在表面上屬於元朝政府統治，但情況十分複雜；山東是黃軍（地主軍）王宣的防地；河南屬擴廓帖木兒；關內隴右則有李思齊、張良弼諸軍；孛羅帖木兒一軍鎮大同。擴廓帖木兒和李、張二將不和，孛羅帖木兒又和擴廓帖木兒對立。當元璋進兵江浙的時候，元朝這幾個將軍正在爭軍權，搶地盤，一心一意打內戰，拼個死活，誰也不管整個戰局。

和軍事領袖內部衝突的同時，元朝統治階級最上層宮廷的內部矛盾，也日益深化激化了。宮廷的陰謀政變和軍事領袖的公開內戰相結合，並且互相利用，元朝統治階級分裂成為兩個互相傾軋、殘殺的集團，雙方都要奪取政權，都有貴族官僚支持，都有武裝力量，勢均力敵，爭得熱鬧，殺得熱鬧，造成「鷸蚌相爭，漁翁得利」的局面。

元璋趁著元朝內部打得火熱的有利形勢，乘機東征南伐，擴大地盤，充實軍力。等到元璋北伐大軍兵臨城下，元朝的軍事領袖們才著了慌，停止互相殘殺，卻又不肯也不願和別人合作，聽別人指揮，仍然是各保地方，人自為戰，為朱元璋造成集中強大軍力進行個別殲滅的良好戰機。元朝政府分散的軍事力量一股接著一股被消滅的結果，長期進行階級壓迫和民族壓迫的蒙漢地主聯合政權，也隨之被消滅了。

元朝軍事領袖內部鬥爭的歷史可以追溯到幾年以前。紅軍起義後，元朝正規軍隊抵抗不住，四處打敗仗。堅決頑強地和紅軍作戰的是「義軍」，這是由地主土豪所組織的保衛私家生命財產的地方「民兵」，也叫做「鄉軍」。

紅軍要推翻地主階級的統治，地主們卻要保衛自己的統治，這是你死我活的階級鬥爭，旗幟十分鮮明，鬥爭自然非常激烈。「義軍」中最強大的有兩支，一支是起自沈丘（今河南沈丘）的察罕帖木兒和李思齊。

察罕帖木兒的祖先是元初征占河南的蒙古軍人，子孫在沈丘落戶，至正十二年和羅山地主李思齊率領鄉里子弟襲破紅軍所占領的羅山，元朝政府投官汝寧府達魯花赤，各地的地主武裝聞風先後參加，組成萬人的一支地主軍，幾年來連敗紅軍，重占河北、關陝、陷汴梁，取河南，號令達江浙，屯重兵於太行山。正準備大舉進攻山東時，和另一支「義軍」發生了內戰。[1]

一支是元朝世將答失八都魯所招募的襄陽官吏和流亡土豪的兩萬「義丁」，和劉福通作戰有功，重占襄陽、亳州。[2]答失八都魯死，子孛羅帖木兒代之掌兵，移鎮大同。

山西晉冀之地原本是察罕帖木兒的部隊進占的，察罕帖木兒大軍東出，孛羅帖木兒就進軍晉冀，強占察罕帖木兒的防地，察罕帖木兒自然不甘心，兩軍就大打特打，交戰幾年，元朝政府無力制止，屢次派人調停講和。察罕帖木兒被刺死後，孛羅帖木兒又領兵來爭晉冀，內戰又起。[3]

和軍事領袖公開內戰的發展同時進行的是元朝宮廷的陰謀政變。

脫脫丞相貶死後，哈麻代為丞相。哈麻陰謀廢元順帝而立皇太子，事泄被殺。皇太子生母高麗奇皇后和皇太子仍舊陰謀廢立，使宦官朴不花和丞相太平商量，太平不肯，太子憤恨，把太平害死了。宮廷裏分作兩派，丞相搠思監和朴不花幫太子，貴臣老的沙幫皇帝。

太子派靠擴廓帖木兒作外援，皇帝派就拉攏孛羅帖木兒來對抗。老的沙得罪於皇太子，逃入孛羅帖木兒軍中。皇太子怨恨孛羅帖木兒收容他的仇人，搠思監、朴不花就誣害孛羅帖木兒圖謀不軌，至正二十四年四月，元朝政府下詔數孛羅帖木兒罪狀，解其兵權，削其官爵。孛羅帖木兒也不客氣，竟自帶領大軍進向大都，元順帝慌了，縛送搠思監、朴不花謝罪，孛羅帖木兒才回師大同。

太子失敗了，不甘心，逃出大都，再徵擴廓帖木兒出兵打孛羅帖木兒，孛羅帖木兒又舉兵進攻大都，太子戰敗，逃到太原。孛羅帖木兒入都，作中書左丞相。二十五年太子調擴廓帖木兒和諸路兵進攻，孛羅帖木兒戰敗，被刺死於宮中，擴廓帖木兒入都代為丞相。

太子奔太原時，要仿效唐肅宗靈武故事，自立為皇帝，擴廓帖木兒不贊成。擴廓帖木兒入都時，奇皇后又要他帶重兵擁太子進宮，逼順帝讓位，擴廓帖木兒又不肯，離京三里就命大軍駐下，只帶數騎入朝。以此，奇皇后和太子深恨擴廓帖木兒，元順帝也疑忌他兵權太重，朝中大臣嫌他不是根腳官人（世代貴族），另眼相看。擴廓帖木兒在軍中日子久了，不習慣於爾詐我虞的宮廷陰謀鬥爭，兼之上下都對他嫌忌，自己知道站不住腳，就請求出外帶兵，元順帝便封他為河南王，統率全國軍馬，代皇太子出征。[4]

至正二十六年二月，擴廓帖木兒回到河南軍中，調度各處軍馬，用檄文調關中四將軍會師。李思齊得調兵札勃然大怒，罵說：「乳臭小兒，黃髮還沒有退，敢來調我！我跟你父親同鄉里，同起義兵，你父親進酒，還三拜才喝，你在我面前連站腳處都沒有，居然稱總兵，敢來調我！」下令各部，一戈一甲不許出武關，王保保來見，則整兵殺之。

張良弼、孔興、脫列伯三軍也不受節制。擴廓帖木兒軍令不行，只好把南征一事暫且放下，派一部分軍隊屯駐濟南，防禦南方進攻，親自帶領大軍入關攻李思齊。李思齊等四將軍也會兵長安，盟於含元殿舊基，合力抵抗，兩軍軍力相差不多，整整打了一年，大小幾百戰，分不出勝負。

元順帝再三命令擴廓帖木兒停戰，一意南征，擴廓帖木兒不聽。二十七年七月，擴廓帖木兒抽調部下最精銳的貊高一軍，渡河從背後直搗鳳翔，貊高部將中有一部分是孛羅帖木兒的舊將，半路上計議：「朝廷調我們打妖賊，如今卻去打李思齊，李思齊是官軍，官軍殺官軍，為什麼來？」逼貊高倒戈聲討擴廓帖木兒。

元順帝本來疑忌擴廓帖木兒，又恨他不聽命令，正在想法奪去擴廓帖木兒兵權，貊高的報告一到，他十分高興，升貊高為知樞密院兼平章，總河北軍馬；並下詔書解除擴廓帖木兒統帥權，只領本部兵馬，肅清江淮，李思齊等部分兵進取。特設大撫軍院，以皇太子總制天下兵馬，專防擴廓帖木兒。[5]

西吳偵探得上面所說的一切情況，元璋決心利用元軍忙於內戰，主要軍力自相抵銷的有利時機，南征北伐同時並進。吳元年十月，以徐達為征虜大將軍，常遇春為副將軍，率甲士二十五萬，由淮入河，北取中原。中書省平章胡廷瑞為征南將軍，江西行省左丞何文輝為副將軍，由江西取福建。湖廣行省平章楊璟、左丞周德興率湖廣諸衛軍取廣西。

取福建兵分三路：胡廷瑞、何文輝率步騎從江西度杉關為正兵，湯和、廖永忠出明州以舟師取福州為奇兵，李文忠由浦城攻建寧（今福建建甌）為疑兵。陳友定的根據地延平（今福建南平）和福州犄角，建寧則為延平外線據點，駐有重兵。元璋三路大軍分頭進攻，正兵使敵人以主力應戰，奇兵使敵人不測所以，疑兵分散敵人兵力。

陳友定福建福清人。出身雇農，作富農的上門女婿，做買賣總是賠錢，投充驛卒。至正十二年紅軍進攻福建，友定投效作了「民兵」，立了戰功，升為小軍官，占領很多城池，積官到福建行省平章，鎮守閩中八郡。在地方雖然跋扈專行，對元朝政府卻極為恭順，年年運糧到大都。朱元璋占婺州後，和友定接境。

至正二十五年二月，友定進攻處州，為西吳大將胡深所敗，深乘勝追擊，元璋調發江西駐軍南下，準備兩路會師，一舉攻下延平。不料胡深部隊進展太快，孤軍深入，中伏被俘，為友定所殺，平閩計劃受了挫折，暫時擱起。

到方國珍投降後，西吳水師乘勝南下。友定轄境和元朝本部隔絕，孤立無援。福州、建寧先後失去，延平被圍。洪武元年正月城破，友定和僚屬訣別，服毒自殺不死，被俘到應天。元璋責備他攻處州，殺胡深的罪狀，友定厲聲回答：「國破家亡，死就算了，何必多說！」父子同時被殺。[6]

西吳從出兵到克服延平，費時四月，從克服延平到平定全閩，又費了八個月工夫。

平定兩廣的部署，也是分兵三路：第一路楊璟、周德興由湖南取廣西；第二路陸仲亨由韶州（今廣東曲江）搗德慶；第三路是平閩的水師，由海道取廣州。第一路軍於吳元年十月出發，第二、三路軍於洪武元年二月出發，所遇抵抗以第一路軍為最大。

從衡州推進到廣西，第一座名城永州（今湖南零陵），第二全州（今廣西全縣），都是經過激烈血戰才占領的，進圍靖江（今廣西桂林）。第二路軍用三個月時間平定北江和西江三角地帶，切斷了廣州和靖江的交通線。

第三路軍，廖永忠遣使向元朝江西福建行中書省左丞何真勸降，大軍到潮州，何真送上印章圖籍戶口，奉表歸降。廣州和附近州縣不戰而下。廖永忠以所部沿西江入廣西，北上會合第一路軍攻圍靖江。

洪武元年六月，靖江城破，七月廣西平定，兩廣全歸元璋版圖。[7]

福建、兩廣平定後，南部除了四川，雲南以外，都連成一片了，大後方的人力、財力，供給北伐軍以無限的支持。

北伐軍在出發前，經過元璋和劉基仔細商定了作戰計劃，再和諸將在軍事會議上討論決定。常遇春提出的方案是攻堅戰術，直搗大都，以為南方都已平定，兵力有餘，以我百戰的精兵消滅元朝疲憊的兵力，必勝無疑。把首都攻下後，以破竹之勢分兵掃蕩，其餘城池可以不戰而下。

元璋的計劃正好相反，他指出直攻大都的危險性，以為這是元朝經營了上百年的都城，防禦工事一定很堅固。假使我孤軍深入，一時攻打不下，屯兵於堅城之下，後邊的糧餉接濟不上，元朝的援兵從四面八方趕到，我軍進退不得，豈不壞事？不如用斫樹的法子，先去枝葉，再挖老根，先取山東，撤掉大都的屏風；回師下河南，剪斷它的羽翼，進踞潼關，占領它的門戶。東南西三方面的軍事要點都在我軍手裏了，再進圍大都，那時元朝政府勢孤援絕，自然不戰可取了。大都既下，鼓行而西，雲中、九原以及關隴，都可席捲而下。

元璋的戰術是穩紮穩打，逐步為營，步步推進，逐漸擴大，占領地和後方聯結在一起，人力和糧餉的補給線控制在自己的手裏，而且以自己的全力集中打擊敵人分散的兵力，從積極方面說可以穩操勝算，從消極方面說，也是立於不敗之地。這種軍事思想是十分高明的，十多年的戰鬥生活的實踐，培養朱元璋成為既細心又大膽，既看到局部，又看到全局，能夠指揮百萬大軍的統帥了。諸將聽了，都同聲說好。[8]

北伐軍的統帥部的組織，也經過慎重研究，選擇最優秀的大將組成。在平陳友諒以前，諸將直接由元璋親自指揮，彼此不相統率。有一次打了個大勝仗，常遇春把漢的降兵全部殺死，徐達阻止不住，才派定徐達做大將軍，節制諸將。這次北伐大軍，關係更重大，徐達用兵持重，不打無把握之仗，行軍有紀律，尤其重要的是他小心謹慎，叫做什麼就做什麼，靠得住，放得下心，任為征虜大將軍，統帥全軍。

常遇春當百萬之眾，勇敢先登，衝鋒陷陣，所向披靡，任為副將軍。元璋擔心他健鬥輕敵，特別約束告誡，如大敵當前，以遇春作先鋒，和參將馮勝分左右翼，將精銳進擊。右丞薛顯、參將傅友德勇冠諸軍，各領一軍，使當一面。大將軍專主中軍，責任是運籌決勝，策勵諸將，不可輕動。[9]

元璋又再三申明紀律，告諭將士以北伐意義：這次北伐的目的不僅僅是攻城略地，重要的是平定中原，削平禍亂，推翻這個壞政府，解除人民痛苦，安定人民生活。見敵人就打，所經地方和打下的城子，不可亂殺人；不可搶財物；不可毀壞民居；不可破壞農具；不可殺耕牛；不可掠人子女。如有收留下遺棄的孤兒幼女，父母親戚來討，一定要交還，這是件好事，大家都要這樣做。[10]

要使北方人民明白大軍北伐的道理，要解除北方官僚地主對紅軍恐懼疑忌的心理，和瓦解元軍的軍心士氣，還必須著實做好宣傳工作。宋濂奉命寫的告北方官吏、人民的檄文說：

> 自古帝王臨御天下，皆中國居內以制「夷狄」，「夷狄」居外以奉中國，未聞以「夷狄」居中國治天下者也。自宋祚傾移，元以「北狄」入主中國，四海以內，罔不臣服，此豈人力，實乃天授。
>
> 彼時君明臣良，足以綱維天下，然達人志士，尚有冠履倒置之歎。自是以後，元之臣子，不遵祖訓，廢壞綱常，有如大德廢長立幼，泰定以臣弒君，天曆以弟鴆兄，至於弟收兄妻，子蒸父妾，上下相習，恬不為怪，其於父子君臣夫婦長幼之倫，瀆亂甚矣。夫人君者斯民之宗主，朝廷者天下之根本，禮義者御世之大防，其所為如彼，豈可為訓於天下後世哉！
>
> 及其後嗣沉荒，失君臣之道，又加以宰相專權，憲台報怨，有司毒虐，於是人心離叛，天下兵起，使我中國之民，死者肝腦塗地，生者骨肉不相保，雖因人事所致，實天厭其德而棄之之時也。古云「胡虜無百年之運」，驗之今日，信乎不謬。當此之時，天運循環，中原氣盛，億兆之中，當降生聖人，驅逐「胡虜」，恢復中華，立綱陳紀，救濟斯民，今一紀於茲，未聞有治世安民者，徒使爾等戰戰兢兢，處於朝秦暮楚之地，誠可矜閔。
>
> 方今河、洛、關、陝，雖有數雄：忘中國祖宗之姓，反就「胡虜」禽獸之名，

以為美稱，假元號以濟私，恃有眾以要君，憑陵跋扈，遏制朝權，此河洛之徒也；或眾少力微，阻兵據險，賄誘名爵，志在養力，以俟釁隙，此關陝之人也。二者其始皆以捕妖人為名，乃得兵權。及妖人已滅，兵權已得，志驕氣盈，無復尊主庇民之意，互相吞噬，反為生民之巨害，皆非華夏之主也。

予本淮右布衣，田天下大亂，為眾所推，率師渡江，居金陵形勢之地，得長江天塹之險，今十有三年。西抵巴蜀，東連滄海，南控閩越，湖、湘、漢、沔，兩淮、徐、邳，皆入版圖，奄及南方，盡為我有。民稍安，食稍足，兵稍精，控弦執矢，目視我中原之民，久無所主，深用疚心。予恭承天命，罔敢自安，方欲遣兵北逐「胡虜」，拯生民於塗炭，復漢官之威儀。慮民人未知，反為我仇，絜家北走，陷溺尤深。

故先諭告：兵至，民人勿避。予號令嚴肅，無秋毫之犯，歸我者永安於中華，背我者自竄於塞外。蓋我中國之民，天必命我中國之人以安之，「夷狄」何得而治哉！予恐中土久汙膻腥，生民擾擾，故率群雄奮力擴清，志在逐「胡虜」，除暴亂，使民皆得其所，雪中國之恥，爾民其體之。

如蒙古、色目，雖非華夏族類，然同生天地之間，有能知禮義，願為臣民者，與中夏之人撫養無異。故茲告諭，想宜知悉。[11]

這是元璋幕僚中儒生系統的代表性作品，突出了漢族地主階級知識分子的大漢族主義思想，突出了儒家的天命論，突出了維護封建秩序的理論。首先他們把國內的少數民族都叫做「夷狄」，把中國只看成是漢族的中國，不是多民族共同締造的中國；中國只能由漢人統治，少數民族的統治便是「冠履倒置」；而且硬說歷史上從來沒有少數民族統治中國的事實，從現在看來，這些觀點都是落後的、陳舊的、反動的，也是不符合歷史實際的。

事實上，中國從來是一個多民族的國家，在漫長的歷史時期，有的朝代的統治者是漢人，也有的朝代的統治者是少數民族；同時，在同一時期，曾經出現這種情況，較大地區統治者是漢人，其他某些地區統治者是少數民族，從社會發展階段、生產技術和文化科學等方面來說，各民族之間確有先進和落後之分，但是，民族本身並沒有什麼上下高低之分，相同之點卻都是一個階級對另一個階級的統治。由於長時期的大漢族主義作怪，使得劉基、宋濂這些人，忘記了自己國家的歷史，也看不見蒙古貴族統治全國將近百年，蒙古民族已經加入了中國各民族大家庭的歷史，內夏外夷的偏見，在這篇檄文中充分地表達出來了。

天命論也被強調了，說元朝統一，「此豈人力，實乃天授。」是天命。紅軍起義，「天厭其德而棄之。」元朝又沒有天命了。他自己則是「恭承天命」，統一全國的天命又歸朱元璋了。把一個舊政權的被推翻和新政權的建立，都歸結為天命，這種唯心思想，也是一千多年來儒家的中心思想。

朱元璋是由農民起義起家的，正是農民的革命鬥爭的偉大力量，使他取得勝利，但是在天命論的掩飾下，這個偉大力量被一筆勾銷了。人民群眾的力量，革命鬥爭推動社會前進的力量被閹割了，取得革命勝利的原因只是由於朱元璋得了天命。

紅軍起義是鮮明的階級鬥爭，要推翻蒙漢地主階級的聯合統治，要破壞舊的封建秩序。檄文卻正好相反，要「立綱陳紀」，這個綱、紀，正是封建秩序的綱紀，是「御世之大防」，檄文明確提出這個恢復封建地主階級綱、紀的目標，比不久前討張士誠的檄文只是消極地譴責紅軍、背叛紅軍，又前進了一步了。

儘管如此，這篇檄文在那個時候卻在北方廣大的官僚、地主、儒生、大漢族主義者中間起了明顯的廣泛的作用。檄文的中心有三點：

第一是民族革命，強調「夷」夏的區別，強調中國應由漢族人來治理，過去蒙古、色目貴族的統治，使「死者肝腦塗地，生者骨肉不相保」。當前北伐的目的，是「驅逐『胡虜』，恢復中華」，雪中國（這兩字指的是漢族）之恥，這兩句現實的口號，比之紅軍初起時所提出的恢復趙宋政權，從狹隘的搬出一個已被遺忘的幽靈，進一步喊出恢復中華的主張，以此為號召，自然更能夠獲得地主階級知識分子的支持，大漢族主義者的支持。

第二是復興道統，也就是舊有的封建文化、思想的恢復，檄文中提出「禮義者御世之大防」。「父子君臣夫婦長幼之倫」，「朝廷者天下之根本」，「中國居內以制夷狄」，都是綱是紀，是儒家的中心思想，是多少世代以來維持封建統治的金科玉律。大之治國，小之修身，從政治到生活，都被約束在這一封建思想體系中。蒙古、色目貴族破壞了這一思想體系，

「瀆亂甚矣！」「豈可為訓於天下後世！」這次北伐，目的是「立綱陳紀，救濟斯民」。恢復這世代相傳的封建傳統文化和生活習慣，這比之紅軍初起時所宣揚的彌勒佛和明王出世的幻想故事，更能廣泛地獲得儒生士大夫的同情和支持。

第三是統一和安定，幾十年來的元君荒淫，有司毒虐，天下兵起，中原之民，久無所主。北伐的目的是為了治世安民，是為了拯生民於塗炭，是為了使人民永安於中華，使民皆得其所，提出統一和安定民生的號召，這是符合於當時各階層人民要求的，是符合全體人民切身利益的。當時各階層人民所歡迎所擁護所爭取的目標在這篇檄文中特出地揭示出來，這樣也就自然產生出不可抗拒的力量，為最後勝利鋪平道路。

罵元朝政府，說他破壞封建傳統文化，宮廷內亂七八糟，指斥他政治貪污腐化，毒虐人民，是個壞政府，不但人心離叛，連上天也已經厭棄他了。罵元朝將軍，河洛指擴廓帖木兒，擴廓帖木兒原來是漢人王保保，為母舅察罕帖木兒收養，元順帝賜以蒙古名，是抬舉他算蒙古人的意思。關陝指李思齊等四將軍。罵擴廓帖木兒用蒙古名字，以「夷」變夏，跋扈要君；罵李思齊等阻兵據險，志在養力。

這兩個軍事集團互相吞噬，不但不能庇民，反為生民之巨害，都不能作為華夏之主。那麼，誰應該來治理中國呢？論版圖之廣大，人民之眾多，軍力之強大，逐「胡虜」，「除暴亂」，「雪國恥」，「拯生民」的歷史任務，就不能不由淮右布衣朱元璋負擔起來了。

最後，為了緩和蒙古、色目人的反抗心理，指出只要他們知禮義，願為臣民，也就和中夏之人同樣撫養，一視同仁。

前一年討張士誠的檄文，還只是消極的斥責彌勒教，空洞的罵元朝政府。到這時候，才鮮明的具體的積極的提出民族革命，復興封建道統，和統一安定的號召，這是朱元璋進一步的思想轉變，政治轉變，也是元璋幕府裏代表地主階級利益的儒生們的再一次的勝利。

這一宣傳文告發生了巨大的作用，北伐軍所到之處，山東河南州縣紛紛降附，名城如濟南、益都、汴梁、河南府都不戰而降。連蒙古、色目人也望風降附了，擴廓帖木兒的舅父老保投降了，外祖父梁王阿魯溫也投降了，汴梁守將過去守廬州的左君弼也不戰而降。有的元朝守將知道抵擋不住，棄城逃走。北伐軍因之得以順利進軍，在很短的時間內，取得巨大的勝利。

北伐軍徐達一軍由淮入河是主力，征戌將軍鄧愈由襄陽北略南陽以北州郡是偏師，目的在分散元軍兵力。

從軍事進展情形來說，徐達正確地執行了預定的計劃。這個計劃如上文所說，是剪其枝葉，步步推進。第一步從出師這天起，到洪武元年正月，前後三個多月，平定山東。

第二步由山東取河南，分兵兩路：一路取歸德（今河南商丘），許州（今河南許昌），和鄧愈軍會師，抄汴梁的後路；一路由鄆城渡黃河直達陳橋，兩路兵力像兩個鉗子夾住，汴梁不戰而降。進敗元軍於洛水，河南（今河南洛陽）降，河南全境平定。別將馮勝也攻克潼關李思齊、張良弼遁走。這是洪武元年三、四月間的事。

魯、豫既定，潼關一軍堵住元關中軍的出路，三面包圍元大都的軍事局勢已經造成。五月，元璋親自到汴梁，大會諸將，重新研究戰局和決定下一步驟的戰略。

當北伐軍以雷霆萬鈞之勢，席捲中原，元朝各地方守將告急的羽書，雪片似飛向大都的時候，元軍正忙於內戰，打得難解難分，政局反覆和軍權轉移，千變萬化。擴廓帖木兒被解除統帥權後，退兵據澤州（今山西晉城），部將關保投向元朝政府。

元順帝見擴廓帖木兒勢孤，下詔李思齊等軍東出關，和貊高合軍圍攻擴廓帖木兒，令關保以所部戍守太原。擴廓帖木兒憤極，逕自出兵據太原，盡殺元朝政府所置官吏，元順帝也下詔書盡削擴廓帖木兒官爵，令諸軍四面討伐。元璋北伐大軍就趁這大好時機，下山東、取汴梁，元將望風降附，無一人抵抗，無一軍堵截，小城降，大城也降，漢官漢將棄城逃走，蒙古、色目官吏將軍也棄城逃走，真是「土崩瓦解」，「勢如破竹」。

到了潼關失守，貊高、關保又為擴廓帖木兒所擒殺，元順帝這才著了慌，面對著兩個敵人，自己卻赤手空拳，一籌莫展。想來想去，只好和擴廓帖木兒和解，讓他來替自己擋一陣，但又苦於前頭事情做得太決絕了，不好轉圜，便把一切過錯都算在皇太子名下，下詔書撤銷撫軍院，盡復擴廓帖木兒官爵，令他和李思齊分道南征。

擴廓帖木兒和李思齊看到局勢嚴重，也著了慌，正準備調遣軍隊，整裝出發，可是這時北伐軍已經向大都推進，挽救不及了。

第三步攻擊的目標才是大都。洪武元年閏七月，徐達大會諸將於臨清，布置進軍方略。

馬步舟師沿運河北上，連下德州、通州。元軍連吃敗仗，毫無鬥志，元順帝知道援軍已被隔絕，孤城難守，怕被俘虜，蹈宋徽、欽二帝和瀛國公的覆轍，二十八日夜三鼓，率后妃太子逃奔上都去了。[12]

八月初二日北伐軍進入大都，元朝蒙漢地主階級的聯合統治，這一天正式被推翻了，廣大的各族被壓迫被剝削人民的願望實現了！但是，他們沒有想到，代替這蒙漢地主階級聯合統治的，卻是漢族舊、新地主階級的統治，推倒了一座壓在頭上的大山，換來的仍舊是一座大山，依然被壓得喘不得氣。

元大都雖下，元順帝在上都，仍然保有完整的政府機構，元軍的主力仍然完整強大，問題並沒有最後解決。徐達、常遇春移兵進取山西、陝西，從洪武元年八月到第二年八月，整整打了一年，才取得解放西北的勝利，完成了北伐戰役第四步的任務。在這一年中，元軍不但堅決抵抗，而且還有力量組織幾次大規模的反攻，在整個北伐戰役中，這一年打得最激烈，也最艱苦。

西征軍從河北進入山西南部，擴廓帖木兒遣將以兵來爭澤州，大敗西征軍。又乘北平（元璋改大都為北平府）空虛，親出雁門關偷襲北平。徐達得到情報，也不回救北平，徑率大軍直搗擴廓帖木兒的根據地太原。擴廓帖木兒進軍才到半路，聞報回軍援救，半夜裏被徐達軍偷營襲擊，不知所措，以十八騎北走，山西平。

洪武二年三月，西征軍入奉元路（今陝西西安），李思齊逃奔鳳翔，又奔臨洮，大軍進逼，他勢窮力竭，只好投降。元軍又乘虛攻通州，北平無重兵，常遇春、李文忠率步騎九萬還救，直搗元上都，元順帝北逃沙漠，北平轉危為安。遇春暴卒，李文忠領兵會合大軍並力西征，大敗圍攻大同的元軍，生擒脫列伯，殺孔興。

元順帝組織了幾次反攻，都失敗了，損失慘重，沒有力量再南下了，歎一口氣，打消了重回大都的念頭。洪武三年死去，皇太子愛猷識裏達臘繼立。徐達大軍繼續西進，張良弼逃奔寧夏，為擴廓帖木兒所執。其弟張良臣以慶陽降，不久又叛，城破被殺，陝西平定。

李思齊、孔興、脫列伯、張良弼兄弟，降的降，死的死，蒙古大將只剩擴廓帖木兒還擁大軍駐屯寧夏，不時出兵攻掠，邊境守將晝夜提防，十分緊張。劉基警告元璋說：「不可輕視擴廓帖木兒，此人真是將材。」

洪武三年，元璋又命徐達領大軍北攻沙漠，擴廓帖木兒方圍蘭州，解圍還救，大敗奔和林（今蒙古人民共和國烏蘭巴托西南）。五年又遣將率大軍分道進攻，到嶺北為擴廓帖木兒所大敗。二十五年後，元璋想起這次大敗仗，還非常傷心寫信告誡他的兒子朱棡、朱棣說：「吾用兵一世，指揮諸將，未嘗敗北，致傷軍士。正欲養銳，以觀『胡』變。夫何諸將日請深入沙漠，不免疲兵於和林，此蓋輕信無謀，以致傷生數萬。」據當時人記載，連同過去幾次敗仗，合計死亡有四十多萬人。

擴廓帖木兒逃回和林以後，家屬被俘，元璋使人送信勸他投降，娶他妹子為第二子秦王妃。最後派李思齊去做說客，見面時擴廓帖木兒以禮款待，辭回時還派騎士送到交界地方，正欲分別，騎士說：「奉總兵令，請留一點東西作紀念。」思齊說：「我為公差遠來，無以相贈。」騎士直說：「我要你的一隻手臂。」思齊知不可免，只好砍下一隻手臂，回來後不久就死了。[13]元璋嘗說：「如今天下一家了，尚有三事未了，掛在心頭。一件少傳國璽，一件王保保未擒，一件元太子無音問。」到洪武八年，擴廓帖木兒死。洪武十一年愛猷識裏達臘死，子脫古思帖木兒繼立，仍然擁有重兵，不時進攻明朝邊境。[14]

元璋事後總結北伐戰役的戰略方針說：「陳友諒、張士誠既滅，舉兵北伐，先取山東，次下河洛，止住潼關西進之師，不急攻秦隴，這是因為擴廓帖木兒、李思齊、張良弼都是百戰之餘，決不肯輕易屈服。而且，大軍西攻，正好促成他們聯合起來，全力抗拒。不如出其不意，直取大都，根本既除，然後西進，張、李勢窮望絕，不戰而克。可是擴廓帖木兒還是頑抗到底，費了多少事！當時假如不取北平，就和關中軍決戰，又會是兩線作戰形勢，我以一敵二，喪失主動，勝利就沒有把握了。」

他又指出臨敵必須持重，不可驕傲大意，告誡諸將說：「士不可以恃廣，人不可以恃眾，我從起兵以來，與諸豪傑相角逐，每臨小敵，亦如大敵，所以能夠致勝。」[15]

北方平定，洪武四年正月，出兵攻夏。以湯和為征西將軍，周德興、廖永忠為副將軍，率舟師由瞿塘攻重慶；傅友德為征虜前將軍，顧時為副將軍，率步騎由秦、隴取成都。

明玉珍隨州（今湖北隨縣）人。世代務農，有上百畝田地產業，是個中小地主。他身長八尺，目有重瞳，性情剛直，鄉里間有口舌糾紛，都找他排解，在地方上很有威信。徐壽輝起兵，玉珍招集鄉豪，修械築防，以保鄉里，被推做屯長。

徐壽輝使人招降，不得已加入紅軍，積戰功做到統兵征虜大元帥，奉命率所部入川攻取城池。壽輝死後，自立為隴蜀王，以兵守瞿塘，和陳友諒斷絕來往。

至正二十二年即皇帝位於重慶，建國為夏，年號天統。保境安民，禮聘名士，專務節儉，開進士科，求雅樂，賦稅十分取一。下令去釋道二教，止奉彌勒，各地都建立彌勒佛堂。休兵息民，百姓安居樂業。在位五年，死時才三十六歲。子明昇以十歲孩子繼位，諸將爭權，互相殘殺，國勢日漸衰弱。[16]

夏國見大軍壓境，倚仗瞿塘天險，以鐵索橫斷關口，鑿兩岸石壁，引繩作飛橋，以木板平鋪放上炮石木竿鐵銃，兩岸置炮，層層布防，以為敵人舟師決不能通過。湯和水軍果然被阻，三個月不能前進一步。

夏人把重兵都配置在東線，北邊防務空虛，傅友德乘隙南下，連克名城，將攻克城池日子寫了木牌，投在長江裏。廖永忠得到消息，從間道繞到夏軍背後，兩面夾攻，斷飛橋，燒鐵索，水陸並進，夏兵抵擋不住，明昇乞降。傅友德進軍成都，成都守將知重慶已失，也投降了。十月湯和等全定川蜀郡縣，夏亡。[17]

注釋

1 《元史》卷一百四十一《察罕帖木兒傳》。

2《元史》卷一百四十二《答八都魯傳》。

3《庚申外史》。

4《庚申外史》，《元史》《順帝本紀》，卷一百四十一《察罕帖木兒傳》，卷二百零七《孛羅帖木兒傳》，《明史》卷一百一十四《擴廓帖木兒傳》。

5《國初群雄事略》卷九《擴廓帖木兒》。

6《明太祖實錄》卷二十五，《明史》卷一百二十四《陳友定傳》，《國初群雄事略》卷十二《陳友定》。

7《明太祖實錄》卷二十八，《明史》卷一百三十《何真傳》，《國初群雄事略》卷六《東莞伯何真》。

8《明太祖實錄》卷二十一，陸深《平胡錄》，《明史》卷一百二十五徐達、常遇春傳。

9《明太祖實錄》卷二十一，高岱《鴻猷錄》五《北伐中原》

10《明太祖實錄》卷二十一。

11《明太祖實錄》卷二十一，《鴻猷錄》五《北伐中原》。

12《庚申外史》，《明太祖實錄》卷三十。

13俞本《紀事錄》，《明史》卷一二四《擴廓帖木兒傳》。

14《草木子·餘錄》，《庚申外史》，《國初群雄事略》卷九《擴廓帖木兒》。

15《明史》《太祖本紀》，《明太祖實錄》卷二十。

16《明太祖實錄》卷十六，楊學可《明氏實錄》。

17《明史》卷一百二十三《明玉珍傳》，《國初群雄事略》卷五《明玉珍》。

第四章 開國皇帝

一、國號大明

吳元年（公元一三六七年，元順帝至正二十七年）十二月，朱元璋的北伐大軍已經平定山東，南征軍已降方國珍，移軍取福建，水陸兩路都勢如破竹。一片捷報聲使應天的文武臣僚歡天喜地，估計著自己的強大的軍事力量，各族人民渴望統一的擁護和支持；估計著元朝政府的無能、腐敗，元朝將軍們正在瘋狂地進行你死我活的內戰，統一全國已經是算得出日子的事情了。

為了適應這新的局面，必須建立全國性的統治政權，從過去歷史實際得出的結論，王只是局部地區的統治者，全國性的統治者應該稱皇帝，以此，吳王應該改稱皇帝，王府臣僚自然應該提高一級做新皇朝的將相了。

一切都商量好了，準備好了，中書省左丞相宣國公李善長領頭，率文武百官奉表請元璋做皇帝，十天後，元璋搬進新蓋的宮殿，把要做皇帝的意思，祭告於上帝皇祇說：

「惟我中國人民之君，自宋運告終，帝命真人於沙漠，入中國為天下主，其君臣父子及孫百有餘年，今運亦終。其天下土地人民，豪傑分爭。惟帝賜英賢為臣之輔，遂戡定群雄，息民於田野，今地周回二萬里廣。諸臣下皆曰生民無主，必欲推尊帝號，臣不敢辭，亦不敢不告上帝皇祇。是用明年正月四日於鍾山之陽，設壇備儀，昭告帝祇，惟簡在帝心：如臣可為生民主，告祭之日，帝祇來臨，天朗氣清。如臣不可，至日當烈風異景，使臣知之。」[1]

這篇祭告文把元朝蒙漢地主階級聯合政權的傾覆和自己皇朝的建立，都推到上帝身上。前朝的建立和傾覆是天命，自己做皇帝也是天命。上帝的意旨是不可違背的，秉承上帝意旨做皇帝的權力自然也是不可違背的，他就憑這個上帝命令來統治全國人民，叫人明白違背他就是違背上帝，把神權和世俗政權結合在一起。

至於挑的日子，當然是經過研究的，劉基是當時有名的天文學家，一直到今天，民間還流傳著有關他的許多怪異傳說。但據朱元璋對劉基兒子講的話：「他的天文，別人看不著。他只把秀才的理來斷，到強似他那等（天文家）。鄱陽湖裏到處廝殺，他都有功。」[2]看來劉基對氣象預測是有專長的，在他那個時代所達到的科學水平，幾天以內的氣象變化看來是可以掌握的。劉基預測正月初四是天氣好的日子，元璋的祭告文裏便有充分信心讓上帝來選擇他配不配當皇帝，承天命了。

即位的禮儀也決定了。這一天先告祀天地，即皇帝位於南郊，丞相率百官和都民耆老拜賀舞蹈，連呼萬歲三聲，禮成。具皇帝鹵簿儀仗威儀導從，到太廟追尊四代祖父母、父母為皇帝皇后，再祭告社稷。宗教儀式都做完了，於是皇帝服袞冕，在奉天殿受百官朝賀，這樣就算成為合法的正統的皇帝了。這一天的天氣當然很好，日朗風和，烈風異景，連一點影子也沒有，上帝批准了。

皇帝辦公的正殿名為奉天殿，皇帝詔書的開頭規定用「奉天承運」四字。[3]原來元朝皇帝詔書的開頭用「長生天氣力裏，大福蔭護助裏」，文言譯作「上天眷命」，朱元璋以為這口氣不夠謙卑，改為「奉天承運」，表示他的一切行動都是「奉天」而行的，他的皇朝是承方興之「運」的，誰敢反抗天命？誰又敢於違逆興運？

洪武元年（公元一三六八年）正月初四日，朱元璋定有天下之號曰大明，建元洪武。以應天為京師。

奉天殿受賀後，立妃馬氏為皇后，世子標為皇太子。以李善長、徐達為左右丞相，各文武功臣都加官進爵，授予莊田。皇族死的活的全都封王。一霎時鬧鬧攘攘，歡歡喜喜，新朝廷上充滿了蓬蓬勃勃的新氣象，新京師裏平添了幾百千家新地主、新貴族，歷史上出現了一個統一的新朝代。

皇族和其他文武官僚、地主家族組成新的統治階級，代表這階級執行統治的機構是朝廷。這朝廷是為朱家皇朝服務的，為地主階級的利益服務的，朱家皇朝的建立者朱元璋，給他的皇朝起的名號是大明。

大明這一朝代稱號的決定，事前曾經過長期的考慮。

歷史上的朝代稱號，都有其特殊的意義。大體上可以分做四類，第一類用初起的地名，如秦、漢；第二類用所封的爵邑，如隋、唐；第三類用當地的物產，如遼（鑌鐵）、金；第四類用文字的含義，如大真，大元。大明應該屬於第四類。[4]

大明的意義出於明教。明教本有明王出世的傳說，經過五百多年公開和秘密的傳播，明王出世成為民間所熟知的預言。韓山童自稱明王起事，敗死後，他的兒子韓林兒繼稱小明王。西系紅軍的別支明昇也稱小明王。朱元璋原來是小明王的部將，害死小明王，繼之而起，國號大明。[5]據說是劉基出的主意。

朱元璋部下分紅軍和儒生兩種人，也就是農民和地主兩個系統，到建國以後，原來由農民出身的將帥也都成為新地主了。這一朝代稱號的採用，使兩個系統的人都感覺滿意。就出自紅軍諸將的觀點來說，他們大多數起自淮西，受了彭瑩玉的教化，其餘的不是郭子興的部曲，就是小明王的故將，或天完和漢的降將，總之，都是明教徒。

用大明做新皇朝的稱號，第一表示新政權是繼承小明王的，所有明教徒都是一家人，應該團結在一起，共享富貴；第二告訴人民明王已經在世，只此一家，其他的全是冒牌，不要相信；第三使人民安心，老實本分，享受明王治下的和平合理生活。

就出自地主的儒生集團的觀點來說，他們固然反對明教，和紅軍處於敵對地位，用盡心機，勸誘朱元璋背叛明教，放棄階級鬥爭，暗殺小明王，另建新朝代。

可是，對於這一朝代稱號，卻用儒家的看法來理解。明是光明，是火，分開是日月二字，古禮有祀「大明」，朝「日」夕「月」的說法，千多年來「大明」和日月都是朝廷的正祀，無論是列做郊祭或特祭，都為歷代皇家所重視，儒生所樂於討論的。而且，新朝是起於南方的，和以前各朝從北方起事平定南方的恰好相反，拿陰陽五行之說來推論，南方為火，為陽，神是祝融，顏色赤，北方是水，屬陰，神是玄冥，顏色黑。

新朝建都金陵，是祝融的故墟。[6]元朝建都北平，起自蒙古大漠。那麼，以火制水，以陽消陰，以明剋暗，不是恰好相勝？再則，歷史上的宮殿名稱有大明宮、大明殿，古神話裏「朱明」一詞又把皇帝的姓和朝代稱號聯在一起，尤為巧合。因此，儒生這一系統也贊成用這一朝代稱。這兩種人出發點不同，結論卻取得一致。[7]

在元末二十年的波瀾壯闊的階級鬥爭中，被統治者組織武裝力量，所標榜的是「明王出世」和「彌勒降生」的預言。朱元璋是深深明白這類預言、這類秘密組織的鼓動意義的。正因為他是明教徒，正因為他曾崇奉彌勒佛，正因為他是從明教和彌勒教的秘密傳播得到機會和成功，成為新興的統治者，他要把手創的這份產業永遠保持下去，傳之子孫世代，絕不許可別人學他的榜樣，危害他的統治。而且，大明已經成為皇朝稱號了，更不能容許對這稱號有所褻瀆。因此，他做皇帝的第一年，就用詔書禁止一切邪教，特別是白蓮社、大明教和彌勒教。

接著把這禁令寫成法律條文，《大明律》《禮律》《止師巫邪術》條規定：

「凡師巫假降邪神，書符咒水，扶鸞禱聖，自號端公、太保、師婆，妄稱彌勒佛、白蓮社、明尊教、白雲宗等會，一應左道亂正之術，或隱藏圖像，燒香集眾，夜聚曉散，佯修善事，煽惑人民，為首者絞。為從者各杖一百，流三千里。」

句解：「端公、太保，降神之男子；師婆，降神之婦人白蓮社如昔遠公修淨土之教，今奉彌勒佛十八龍天持齋念佛者。明尊教謂男子修行齋戒，奉牟尼光佛教法者。白雲宗等會蓋謂釋氏支流派分七十二家，白雲持一宗如黃梅、曹溪之類是也。」

明尊教即明教，牟尼光佛即摩尼。

《昭代王章條例》：「左道惑眾之人，或燒香集徒，夜聚曉散，為從者及稱為善友，求討布施，至十人以上，事發，屬軍衛者俱發邊衛充軍，屬有司者發口外為民。」

善友也正是明教教友稱號的一種。

《招判樞機定師巫邪術罪款》說：「有等捏怪之徒，罔顧明時之法，乃敢立白蓮社，自號端公。拭清風刀，人呼太保。嘗云能用五雷，能集方神。得先天，知後世。凡所以煽惑人心者千形萬狀。小則人迷而忘親忘家，大即心惑而喪心喪志，甚至聚集成黨，集黨成禍，不測之變，種種立見者，其害不可勝言也。」[8]明確指出封建皇朝對人民秘密結社的恐懼，必須嚴刑禁止。

溫州、泉州的大明教，從南宋以來就根深蒂固流傳在民間，到明初還「造飾殿堂甚侈，民之無業者咸歸之」。深為封建皇朝所忌恨，便藉口它名犯國號，教堂被毀，教產被沒收，教徒被逐歸農。[9]

宋、元以來的明州，也改名為寧波。[10]明教徒在嚴刑壓制之下，只好再改換名稱，秘密活動，成為民間的地下組織了。這一系列措施，顯示了當時階級鬥爭的情況。元末農民起義，是通過秘密宗教的組織活動發動起來的，目的是推翻蒙漢地主統治階級，現在，明封建皇朝用嚴刑取締、壓制秘密宗教，目的卻是維護、鞏固封建皇朝的統治，但是，階級鬥爭是不能用封建政權的法令壓制下去的，只要封建政權的性質不變，階級鬥爭就永遠不會停止，「野火燒不盡，春風吹又生」，這是人類社會歷史發展的必然規律，是任何人也阻止、抗拒不了的。

彌勒教等秘密宗教在民間傳播的情況，特別是江西地區的情況，從朱元璋在洪武十九年告誡人民的話裏可以看出來。他說：

「元政不綱，天將更其運祚，而愚民好作亂者興焉。初本數人，其餘愚者聞此風而思為之，合共謀倡亂。是等之家，吾親目睹。……秦之陳勝、吳廣，漢之黃巾，隋之楊玄感、僧向海明，唐之王仙芝，宋之王則等輩，皆係造言倡亂者。致干戈横作，物命損傷者多。比其事成也，天不與倡亂者，殃歸首亂，福在殿興。今江西有等愚民，妻不諫夫，夫不戒前人所失，夫婦愚於家，反教子孫，一概念誦南無彌勒尊佛，以為六字，又欲造禍，以殃鄉里。……今後良民凡有六字者即時燒毀，毋存毋奉，永保己安，良民戒之哉！」[11]

他也講歷史的經驗教訓，把從陳勝、吳廣以來，直到元末農民起義，都歸結為「作亂」、「倡亂」，後果是「物命損傷者多」，也就是破壞社會生產力，阻止社會發展、前進，立場是十分堅定的。還特別指出凡是造言首事的都沒有好下場，「殃歸首亂」，他自己呢，是後起的跟從的，是叛變了農民革命的，成了事業，所以「福在殿興」。他苦口勸人民脫離彌勒教，不奉六字。勸人民不要首事造禍，翻來覆去地說。但是，他所說的「愚民」，還是好作亂，還是「聞此風而思為之」。

從洪武初年到永樂七年（公元一四〇九），小明王在西北的徒黨仍然很活躍，王金剛奴自稱四天王，其黨田九成自稱後明皇帝，年號仍用龍鳳。何妙順號天王，高福興自稱彌勒佛。帝號和年號都直接繼承小明王，根本不承認朱元璋的統治，前後攻破屯寨，殺死官軍。直到洪武三十年九月才被鎮壓下去，單是「脅從」被宥為軍的就有四千多人，規模之大是可想而知的。[12]

此外，龍鳳十一年八月，羅平縣藍丑兒詐稱彭瑩玉，「造妖言以惑眾」，鑄印章，設官吏。洪武三年九月，青州民孫古樸等自號黃巾賊，襲擊莒州，殺同知牟魯。六年正月蘄州王玉二聚眾燒香起事。四月羅田縣王佛兒自稱彌勒佛降生，傳寫佛號。十一年正月五開洞「蠻」吳面兒以「邪法惑人」起事，直到十八年七月才被湯和以計誘捕，俘獲四萬餘人。十二年四月，成都嘉定州眉縣彭普貴也以「妖言惑眾」起兵。閏五月，陳友諒餘部王玉兒起事。十四年八月，四川廣安州山民有自稱彌勒佛者，「集眾惑人」。十九年五月，福建將樂縣陽門庵僧彭玉琳初名全無，用行腳至新淦，自號彌勒佛祖，燒香聚眾，作白蓮會，自稱晉王，置官屬，建元天定。二十一年五月，袁州府萍鄉縣民有自稱彌勒佛「惑民者」。七月，寧都衛擒獲大笑山

「妖賊」偽招討周三官等三十一人械送京師。

二十四年三月袁州分宜縣民以「左道惑眾」。九月，寧波府有僧稱白蓮宗，會合男女，聚眾燒香。[13]起義地點包括陝西、湖北、山東、四川、江西、福建、浙江，湖廣等省，都是過去彌勒教、明教、白蓮社長期活動過的地方。

特別是西系紅軍的根據地蘄州、羅田，不但在洪武朝，直到永樂時，還在發生反抗鬥爭。如永樂四年蘄州廣濟縣「妖僧」守座聚男女立白蓮社，毀形斷指，假神扇惑被殺。七年在湘潭，十六年在保定，都有彌勒教徒起事失敗的紀錄。

湘潭的起事頭目是從江西來的。保定的頭目演說《應劫五公》諸經，發展到真定、容城、山西洪洞等縣人民皆受戒約。[14]以後直到明亡，這些秘密宗教仍然不斷在各地傳播和暴動。

只要封建地主階級仍然在統治，通過秘密宗教組織起來的農民暴動就永遠不會停止，封建朝廷的法令和暴力鎮壓是無能為力的。

注釋

1《明太祖實錄》卷二十四。

2 劉仲璟《遇恩錄》。

3《明太祖實錄》。

4 趙翼《二十二史札記》卷二十九《元建國始用文義》。朱國楨《湧幢小品》卷二：「國號加大，始於胡元，我朝因之，蓋返左衽之舊，自合如此，且以利於小明王也。其言大漢、大唐、大宋者，乃外夷及臣子尊稱之詞。」

5 孫宜《大明初略》四：「國號大明，承林兒小明號也。」祝允明《野記》卷一。

6 袁義新《鳳陽新書》卷一《太祖本紀》：「本姓朱，本祝融。祝融，帝顓頊子，為帝嚳火正，有大勳於天下，故別為祝融。在國臣（柯）仲炯言：『……太祖定鼎金陵，則祝融之故墟也。……故國號大明，其有祖也，夫祝融大明，容光必照。……』所以我太祖以大明建國，亦以大明光天，中天下而立，定四海之民，所重民曆，以示三綱五常，以昭日用，以引趨光而避凶，此皇明治天下，潛移默化之大旨，所以四海來朝，亦以是賜之耳。知此道者，其可以語我太祖取號大明之秘義乎。故漢德若水，我皇明其德如日月之代明，漢得地道，我皇明得天道，三統之義，皇明統於天矣。」

7 吳晗《讀史札記》《明教與明朝》。

8 《昭代王章》，《明律》十一禮一，王世貞《名卿績紀》卷三《李善長傳》：「洪武元年，高帝幸汴還。……又請禁淫祀白蓮社、明尊教、白雲巫覡，扶鸞禱聖書符咒水邪術，詔可。」

9 宋濂《芝園續集》四《故岐寧衛經歷熊府君墓銘》，何喬遠《閩書》七《方域志》。

10 呂毖《明朝小史》卷二。

11 明太祖《大詩三編》《造言好亂第十二》。

12 《明成祖實錄》卷九十，沈德符《野獲編》卷三十《再僭龍鳳年號》。

13 均見《明太祖實錄》。

14 《明成祖實錄》卷五十六，九十六，二百。

二、統一南北和對外對內政策

朱元璋以洪武元年稱帝，建立新皇朝，但是大一統事業的完成，還得花二十年的時期。元順帝北走之後，元朝遺留在內地的軍力，還有兩大支：一支是雲南的梁王；一支是東北的納哈出，都用元朝年號，秉承元順帝命令，雄踞一方。

雲南和蒙古本部距離極遠，勢力孤單，比較容易解決，所以朱元璋的注意力先集中在西南方面。從洪武四年消滅了割據四川的夏國以後，便著手經營雲南，先後派遣使王禕、吳雲招降，都被梁王所殺。到洪武十四年，決意用軍力進取，派出傅友德、沐英、藍玉三將軍分兩路進攻。

這時雲南在政治上和地理上分做三個系統：一是直屬元朝皇帝，以昆明為中心的梁王，二是在政治上隸屬於元朝，但享有內部主權以大理為中心的白族土酋段氏。以上所屬的地區都被區分為路、府、州、縣；三是在上述兩個系統以外，和南部思普一帶的許多少數民族，就是明代叫做土司的地區。

現代貴州的西部，在元代屬於雲南行省，東部設八番順元軍民宣慰使司，管理彝族及苗族各土司。元至正二十四年，元璋平定湖廣，和湖廣接界的貴州思南宣慰和思州（今思縣）宣撫先後降附。到平定夏國後，四川全境都入版圖，和四川接境的貴州宣慰和普定府總管也聞風歸附。

貴州的土司大部分先後歸順明朝，雲南在東北兩面便失去屏蔽了。明兵從東北兩面進攻，一路由四川南下取烏撒（今雲南鎮雄貴州威寧等地），這地方是四川，雲南、貴州三省接壤處，犬牙突出，是一個軍事據點，和在昆明的梁王主力軍互相呼應，並且是彝族的集中居住區；一路由湖廣西取普定（今貴州安順），進攻昆明。

從明軍動員那天算起，不過一百多天工夫，東路軍便已打到昆明，梁王兵敗自殺。東路軍再北上和北路軍會攻烏撒，把元軍消滅了，附近東川（今雲南會澤）、烏蒙（今雲南昭通）、芒部（今雲南鎮雄）諸彝族全部降附，昆明附近諸路也都以次歸順。

洪武十五年二月設置貴州都指揮使司和雲南都指揮使司，建立了軍事統治機構。閏二月又設置雲南布政使司，建立了政治領導機構。[1]分別派官開築道路，寬十丈，以六十里為一驛，置驛站，設置驛夫、馬匹，把四川、雲南、貴州的交通聯接起來。

在要害地區，屯兵駐守，建立衛、所，責成當地土司供給軍食，控扼糧運、交通系統的安全。[2]布置好了，再以大軍西向攻下大理，經略雲南西北和西南地方，招降摩些、彝、撣、僰諸少數民族，分兵戡定各土司。分雲南為五十二府、六十三州、五十四縣。為了雲南太遠，交通不便，特派義子沐英統兵鎮守，沐家子孫世世承襲；在雲南將近三百年，竟和明朝相始終。

納哈出是元朝世將，太平失守被俘，元璋放他北還。元順帝北走後，納哈出擁兵蟠踞金山（在今遼寧開原東北，遼河北岸），養精蓄銳，等候機會南下，和元順帝的中路軍、擴廓帖木兒的西路軍互相呼應，形成三路箝制明軍的軍事形勢。在東北，除金山納哈出一軍外，遼陽、瀋陽、開元一帶都有元軍屯聚。洪武四年元遼陽守將劉益來降，建遼東指揮使司，接著又建立遼東都指揮使司，總轄遼東軍馬，以次平定瀋陽，開元等地。

同時，又從河北、陝西、山西各地出兵大舉深入沙漠，擊破擴廓帖木兒軍主力，進攻應昌（今內蒙古自治區經棚縣西境，捕魚兒海（達爾泊）旁）。明軍破應昌，元主遠逃漠北。到洪武八年擴廓帖木兒死後，元中路和西路的軍力日漸衰弱，不能再深入內地抄掠了。

朱元璋乘機經營甘肅、寧夏一帶地區，招撫西北各羌族和回族部落，分別給以土司名義或王號，使其個別接受政令，利用諸部族軍力，阻止元軍的入侵。在長城以北今河北和內蒙古自治區地方，則就各要害地方建立軍事據點，逐步推進，用強大軍力壓迫元軍退到更北的蒙古大沙漠，不使靠近邊塞，採取以攻為守的軍事策略。西北方面的問題完全解決了，再轉回頭來收拾東北。

洪武二十年，馮勝、傅友德、藍玉諸大將奉命北攻納哈出。大軍出長城松亭關，築大寧（今河北平泉）、寬河（今河北寬城）、會州（今河北平泉）、富峪（今河北平泉之北）四城，儲糧供應前線，留兵屯守，切斷納哈出和元中路軍的呼應。明主力軍東向從北面包圍金山，納哈出勢窮力蹙，孤軍無援，只好投降，遼東全部平定。[3]於是立北平行都指揮使司於大寧，東和遼陽，西和大同應援，作為北邊邊防前線的三大要塞。

又向西和開平衛（元上都，今內蒙古自治區多倫縣地）、興和千戶所（今內蒙古自治區張北縣地）、東勝城（今內蒙古自治區托克托縣及茂明安旗之地）諸軍事據點，聯結成長城以外的第一道邊防線。從遼河向西幾千里地方，都設衛置所，屯駐軍馬，建立了保衛長城的長城。[4]

兩年後，元主脫古思帖木兒被殺，部屬分散。以後蒙古內部又連續發生政變、叛亂，實力更加衰弱，明朝北邊的邊防，也因之而獲得幾十年的安定。

東北的元軍雖然降附，還有女真族的問題急待解決。

女真這一少數民族原是金人的後裔，依地理分布，大致分為建州、海西、野人三種。朱元璋採取軍事和政治雙管齊下的政策，軍事上封韓王於開原、寧王於大寧，控扼遼河兩頭，封遼王於廣寧（今遼寧北鎮），建立三個軍事中心，作為阻止元軍和女真族進攻的重鎮。政治上採取羈縻政策，對東北地區諸女真部族，遣使用金帛個別招撫，分立為若干羈縻式的衛所，使其自成單位，分而治之，給予各部族酋長以衛所軍官職銜，許其秉承朝命世襲，並各給璽書，作為進貢和互市（作買賣）的憑證，滿足他們物資交換的經濟要求。這樣，女真族就依地理分布成為若干衛、所，不相隸屬，任何一個單位都沒有力量單獨進攻內地了。[5]

到明成祖時代，越發積極推行這個政策，轄地到現在的黑龍江以北，直到庫頁島和以北地方，增置的衛所連同舊有的共有一百八十四衛，並設立奴兒干都指揮使司，由朝廷派遣軍官鎮守。[6]

遼東平定後，大一統的事業完全成功了。和前代一樣，這大一統的皇朝和許多鄰國建立了交往關係。從東面算起，洪武二十五年高麗發生政變，大將李成桂推翻親元的王朝，自立為王，改國號為朝鮮，成為明皇朝最親密的鄰國。其他有政治、文化和經濟交往的國家，東南有琉球國，西南有緬甸、安南、真臘、占城、暹羅和南洋群島諸島國。內地和邊疆則有許多羈縻的部族和土司。

明皇朝對周圍鄰國的友好關係的建立，是通過使臣的互相聘問，土產物資的互相贈送來進行的。各國的內政都是自主的。為了和海外各國進行物資交換，在沿海地區特開通商口岸，主持通商和接待外國商船的衙門是市舶司。洪武初年指定了三個通商口岸，寧波市舶司通日本，泉州市舶司通琉球，廣州市舶司通占城、暹羅和南洋諸島國。

元朝初期多次對日本、安南、緬甸、占城、爪哇等國的侵略戰爭，所招致的失敗和嚴重後果，給了朱元璋以深刻的教訓。他總結了前朝的失敗經驗，制定了外交政策，那就是外國來犯我邊，就要吃苦頭；他不來犯，我也不可興兵輕犯。他把外國分做兩類：一類是不征之國，就是不和他們打仗的國家；一類是必須謹備的敵人，必須區別對待。他特別在《皇明祖訓》中鄭重告誡說：

> 四方諸「夷」皆限山隔海，僻在一隅，得其地不足以供給，得其民不足以使令。若其不自揣量，來撓我邊，則彼為不祥。彼既不為中國患，而我興兵輕犯，

亦不祥也。吾恐後世子孫倚中國富強，貪一時戰功，無故興兵，殺傷人命，切記不可。但「胡戎」（指蒙古）與中國邊境密邇，累世戰爭，必選將練兵，時謹備之。

今將不征諸國名列於後：

東北朝鮮國

正東偏北日本國（雖朝實詐，暗通奸臣胡惟庸謀為不軌，故絕之）

正南偏東大琉球國　小琉球國

西南　安南國　真臘國　暹羅國　占城國　蘇門答剌國

西洋國　爪哇國　湓亨國　白花國　三弗齊國　渤泥國[7]

這些國名的列舉，顯示了當時人對世界的認識，除了亞洲以外，其他各大洲的國家，在明初人的眼光中，都是不存在或者不認識，很少認識的。就當時情況說，中國是一個大國，是一個農業國，工商業不很發達，不需要海外市場；土地面積大，也不需要向外侵略領土；人口眾多，也不缺乏勞動力，這是朱元璋堅決反對向外侵略政策的經濟根據。

歷史教訓是，向海外諸國侵略，「得其地不足以供給，得其民不足以使令」。沒有什麼好處。而且對外打仗，還得花錢、死人，打勝仗既然沒有好處，打敗仗就越發划不來了。因之，朱元璋反覆告誡他的子孫，不可倚中國富強貪一時戰功，無故興兵，殺傷人命。

所謂「無故」，就是「彼既不為中國患」，反過來，假如有的國家，不自揣量，膽敢侵犯皇朝邊境，那就堅決予以打擊，對於這個國家是不祥的，沒有好結果的。他一方面堅持反對無緣無故發動對外戰爭，另一面也不容許別國的侵略，主張保境安民。[8]

從整個歷史的發展來說，他的外交政策是進步的，有遠見的，應該肯定的。但是從他的政策本質說，把周圍各鄰國都說成是諸「夷」，僻在一隅。因為「得其地不足以供給，得其民不足以使令」。即使打了勝仗，也還是沒有好處，從這個利害觀點出發，他的思想認識是大國主義的，功利主義的，和過去曾經發動對外侵略戰爭的封建帝王是一丘之貉，沒有什麼上下之別。

內地土司要定期進貢，酋長的繼承要得到朝廷許可，但轄境內的內政也可自主。部族土司領兵的直屬兵部，土府土縣直屬吏部。平時有納稅，開闢並保養道路，戰時有調兵從征的義務。土司衙門有宣慰司、宣撫司、招討司、安撫司、長官司、土府、土縣等名目，長官都是世襲，有一定的轄地和土民，總稱土司。如土司內部發生糾紛，或反抗朝廷失敗後，往往被收回境內統治權，直屬朝廷，改用流官治理，叫做「改土歸流」。

土司和皇朝的關係，在土司方面，假借皇朝所給予的官位威權，鎮懾部下百姓，便於奴役搜刮；在皇朝方面，用官爵賞賜牢籠有實力的酋長，使其傾心內向，維持地方安定，以便榨取，可以說是互相為用的。

概括地說來，明代西南地區各少數民族分布的情況，湖廣、四川、貴州三省交界處是苗族活動的中心，向南發展到了貴州；廣西則是瑤族（在東部）、僮族（在西部）的根據地；四川、雲南、貴州三省交界處則是彝族的聚居地區；四川西部和雲南西北部則有摩些族；雲南南部有僰族；四川北部和青海、甘肅、寧夏有羌族、回族；西藏和四川西部有藏族。

在上述各地區中，除純粹由土官治理的土司而外，還有一種參用流官的制度。流官即皇朝所派遣的有一定任期的非世襲的非土著的地方官，這類地區，大致是以土官為主，派遣流官為輔，流官在實際上執行監督的任務。和這類地區相反，在設立流官的州縣，轄境內也有不同部族的土司存在。以此，在同一布政使司治下，有流官的州縣，有土官的土司，有土流合治的州縣，也有土官的州縣；即在同一流官治理的州縣內，也有漢族和其他各少數民族人民雜居的情況，情形非常複雜。這種複雜情況，是由長期的歷史發展所造成的。

正因為民族問題錯綜複雜，最容易引起民族間的糾紛以至戰爭，其核心的根本的原因是階級壓迫，不管是流官也罷，土官也罷，土流合治也罷，都是代表地主階級或奴隸主階級對農民或奴隸進行殘酷的階級壓迫的，有了階級壓迫，就必然有階級反抗、階級鬥爭。其次是漢族的大漢族主義在作怪，漢族人民生產技術高，人數多，力量大，他們用經濟力量擠，用政治力量搶，用武裝力量趕，來奪取各少數民族人民的土地物資。

各少數民族人民有的被迫遷徙到山上，過極度艱苦的日子；有的被屠殺消滅了；有的不甘心忍受壓迫，組織起來以武力反抗，爆發了地方性的甚至大規模的戰爭；當然，也還有另外一種情況，那就是有些少數民族的酋長，為了個人的私利，用武力擴張領地，搶劫財物，造成對另一少數民族或漢族的戰爭的，形式上是民族間的戰爭，實質上也還是階級鬥爭。

各少數民族人民在元末的反元鬥爭中，曾經積極參加鬥爭，起了削弱元朝蒙漢地主統治階級的作用。在明初洪武一朝，也先後爆發了反對封建地主階級的鬥爭。例如洪武十一年六月五開洞「蠻」吳面兒的起義，這次鬥爭一直延續到十八年七月，規模很大。十六年廣東清遠縣的猺族，九月四川松、潘二州的羌族，十七年七月廣東儋州宜倫縣的黎族，十八年正月廣西慶遠府東蘭州的「蠻」，二月四川松州的羌族，廣西思州諸洞「蠻」，五月湖廣的大庸「蠻」，十九年正月廣西柳州府融縣「蠻」，平越衛麻哈苗族，十一月湖廣澧州朝納洞「蠻」，二十年十月雲南劍川土酋楊奴的先後起義。

二十三年十月東川侯胡海鎮壓贛州農民起義，生獲「蠻」人三千四百人。二十六年七月湖廣道州永明縣「蠻」起義。特別是從二十七年到三十一年，起義次數更多，二十七年正月的道州猺族，六月全州及灌陽諸縣猺族，十一月貴州柴江新藍等處「蠻」的起義，一十八年十一月貴州西堡土官阿傍被鎮壓，群「蠻」被擒的五千三百二十六人。

十二月征南將軍左都督楊文鎮壓猺族起義，「猺」「蠻」被殺的竟達二萬八千餘人。二十九年正月貴州清水江「蠻」，二月廣東潭源諸洞、廣西平川、增益等地的起義，三月清水江中平等寨「蠻」，六月廣西思恩等縣「蠻」，十二月永寧州、肇慶府猺，三十年三月古州上婆洞「蠻」，八月黔陽、辰溪等處「蠻」，三十一年五月四川新設衛「蠻」的起義，前仆後繼，一直沒有間斷。[9]

因為起義的地區不同，時間先後不同，都是孤軍作戰，都被強大的有組織的明朝軍隊所鎮壓而失敗。

明皇朝統治各少數民族人民的原則，在邊境採取放任政策，只要當地土司能夠服從朝令，便聽任其作威作福，世世相承，不加干涉；在內地則採取同化政策，例如派遣流官治理；開設道路驛站；選拔土司子弟到國子監讀書，從而使其完糧納稅，服從徵調，逐步加強統治，最後改建土司為皇朝直接治理的流官州縣。[10]

統治西北羌族的辦法分兩種：一種是用其酋長為衛所長官，世世承襲；一種因其土俗，建立寺院並賜僧侶封號，通過宗教治理當地人民。羌族的力量分化，兵力分散，西邊的邊防也就沒有問題了。[11]

現在的西藏和四川西部，當時叫作烏斯藏和朵甘，居民信奉喇嘛教，僧侶兼管政事。明朝繼承元朝制度，設立了軍事統治機構，並封其長老為國師、法王，令其撫治人民，定期朝貢。又因西邊各族人民對茶葉特別愛好，設立茶課司，用茶葉和他們交換馬匹，入貢的賞賜也以茶葉和布匹為主。西邊各少數民族的酋長、僧侶，為了入貢的賞賜，和做買賣的利益，為了保持世代襲官和受封的權利，都認為維持這種關係有好處，相安無事。明朝將近三百年間，西邊邊防比較平靜，沒有發生什麼大規模的戰爭。

對蒙古、色目人，繼續貫徹北伐檄文中所提出的「願為臣民者，與中夏之人撫養無異」

的政策，蒙古、色目的官吏和漢人同樣晉用，在朝廷有做到尚書、侍郎的，在地方做知府、知縣，臨民辦事的。[12]

在軍隊裏就更多了，甚至在親軍中也有蒙古軍隊和軍官。[13]由朝廷編置勘合（有騎縫印的執照），給賜漢人姓名，和漢人一無分別。[14]婚姻法令方面，准許和漢人通婚，務要兩相情願，如漢人不願，許其同族自相嫁娶。[15]這樣，這些居住內地的蒙古、色目人，經過幾代，都同化了，其中有幾十家軍人世家，好幾代都做將軍，立了功。

北伐檄文中所提出的「復漢官之威儀」，也逐步貫徹了。朱元璋下詔書恢復人民的衣冠如唐朝的式樣。蒙古族留下的習俗，辮髮、椎髻、「胡」服；男褲褶窄袖及辮線腰褶，婦女衣窄袖短衣，下服裙裳，「胡」語「胡」姓，一切禁止。[16]喪葬作樂娛慶，禮儀官品座次以右首為尊，也廢除和改正了。[17]並參酌古代禮經和實際生活，規定了各階級人民的生活服用、房舍、輿從等等制度，一切都要服從封建等級的約束，凡是違反的都要受到法律的制裁。

注釋

1《明史》卷一百二十四《把匝剌瓦爾密傳》，卷一百二十六《沐英傳》，卷一。
2張紞《雲南機務抄黃》洪武十五年閏二月二十五日敕。
3《明史》卷一百二十九《馮勝傳》，卷一百三十二《藍玉傳》，《國初群雄事略》卷十一海西侯納哈出。

4《明史》《兵志》三，嚴從簡《殊域周咨錄》卷十七韃靼，方孔炤《全邊略記》卷三，黃道周《博物典匯》卷十九。
5孟森《清朝前記》，《明元清系通紀》。
6《北平圖書館館刊》四卷六期內藤虎次郎《明奴兒干永寧寺碑考》。
7《皇明祖訓・箴戒章》。
8《清華學報》十一卷一期吳晗《十六世紀前之中國與南洋》。
9以上均見《明太祖實錄》。
10《明史・土司傳》。
11《明史・西域傳》。
12《明太祖實錄》卷一百九十九、卷二百零二，《明史》卷一百三十八《周楨傳》，卷一百四十《道同傳》。
13《明太祖實錄》卷七十一，卷一百九十。
14《明太祖實錄》卷五十，《明成祖實錄》卷三十三。
15《明律》六《戶律》。
16《明太祖實錄》卷三十。
17《明史》《太祖本紀》。

三、建都和北方防禦

朱元璋在稱帝建國之後，擺在面前的問題是，第一，怎樣建立一個有效能的政治中心地區，即首都建在何處？第二用什麼方法來維持朱家皇朝子子孫孫的統治？

遠在初渡江攻克太平時，陶安便建議先取金陵，據形勢以臨四方。[1]馮國用勸定都金陵，以為根本。[2]葉兌上書請定都金陵，然後拓地江廣，進則越兩淮以北征，退則畫長江以自守。[3]謀臣策士一致主張定都應天。經過長期考慮之後，龍鳳十二年六月，擴大應天舊城，建築新宮於鍾山之南，到次年九月完工，這是吳王時代的都城。

洪武元年元璋稱帝，北伐南征，到洪武二十年遼東全定，南北統一。在這二十年中，元璋的地位由王而帝，所統治的版圖由南方一部分地區擴大為全國，吳王時代的都城如何適應這擴大以後的局面，便成為問題了。

因為元順帝及其子孫雖然北走沙漠，卻仍然稱為北元，保有政府機構和強大的軍事力量，時時有南下復辟，捲土重來的企圖；同時沿海一帶倭寇侵擾，也是國防上的重大問題。國都的確定和國防計劃的安排是密切相關的，是當時朝野所最關心的兩件大事。

自然環境是這樣，從遼東半島直到廣州，沿海漫長的海岸線，處處時時都有被倭寇侵掠的危險。東北、北面和西北面，長城以外便是北元的勢力，如不在險要處屯駐重兵，一旦北元鐵騎奔馳南下，黃河以北就很不容易守住。

防邊要用重兵，如把邊境軍權付託給異姓諸將，邵榮、謝再興的教訓已經夠深刻了，而且，即使不出什麼問題，邊將擁兵過多，尾大不掉，也很可能造成歷史上藩鎮跋扈的覆轍，如以重兵直隸朝廷，則國都必須設在國防前線，才便於統轄指揮，在應天距離北邊前線太遠，是指揮不了的。

東南地區是全國的經濟中心，糧餉所出，北方為了邊防安全，又必須建立為軍事中心。國都如建設在東南，和經濟中心結合，則北邊空虛，無力阻止北元的南侵；如建立在北邊，和軍事中心合一，則糧食仍須依靠東南供應，運輸費用太大，極不經濟。

皇朝都城問題之外，還有皇朝制度問題，是郡縣制呢？還是封建制呢？

就歷史上的經驗教訓說，秦、漢、唐、宋之亡，沒有強大的親藩支持屏衛，是原因之一。可是周代封建子弟，又鬧得枝強幹弱，天子威令不行。這兩種制度的折衷方案是西漢前期的郡國制，一面立郡縣，設官分治，集大權於皇朝；一面又建藩國，封建子弟，付以精兵，使為皇家捍禦。把皇朝建都和制度問題一起解決，設國都於東南財賦之區，封子弟於北邊邊防據點，這樣，在經濟上，在軍事上，在皇家統治權的永久維持上，都可以圓滿地解決了。

明初定都於應天的重要理由是從經濟上出發的：第一因為江浙富庶，不但有長江三角洲大穀倉，而且還是紡織工業、鹽業的中心，應天是這些物資的集散地，所謂「財賦出於東南，而金陵為其會」[4]。第二是吳王時代所奠定的宮闕，也不願輕易放棄，而且如另建都城，則又得再加一番勞費。

第三是朱元璋的左右文武重臣都是江淮子弟，也不願意遠離鄉土。第一個理由是主要的，後兩個是次要的。雖然如此，朝廷上下又覺得不是十分妥當，因為從照應北方軍事的觀點來說，這個都城的地理位置偏在東南，顯然是不合適的。洪武元年取下汴梁以後，朱元璋曾親自去視察，認為這地方雖然地位適中，但是在軍事上卻無險可守，四面受敵，論形勢還不如應天。[5]

只是為了西北未定，要運送糧餉和補充軍力，不能不設置一個軍事上的補給基地，於是模仿古代兩京之制，八月以應天為南京，開封（汴梁）為北京。次年八月，陝西平定，北方全入版圖，形勢改變了，國都重建問題又再次提出。廷臣中有人主張關中險固，金城天府之國；有人建議洛陽為全國中心，四方朝貢距離相等；也有人提出開封是宋朝舊都，漕運方便；又有人以為北平（元大都）宮室完備，建都可省營造費用。各種各樣的意見都引史論今，提出討論。

朱元璋批評這些建議都有片面的理由，但都不全面，都不能夠適應當前局勢。長安、洛陽、開封過去周、秦、漢、魏、唐、宋都曾經建過都，但從今天的情況說，打了幾十年仗，人民還未休息過來，如在這些地方新建都城，供給力役都出於江南，百姓負擔不了。即使是北平吧，雖然有元朝的舊宮室，總得有些改變，還是費事。還不如仍舊在南京，據形勢之地，長江天塹，龍蟠虎踞，可以立國。次之，臨濠（濠州）前長江，後淮水，地勢險要，運輸方便，也是一個可以建都的地方。[6]

就決定以臨濠為中都，動工修造城池宮殿，從洪武二年九月起，到八年九月，修建工程還在進行。劉基堅決反對，以為臨濠雖然是皇帝鄉里，但就種種條件說，都不適宜於建都，方才停工。[7]洪武十一年下詔改南京為京師，躊躇了十年的建都問題，到這時才下了決心。[8]

決心雖然下了，但是為了防禦北元，控扼北方邊防，朱元璋還是有遷都西北的打算，選定的地點仍是長安和洛陽。洪武二十四年八月特派皇太子巡視西北，比較兩地的形勢。太子回來後，獻陝西地圖，提出意見。不料第二年太子病死，遷都大事只好擱下不談了。[9]

京師新宮原來是燕尾湖，填湖建宮，地勢南面高，北面低，就堪輿家的說法是不合格的。太子死後，老皇帝很傷心，百無聊賴中把太子之死歸咎於新宮風水不好，這年年底親撰《祭光祿寺灶神文》說：「朕經營天下數十年，事事按古有緒。唯宮城前昂後窪，形勢不稱。本欲遷都。今朕年老，精力已倦。又天下新定，不欲勞民。且廢興有數，只得聽天。惟願鑒朕此心，福其子孫。」[10]

六十五歲的白髮衰翁，既迷信，又失去勇氣，只好求上天保佑，從此不再提遷都的話了。分封諸王的制度，決定於洪武二年四月初編《皇明祖訓》的時候，三年四月封第二子到第十子為親王。但是，諸王的就藩，卻在洪武十一年決定以南京為京師之後。[11]

從封王到諸王就藩前後相隔九年，原因是諸子有的沒有成年，和國都未定，牽連到立國制度也不能決定。到京師決定後，第二子秦王建國於西安，第三子晉王建國於太原。十三年第四子燕王建國於北平。出鎮在沿長城一線的邊防重鎮。十四年第五子周王建國於開封，第六子楚王建國於武昌。十五年第七子齊王建國於青州，十八年潭王到長沙，魯王到兗州。以後其他幼王先後成年就國，星羅棋布，分駐在全國各軍略要地，鎮壓人民的反抗。

就軍事形勢而論，諸王國的建立分作第一線和第二線，或者說是前方和後方。第一線諸王的任務是防止北元入侵，憑藉天然險要，建立軍事重點，有塞王之稱。諸塞王沿長城線立國，又可分作外內二線：外線東渡榆關，跨遼東，南接朝鮮，北聯開原，控扼東北諸部族，以廣寧為中心，建遼國；經漁陽（今河北薊縣）、盧龍、出喜峰口，切斷北元南侵道路，以大寧為中心，包括今朝陽、赤峰一帶，建寧國；北平地勢險要，建燕國；出居庸，蔽雁門，以谷王駐宣府（今河北省宣化），代王駐大同；逾河而西，北保寧夏，倚賀蘭山，以慶王守寧夏；又西向控扼河西走廊，扃嘉峪，護西域諸國，建肅國。東從開原，西到瓜、沙，連成一氣。內線是太原的晉國和西安的秦國。

後方諸王是對內的，開封有周王，武昌有楚王，青州有齊王，長沙有潭王，兗州有魯王，成都有蜀王，荊州有湘王，桂林有靖江王等國。[12]

諸王在其封地建立王府，設置官屬。親王的冕服車旗僅下皇帝一等，公侯大臣見親王都要俯首拜謁，不得鈞禮。地位雖然極高極貴，卻沒有土地，也不能統治人民，不能干預民政。王府之外，便歸朝廷所任命的各級官吏治理。另一方面，諸王卻有統兵和指揮軍事之權，每王府設親王護衛指揮使司，有三護衛，護衛甲士少者三千人，多的到一萬九千人。[13]

塞王的兵力尤其雄厚，如寧王所部帶甲八萬，革車六千，所屬朵顏三衛蒙古騎兵，驍勇善戰。[14]秦、晉、燕三王的護衛特別經朝廷補充，兵力也最強。[15]

《皇明祖訓》規定：「凡王國有守鎮兵，有護衛兵。其守鎮兵有常選指揮掌之。其護衛兵從王調遣。如本國是險要之地，遇有警急，其守鎮兵護衛兵並從王調遣。」而且守鎮兵的調發，除皇帝的御寶文書以外，並須得親王令旨，方得發兵。

《祖訓》規定：「凡朝廷調兵，須有御寶文書與王，並有御寶文書與守鎮官。守鎮官既得御寶文書，又得王令旨，方許發兵。無王令旨，不得發兵。」[16]這一項規定使親王成為地方守軍的監視人，是皇帝在地方的軍權代表。平時以護衛軍監視地方守軍，單獨可以應變；戰時指揮兩軍，獨當一面，朱元璋把軍權付託給親生兒子，這樣就可以放心了。

諸塞王每年秋天勒兵巡邊，遠到塞外，練兵習武，叫做「肅清沙漠」[17]。凡塞王都參預軍務，內中晉、燕二王屢次受命將兵出塞，和築城、屯田，大將如宋國公馮勝、潁國公傅友德都受其節制，軍中小事專決，大事才報告朝廷，二王軍權獨重，立功也最多。[18]

以親王守邊，專決軍務。內地各大都會，也都以親王出鎮，每一個王國都是軍事中心，這樣，國都雖然遠在東南，也不會有什麼問題了。朱元璋以為這樣安排，十分妥貼。但是他沒有想到，給兒子以過重的軍權，會造成皇家的內部矛盾。他死後不久，建文帝就怕諸王過於強大，削奪藩王權力，燕王就起兵反對建文帝，發生內戰，燕王做了皇帝，遷都北平。把他的建都和邊防兩樁計劃，打得稀爛。

注釋

1《明史》卷一百三十六《陶安傳》。

2《明史》卷一百二十九《馮勝傳》，孫承澤《春明夢餘錄》卷一。

3《明史》卷一百三十五《葉兌傳》。

4丘濬《大學衍義補都邑之建》。

5《國初事蹟》。

6黃光昇《昭代典則》。

7《明史．太祖本紀》二，卷一百二十八《劉基傳》

8《明史地理志》一。

9《明史》卷一百一十五《興宗孝康皇帝傳》，卷一百四十七《胡廣傳》，姜清《姜氏秘史》卷一，鄭曉《今言》二百七十四。

10顧炎武《天下郡國利病書》卷十三江南一。

11《明史》《太祖本紀》二。

12何喬遠《名山藏》《分藩記》一。

13《明史》《兵志》二衛所，《諸王傳序》。

14《明史》卷一百一十七《寧王傳》。

15《明史》卷一百一十七《寧王傳》《明史》《太祖本紀》：「洪武十年正月辛卯，以羽林等衛軍益秦、晉、燕三府護衛。」

16《皇明祖訓》《兵衛章》。

17《明史》《兵志》三《邊防》，祝允明《九朝野記》一。

18《明史》卷一百一十六《晉王棡傳》，《太祖本紀》三：「洪武二十六年三月，詔二王軍務大者始以聞。」

四、中央集權的加強

朱元璋總結了長時期治理國家的實際經驗，和元朝統治九十年的成敗教訓，經過研究，爭論，多次改革，特別是經過殘酷的統治階級內部鬥爭，逐步建立了統治全國的官僚機構，使之更加集中，更有威權，更加完備起來。

洪武一朝，中央集權制度的加強，是階級鬥爭的結果。

大明皇朝的版圖廣大，必須建立一套有效率的如臂使指的高度中央集權的中央和地方政府機構，才能真真做到統一、集中，才能做到對內鎮壓、對外保衛國土的強有力的職能。歷史發展的趨勢和當時客觀情況，迫使朱元璋不能不著手進行大刀闊斧的改革。

先說地方機構：元代的行中書省是從大都的中書省分設出去的，中書省有什麼官，行中書省也有什麼官，中書省統管軍政、民政、財政，行中書省也照樣管軍政、民政、財政，職權過重。到後期四處兵起，地方人自為戰，往往大小事都自作主張，元皇朝不能過問，造成地方跋扈，分權，皇朝指揮不靈，調度不動，枝強幹弱，割據分裂的局面。

朱元璋自己就是從宋的行中書省丞相起家的，他做的什麼事從來也沒有得到過小明王的批准，一個行中書省實際上是一個獨立王國。當他做平章、做丞相的時候，權力愈大愈好，龍鳳皇帝的牽制愈少愈好，甚至到了羽毛豐滿的時候，除了用龍鳳的年號以外，根本不把小明王的朝廷看在眼裏。

現在情況倒轉過來了，自己做了皇帝，處在元順帝、小明王的地位，矛盾發生了。是地方分權呢？還是中央集權呢？是讓各行中書省都像他自己當年那樣鬧獨立呢？還是把一切主要權力都抓在自己手上，緊緊控制地方，要他們奉命惟謹呢？這是一個極為嚴重的問題，必須妥善解決。

小明王的統治制度是因襲元朝的，元朝朝廷和地方有什麼機構，他也照樣設立。朱元璋以戰功升到江南行中書省丞相，在開拓領土以後，設官分職，也只能繼承這個制度。一直到洪武九年，他越來越覺得地方權重的毛病。這些年來，一方面忙於打仗，一方面正研究如何改革，到洪武九年考慮成熟了，決定把所有大權都集中在朝廷，改行中書省為承宣布政使司，設左右布政使各一人。

布政使是皇朝派駐地方的使臣，掌一省之政，主要是管財政和民政。皇朝規定政策、法令，辦事程序，臨時任務，通過布政使下達各府、州、縣地方官執行。全國分浙江、江西、福建、北平、廣西、四川、山東、廣東、河南、陝西、湖廣、山西十二布政使司，十五年增設雲南布政使司。[1]

布政使司的地理分區，大體上繼承元朝的行中書省，布政使的職權卻只管財政和民政，和元朝行中書省的無所不統，輕重大不相同了。由於行中書省這一名詞已經叫慣了，雖然改成布政使司，朝廷和民間在口頭上還是叫做行省，簡稱為省。而且就地位論，行中書省是從皇朝中書省的機構分設於地方，是中書省的分出機關，體制很重，布政使則是皇朝派駐地方的使臣，事事都須秉承朝廷意旨，前者是中央分權於地方，後者則是地方集權於中央，性質起了根本的變化。

此外，各布政使司掌管法庭、監獄的機構，設提刑按察使司，長官為按察使，主管一省刑名按察之事。布按二司和掌軍政的都指揮使司合稱三司，是皇朝派遣到地方的三個派出機關。這樣，民政、稅收，法庭，常備軍三個管理機關分別獨立，不相統轄，直接由朝廷指揮，達到收回大權的目的，達到集中、強化皇朝權力的目的，也便於這三個機構互相牽制，便於垂直統治。

布政使之下的地方政府分兩級；第一級是府，長官為知府；有直隸州，即直隸於布政使司的州，長官是知州，其地位等於知府。第二級是縣，長官是知縣；有州，長官是知州，其地位與知縣同。州縣是直接管理人民的政治機構，所謂「親民之官」，這個改革也把元朝的路、府、州、縣的三級制簡化了，政令的下達減少了層次，指揮更方便，也更靈活了。[2]

朝廷統治機構的改革稍晚於地方。地方的民政、財政、法庭、監獄、常備軍的控制指揮權都集中到中書省了，中書省的職權愈重，威權愈大，和皇帝的衝突、矛盾也就日益嚴重、尖銳，愈益不可調和。

洪武十三年政治危機爆發，皇帝和丞相爭權的結果，朱元璋直接控制著禁軍和特務機構，消滅和打擊了和他爭奪領導權的淮西新地主集團，丞相胡惟庸和許多元勳宿將被殺。[3]朱元璋趁此取消中書省，表面上仿周官六卿之制，提高原來在中書省之下六部的地位，以六部治國：吏部、戶部、禮部、兵部、刑部、工部，每部設尚書一人，侍郎（分左右）二人。吏部管全國官吏任命、考績、升降、懲處；戶部管農業稅、商稅、鹽稅和人力徵調；禮部管典禮、宗教、祭祀、教育、考試和外交；兵部管常備軍軍官的任免和軍令；刑部管法律、法庭和監獄；工部管工程造作（武器、貨幣、土木營建等）、水利、交通等。都直接對皇帝負責，奉行皇帝的意旨。

丞相沒有了，朱元璋以皇帝兼行丞相的職權，中央集權發展到最高峰，朱元璋成為歷史上權力最大的君主。

軍事機關也最費腦筋，關鍵是軍隊和統帥的關係問題。要打仗必須任命統帥，總不能每次戰爭都由皇帝自己統率。但是任命了統帥，統率了大軍，在戰事結束以後，如何收回這個統帥權呢？不收回，將帥有固定的直屬的大軍，一旦有變故，他的統治是不牢靠的。要收回，採取什麼方法？

謝再興之投敵，就是因為他臨陣易帥的緣故，記憶猶新，這個覆轍決不可重蹈。以此，朱元璋把元朝的樞密院改為大都督府，節制中外諸軍事，任命兄子朱文正和可靠將領做都督。過了些時候，還是覺得大都督府權重了，洪武十三年分大都督府為中、左、右、前、後五軍都督府。一分為五，每府以左右都督為長官，各領所屬都指揮使司和衛所，職權和兵部互相配合，也互相牽制。兵部有軍令、銓選軍官之權，卻不能指揮軍隊。

都督府雖管軍籍、軍政，卻不直接統率軍隊。在有戰事時，皇帝做了決定，兵部頒發調兵命令，都督府長官才奉令出為將軍總兵官，帶領所調集的軍隊，指揮作戰。在軍中還有皇帝所派的御史或給事中監軍（後來又加派監軍的太監），直接向皇帝送遞軍中情報。到戰事結束，這個統帥就應該交還將印，回到原職辦事。所調集的軍隊也立即歸還原來衛所建制。[4]

光是這兩個系統的政、軍管理機關還不夠，如何能保證這些機構的官員都忠心、盡職，完善地執行皇帝命令呢？還得另外有一套監察機構。

監察機關原來是元朝的御史台。洪武十五年改為都察院，長官是左右都御史、左右副都御史、左右僉都御史。下有監察御史一百十人，按照布政使司的設置，以一布政使司所轄地區為一道，分掌十三道。職權是糾劾百司，辨明冤枉，凡大臣奸邪，小人構黨作威福亂政，百官貪污舞弊，「學術不正」，和變亂祖宗制度的都可隨時舉發彈劾。

監察御史是七品官，品級和外任的知縣一樣，但是很有權力，皇帝利用他們來箝制大官，以小制大，以內制外，賦予他們以什麼話都可以說，什麼意見都可以提，什麼大官以至王公都可以告發的權力。

這衙門的官員被皇帝看作是耳目，替皇帝聽，替皇帝看，隨時向皇帝報告。也被皇帝看作是鷹犬，替皇帝追蹤、搏擊不忠於皇朝的官民，一句話是替皇帝監視官僚的機關，是替皇帝保持傳統思想、綱紀的機關。

監察御史在朝監察一切官僚機構；出使到地方的，有巡按、清軍、提督學校、巡鹽、茶馬、監軍等職務，其中巡按御史算是代替皇帝巡查地方，按臨所部，小事立斷，大事奏裁，是最有威權的一個差使。

行政、軍事、監察三個機關分別獨立，不相統屬，都單獨對皇帝負責。官吏內外互用，交流，其地位以品級規定，自從九品到正一品，共九品十八級，官和品一致，內外官升遷、考績、調免都有一定制度。系統分明，職權清楚，法令詳密，組織嚴緊，定員定額，有條不紊，比之唐宋時代的官和職不相符，職權又有行、守、試等區分的混亂情況，大大提高了一步。

在整個官僚機構中，又互相箝制，以監察機關監視一切臣僚，以特務組織鎮壓威制一切官民，以六部管政事，以都督府管軍，大將平時不指揮軍隊，動員復員之權屬於兵部，供應糧秣的是戶部，供給武器的是工部，決定政策的是皇帝。

把所有權力都集中在皇帝手上，六部、府、院直接隸屬於皇帝，不但官僚機構更加完備了，效率提高了，皇帝的威權也大大提高了，發展了。同時，全國統一的基礎也比過去時代更加牢固了，堅強了，擴大了。在整個歷史發展來說，從統一國家的逐步鞏固來說，這是一個不可低估的進步。在這個進步的過程中，朱元璋是起了積極作用的。

法律是確定階級壓迫關係的書面文件，確定統治階級的特權和強加於被統治階級種種約束的紀錄，保護、鞏固統治階級和鎮壓被統治階級的具體條文。元朝以法例為條格，非常繁冗，而且，階級關係和民族關係到了明代都已起了巨大的變化，舊條格不能適應新時代的客觀形勢要求了。

為了運用法律達到保護和鎮壓的目的，鞏固皇朝的統治，朱元璋於吳元年指令台、省官立法要簡要嚴，選用深通法律的學者編定律令，經過縝密的研究、商討，在三十年內，更改、刪定了四五次，編成《大明律》。條例簡於《唐律》，精神嚴於《宋律》，是中國法律史上極重要的一部法典。

編成後，他又叫人把這部法典裏和人民生活有關部分用口語譯出，叫做「直解」，分發給各府、縣，目的是讓老百姓都能懂，都遵守他的法令，立綱陳紀，達到階級統治的日的。[5]

歷史的教訓使朱元璋深切明白宦官和外戚對於政治的禍害。他以為漢朝唐朝的禍亂都是宦官作的孽。這種人在宮廷裏是少不了的，但只能做奴隸使喚，灑掃奔走，人數不可過多，也不可用做心腹耳目，做心腹、心腹病，做耳目，耳目壞。駕馭的辦法，要使之守法，守法就做不了壞事；不要讓他們有功勞，一有功勞就難於管束了。

他立下規矩，凡是內臣（宦官）都不許讀書識字。又鑄鐵牌立在宮門，上面刻著：「內臣不得干預政事，犯者斬。」不許內臣兼外朝的文武職銜，不許穿外朝官員的服裝，做內廷官品級不許過四品，每月領一石米，穿衣吃飯公家管。並且，外朝各衙門不許和內官監有公文往來。這幾條規定條條針對著歷史上所曾經發生過的弊端，使宦官名符其實地做宮廷的僕役。[6]

對外戚干政的預防措施是不許后妃參預政事。洪武元年三月即命儒臣修《女誡》，纂集古代賢德婦女和后妃的故事來教育宮人。規定皇后只能管宮中嬪婦之事，宮門之外不得干預。宮人不許和外邊通信，犯者處死。

外朝臣僚命婦按例於每月初一、十五朝見皇后，其他時間，沒有特殊緣由，不許進宮。皇帝不接見外朝命婦。皇族婚姻選配良家子女，有私進女口的不許接受。元璋的母族和妻族都絕後，沒有外家。後代子孫也都遵守祖訓，后妃必選自民家。外戚只給以高爵厚祿，做大地主，不許預聞政事。[7]

在洪武一朝三十多年中，宦官小心守法，宮廷和外朝隔絕，和過去的歷史朝代相比，算是家法最嚴的了。

其次，元朝以吏治國，法令極為繁冗，檔案堆積如山，吏員從中舞弊，無法追究。而且，正因為公文條例過於瑣細，辦公文辦公事成為專門技術。各衙門的掌印官（長官）有一定任期，剛懂得一點又調職了。而吏則一般是終身職業，結果治國治民的都是吏，不是官了。

小吏惟利是圖，不顧封建統治階級的利害，政治——其實是吏治就愈鬧愈糟，吏治損害了官僚地主集團的利益，危害了蒙漢統治階級的利益。朱元璋於洪武十二年立「案牘減煩式」頒發各衙門，簡化了公文，使公文明白好懂，文吏無法舞弊弄權。從此吏員在政治上被斥為雜流，不能做官，官和吏完全分開，吏只能管事務性技術性的工作，官則主持政令，和元代的情形也大不相同了。[8]

和簡化公文相關聯的還有文章格式的問題。唐、宋以來的政府文字，從上而下的制誥，從下而上的表奏，照習慣都用駢儷四六文體，華而不實。儘管有多少文人主張復古，提倡改革，所謂古文運動，在民間是成功了，政府卻沒有動，還是老一套。

同一時代用的是兩種文字，政府是駢偶文，民間是散文。朱元璋很不以為然，以為古人作文章，講道理，說世務，和經典上的話，都明白好懂，像諸葛亮的《出師表》，又何嘗雕琢文字，立意做文章？可是有內容，有感情，有肉有血，到如今讀了還使人感動，想念他的忠心耿耿。近來的文士做文章，文字雖然艱深，意思卻很淺近，即使寫得和司馬相如、揚雄一樣好，人家讀了不懂，又有什麼用！以此，他要秘書（翰林）作文字，只要能夠說明白道理，講得通世務就行，不許用浮辭藻飾。[9]

他又批評群臣所進箋文：「頌美之辭過多，規戒之言未見，殊非古者君臣相告以誠之道。今後箋文只令文章平實，勿以虛辭為美也。」[10] 對臣下一味歌功頌德，不提規戒意見，加以申斥。到洪武六年，索性下令禁止政府文字用對偶四六文體，並選唐柳宗元代柳公綽所作《謝表》和韓愈的《賀雨表》作為箋表法式。[11]

這一改革使政府文字簡單，明白，把廟堂和民間打通，現代人用現代文字寫作，對當時文風和文學作品的影響很大。

朱元璋不但提倡古文，反對駢偶文字，還提倡用口語寫成文字，叫「直解」，用這種方式對各階層人民進行教育工作。

龍鳳十二年命儒士熊鼎、朱夢炎修《公子書》和《務農技藝商賈書》。《公子書》是給公卿貴人子弟讀的，這些公子們雖然讀書的機會較多，但一般還不能通曉比較深奧的道理，不如編集古代忠良奸惡事實，用通俗話直解，使讀者易讀易懂，將來即使學業無成就，知道了古人如何立身行事，也有好處。同樣，民間農工商賈子弟，也把他們應該知道的業務知識，用直辭解說，編成書本，用以化民成俗，便於統治。書印成後，頒行全國。[12]

唐、宋兩代還有一樣壞風氣，皇朝任命官員的命令發表以後，被任用的官員照例要上辭官表，一而再，再而三，甚至辭讓到六七次，皇帝也照例不許，用文字一勸再勸，直到這人上任才罷休。辭的勸的都在玩文字遊戲，費時誤事，浪費紙墨，還養成虛偽不誠實的風氣。朱元璋認為這樣做作毫無道理，也下令廢止了。

唐、宋以來，皇帝上朝照例用女樂，吳元年六月也廢止了。[13]

注釋

1 明成祖永樂元年（公元一四〇三年）以北平布政使司為北京。十一年置貴州布政使司。明宣宗宣德三年（公元一四二八年）。除南京、北京兩京外，定為十三布政使司。

2《明史》《職官志》。

3《明史》卷三百零八《胡惟庸傳》，《燕京學報》十五期吳晗《胡惟庸黨案考》。

4 宋濂《洪武聖政記肅軍政》第四。

5《明史》卷九十三《刑法志》一。

6《明史》卷七十四《職官志》《宦官》。

7《明史》卷一百零八《外戚恩澤侯表序》，卷一百一十三《后妃列傳序》，卷三百《外戚傳序》。

8《明太祖實錄》卷二十六，《明史》卷七十一《選舉志》。

9《明太祖實錄》卷三十九。

10《明太祖實錄》卷十七。

11《明太祖實錄》卷八十五。

12《明太祖實錄》卷十六。

13《明太祖實錄》卷十九。

第五章 政權的支柱

一、地主、官僚和人民的義務

「在封建國家中，皇帝有至高無上的權力，在各地方分設官職以掌兵、刑、錢、穀等事，並依靠地主紳士作為全部封建統治的基礎。」

紅軍起義的目的是推翻蒙漢地主階級的聯合統治，就這一點而說，任務是完成了，蒙漢地主階級的聯合統治確是被推翻了。但是，更進一步，解除階級對階級的壓迫卻失敗了。廣大各族人民共同鬥爭的勝利果實被朱元璋所吞投了。

在朱元璋二十年血戰的過程中，他最初掌握的主要軍事力量是地主武裝部隊，後來一部分舊地主參加了他的政權，還陸續招降了一批地主武裝部隊。出身農民的紅軍將領也出於取得政權而轉化成新的地主階級了。其中朱元璋和他的家族便是新地主階級的代表人物。

這種變化是由階級本質決定的。農民是小土地所有者，勤勞樸素，一生在饑餓線上掙扎。在遭遇到殘酷壓迫、剝削時。他們會奮不顧身。起而反抗，但是還有小私有者的一面，他們渴望能有更多的土地，過更好的日子，在取得勝利以後，他們中間的一些立了功的將領就蛻變了，成為過去他們所堅決反對的地主階級分子了，事物的發展使他們走到了自己的反面，元末紅軍起義對舊地主階級發生了淘汰的作用，特別是中原地區。一部分大地主被戰爭所消滅了，遺留下數量很大的空閒的土地，元代後期土地過分集中的現象消失了，這些土地由無地少地的農民耕種，在一個歷史時期內，中原地區的土地呈現出分散經營的過程，階級矛盾緩和了。

但在另一方面，東南地區一部分舊地主卻由於戰爭而鞏固和上升了他們的地位，同時，從戰爭中又湧現出一批新的地主階級，他們占有的土地主要在東南人口較為密集的地區，舊新地主占有的土地越多，無地少地的農民也就越多，就這樣，這些地區的階級關係又緊張起來了。結果是從朱元璋建立新皇朝的時候起，江南地區新的農民戰爭，農民反抗地主的戰爭就洶湧澎湃地展開了，地區之大，次數之多，鬥爭的激烈程度，都超過了歷史上任何時代。

元末的農民革命戰爭，破壞了舊秩序和推翻了壓迫人民的蒙漢地主階級聯合統治機構。他們痛恨、仇視地主，儘管在認識上還不可能把地主當做一個階級來對待，但在行動上，卻對地主毫不寬容，逮住就殺，沒收地主的糧食、浮財，例如地主階級的文人宋濂記當時情況說：當元之季，「大盜」起沔陽，蔓延江右，路吉安，既而州兵捣走之。「盜」所過井落，民皆相挺為變，殺掠巨室，慘酷不忍聞。

貝瓊也說：海內兵變，江南北巨姓右族，不死溝壑，則奔竄散處。

地主階級則正好相反，他們要保全自己的生命財產，就不能不維護舊秩序，就不能不擁護舊政權，階級利益決定了農民和地主分別站在敵對的陣營。

在戰爭爆發之後，地主們用全力組織武裝力量，稱為「民兵」、「義兵」或「鄉兵」，青軍，黃軍，建立堡砦，抵抗農民軍的進攻。現任和退休的官吏，鄉紳、儒生和軍人是地主軍的將領，他們受過教育，有文化，有組織能力，在地方上有威望，有勢力。雖然各地方的地主軍人各自為戰，沒有統一指揮和全面作戰計劃，軍事力量也有大小強弱的不同，但因為數量多，分布廣，作戰頑強，就成為反抗紅軍的主要敵人了。

見於明初人記載的，如：

答失八都魯：

至正十二年五月，招募襄陽官吏及土豪避兵者得「義丁」二萬，編排部伍，敗「賊」於鑾河。

劉燾孫：

至正壬辰，天下兵起，紅巾亂湖南，常寧陷，州長貳皆棄城遁。（儒學正劉）燾孫獨不去，因集民為兵，有眾萬計，克復其州治，就以「民兵」守之。

胡深：

至正壬辰，江淮俶擾，「盜賊」蔓延閩浙，由建之浦城、松溪入龍泉，……公乃集「鄉民」共為守禦計，而結寨於湖山。

胡嘉祐：

元季處州屬縣「寇」蜂起。……嘉祐走白縣令……散家財，募武健之士，得千餘人而什伍之，大署其旗為「義兵」，「寇」至輒迎擊。

陳天錫：

元至正十二年壬辰，「大盜」起江漢間，郡縣相繼陷，聚落民爭揭竿為旗以應寇。天錫白監郡……「自度鄉里健兒，一呼之間可得千人，甲冑糗糧，當一一自給，不以煩縣官。……」天錫還，朝夕聚兵訓練如前謀。

蕭思和：

當元季「寇」亂，所在靡寧。……（吉安）蕭思和父子挺然發咎倡義，保障其一鄉，終亂不見兵，至今號其里曰桃源。

徽州羅氏：

至正辛卯，蘄「盜」起。……羅氏諸子募健兒數百人整其隊伍，部領詣轅門請自效。

永康呂氏：

元至正之季，民反處州為「盜」，轉掠而東，陷永康、婺，諸縣繹騷弗寧。永康太平里大族呂君文燧散家資數千萬，與弟文燁合謀，募里強壯子弟得二千人，將之與「盜」屢戰，「盜」敗走，覆其邑，斬獲甚眾。

東莞李氏：

東莞李氏尤豪於諸族。朝政不行，「盜賊」蜂起，富民各專武斷，聚兵自衛。既而各據鄉土，爭為長雄，或更相攻掠，井邑蕭然。府君亦結民為保，內援官軍，外禦群「盜」，里人賴之以安。

經過二十年的長期戰爭，長江南北的巨族右姓，有的死於戰爭，有的逃亡到外地。如江陰州大姓許晉：

至正十二年七月，紅巾陷錢塘，九月陷吳興、延陵，十月陷江陰州。州大姓許晉與其子如章，聚無賴惡少，資以飲食，「賊」四散抄掠，誘使深入，殪而埋之。戰於城北之祥符寺，父子俱死。

安陸劉則禮：

至正辛卯，兩河亂，乃割財募兵，隸四川平章爻著麾下，攻安陸、襄、樊、唐、鄧，悉討平之。兄弟子侄多死於兵。

以上這些例子都是長江以南地區的。至於中原地區，戰爭更加激烈，慘酷，地區更廣，時間更久，不只是這個地區的地主大量地為紅軍所消滅，就是參加擴廓帖木兒、孛羅帖木兒和關中四將的關、陝，魯、豫等地的地主，也大部分隨著這些地主軍的消滅而消滅了。

一部分舊的大地主被消滅了。另有一部分中小地主的武裝則因勢力孤單，兵力不敵，投降了朱元璋，參加到這一新統治集團中來，如至正十八年十二月，浦江縣民蔣可大等以「民兵」來降。二十一年，池州東流縣「鄉兵」頭目許山，自壬辰兵起，聚眾二萬餘人以捍鄉里，至是來降。二十二年，江西寧州土豪陳龍遣其弟良平率分寧、奉新、通城、靖安、德安，武寧六縣「民兵」二萬來降。守吉安的土軍元帥孫本立等也來降。二十四年，溫州土豪周宗道、湘鄉土酋易華降等等，至於元璋初起時，裹脅驢牌寨的三千「民兵」，和橫澗山「義兵」元帥繆大亨以其眾二萬人降附，攻集慶時，「義兵」元帥陳兆先和康茂才全軍降附，成為元璋軍隊的主力，那就更不用說了。

這兩部分地主，舊地主階級的殘存力量和新興的地主階級構成朱元璋統治集團的基本力量，統治基礎。

此外，還由於土地分散經營的結果，農業經濟的恢復和發展，孳生了為數廣大的中小地主階層。這部分人經濟力量不大，卻人數眾多，有文化，有知識，在政治上沒有特權，因而不能不擁護、支持新的統治階級，企圖取得政治上的特權，來保障和擴大自己的財富。

這個階層的代表人物，當時的知識分子——儒士，是新朝官僚機構所需要的官僚的主要來源。朱元璋和他的絕大部分將領都是貧苦農民出身的，過去都曾親身經受過地主的剝削和壓迫。但是，他初起時掌握的主要軍力卻是原來的地主武裝，在渡江以後，地主階級的知識分子大量參加了，浙東的幾家地主大族參加了，各地的許多地主武裝降附了，他的政權也就不能不逐步變質，走到了反面，成為地主階級的政權了。

朱元璋由農民起義領袖逐步轉變成為地主階級的政治利益的代表，他當然是尊重、維護地主階級的利益的。但是，事情並不如他所想望的那樣，大地主們也有兩面性，一面同樣尊重、維護他的統治，另一面，隨著農業經濟的恢復和發展，大地主們家裏有人做官，倚仗政治力量，用隱瞞土地面積、蔭庇漏籍人口等等手段，來和皇家統治集團爭奪土地和人力，直接影響到皇朝的財政、稅收和人力使用，「捐稅體現著表現在經濟上的國家存在。」「賦稅是政府機器的經濟基礎。」

由於大地主們的隱瞞、蔭庇，強占，舞弊、皇朝的經濟基礎發生問題了，地主階級內部矛盾發展了，激化了，為了保障自己的經濟基礎，非對大地主加以狠狠的打擊不可。

朱元璋從渡江以後，就採取了許多保護地主階級利益的措施，例如龍鳳四年取金華，便選用金華七縣富民子弟充宿衛，名為御中軍。這件事一方面表示對地主階級的尊重和信任，另一方面也是很重要的軍事措施，因為把地主們的子弟徵調為禁衛軍人，隨軍作戰，等於作質，就不必擔心這些地區地主的軍事反抗了。

洪武十九年選取直隸應天諸府州縣富民子弟赴京補吏，凡一千四百六十人。也是同樣作用。對地主本身，洪武三年做的調查，以田稅多少比較，浙西的大地主數量最多，以蘇州一府為例，每年納糧一百石以上到四百石的四百九十戶；五百石到一千石的五十六戶；一千石到二千石的六戶；二千石到三千八百石的二戶，共五百五十四戶，每年納糧十五萬一百八十四石。三十年又做了一次調查，除雲南、兩廣、四川以外，浙江等九布政司，直隸應天十八府州，地主們田在七頃以上的共一萬四千三百四十一戶。編了花名冊，把名冊藏於內府印綬監，按名冊以次召來，量才選用。應該看到，田在七頃以上，在長江以南的確是大地主了，但在長江以北，就不一定是大地主，而是中小地主了。

地主對封建統治集團和民來說，也是有兩面性的。一面是他們擁護當前的統治，倚靠皇朝的威力，保身立業。朱元璋說過：「孟子說：有恆產者有恆心。富民中多有素行端潔，通達時務的。」叫戶部保薦交租多的地主，任命為官員、糧長。一面他又指出「富民多豪強，故元時此輩欺凌小民，武斷鄉曲，人受其害。」以此他對地主的政策，也是兩面性的，雙管齊下，一是選用做官僚，加強自己的統治基礎；一是把他們遷到京師，繁榮首都，同時也削弱了地主在各地方的力量。

在科舉法未定之前，選用地主做官，叫做稅戶人才，有做知縣、知州、知府的，有做布政使以至朝廷的九卿的。例如浙江烏程大族嚴震直就以稅戶人才一直做到工部尚書。又以地主為糧長，以為地主官都是外地人，不熟悉本地情況，容易被黠胥宿豪蒙蔽，民受其害。不如用有聲望的地主來徵收地方賦稅，負責運到京師，可以減少弊病。

洪武四年九月命戶部計算土田租稅，以納糧一萬石為一區，選占有大量土地納糧最多的地主為糧長，負責督收和運交稅糧。如浙江布政使司人口一百四十八萬七千一百四十六戶，每年納糧九十三萬三千二百六十八石，設糧長一百三十四人。糧長下設知數（會計）一人，斗級（管斗斛秤量的）二十人，運糧夫千人。並規定對糧長的優待辦法，凡糧長犯雜犯、死罪和徒流刑的可以納鈔贖罪。

三十年又命天下郡縣每區設正副糧長三名，編定次序，輪流應役，周而復始。

凡糧長按時運糧到京師，元璋親自召見，談話合意的往往留下做官。元璋把徵糧和運糧的權力交給地主，以為「這個辦法是以良民治良民，必無侵漁之患。」「免地方官科擾之弊，於民甚便。」

他把地主也當做良民了。但是事實恰好相反，不少地主在做了糧長以後，在原來對民剝削的基礎上，更加上了皇朝賦予的權力，如虎添翼，肆行額外剝削，農民的痛苦也就更深更重了。例如糧長邾阿乃起立名色，科擾民戶，收舡水腳米，斛麵米、裝糧飯米、車腳錢、脫夫米、造冊錢，糧局知房錢、看米洋中米等等，通共苛斂米三萬二千石，鈔一萬一千一百貫。正米止該一萬石，邾阿乃個人剝削部分竟選米二萬二千石，鈔一萬一千一百貫。農民交納不起，就強迫以房屋准折，揭屋瓦，變賣牲口，以及衣服、緞匹，布帛、鍋灶、水車、農具等等。

又如嘉定縣糧長金仲芳等三名巧立名色徵糧附加到十八種。農民吃夠了苦頭，無處控訴。朱元璋也發覺糧長之弊，用嚴刑制裁，儘管殺了不少人，糧長依然作惡，農民也依然被額外剝削，改不好，也改不了。

除任用地主做官收糧以外，同時還採用漢高祖徙天下豪富於關中的政策，洪武三年移江南民十四萬戶於鳳陽（這時鳳陽是中都），其中有不少是地主。洪武二十四年徙天下富戶五千三百戶於南京。三十年又徙富民一萬四千三百餘戶於南京，稱為富戶。

元璋告訴工部官員說：「從前漢高祖這樣做，我很不以為然。現在想通了，京師是全國根本，事有當然，確實不得不這樣做。」江南蘇、松、杭、嘉、湖一帶的地主被迫遷住鳳陽，離開了原來的鄉里田舍，還不許私自回去。

這一措施對於當時東南地主階級是極大的打擊。舊社會的地主階級離開了原來占有的土地，也就喪失了社會地位和政治地位了。相對的以朱元璋為首的新地主階級卻可以因此而加強對這一地區人民的控制了。這些家地主從此以後雖然不敢公開回到原籍，卻偽裝成乞丐，以逃荒為名，成群結隊，老幼男婦，散入江南諸州縣乞食，到家掃墓探親，第二年二三月間又回到鳳陽。年代久了，也就成為習慣。

五六百年來，鳳陽花鼓在東南一帶是婦孺皆知的民間歌舞，歌詞是：

家住廬州並鳳陽，鳳陽原是好地方，
自從出了朱皇帝，十年倒有九年荒。

地主們對做官、做糧長當然很高興，感激和支持這個維護本階級利益的政權。但是，地主階級貪婪的本性是永遠也不能改變的，他們決不肯放棄任何一個可以增加占領土地和人力的機會，用盡一切手段逃避對皇朝應納的賦稅和傜役，例如兩浙地主所使用的方法，把自己的田產詭托（假寫在）親鄰佃僕名下，叫做「鐵腳詭寄」，普遍成為風氣，鄉里欺騙州縣，州縣欺騙府，奸弊百出，叫做「通天詭寄」。

此外，還有灑派、包荒、移丘換段等等手段。元璋在處罰了這些地主以後，氣憤地指出：民間灑派、包荒，詭寄、移丘換段，這等都是奸頑豪富之家，將次沒福受用財賦田產，以自己科差灑派細民；境內本無積年荒田，此等豪猾買囑貪官汙吏及造冊書算人等，其貪官汙吏受豪猾之財，當科糧之際，作包荒名色徵納小戶，書算手受財，將田灑派，移丘換段，作詭寄名色，以此靠損小民。

地主把自己的負擔通過舞弊手段轉嫁給「細民」、「小戶」、「小民」，也就是貧苦農民，結果是富的更富，窮的更窮了。地主階級侵占了皇家統治集團應得的租稅和人力，貧苦農民加重了負擔，皇朝一方面田賦收入和徭役徵發都減少了，一方面貧苦農民更加窮困饑餓，動搖和侵蝕了統治階級的經濟基礎，階級內部發生矛盾，鬥爭展開了，地主不再是良民，而是「奸頑豪富之家」，是「豪猾」了。

朱元璋鬥爭的對象是地主階級中違法的大地主，辦法有兩條，一條是用嚴刑重法消滅「奸頑豪富之家」，一條是整理地籍和戶口。

洪武時代大地主被消滅的情況，據明初人記載，如貝瓊說：

三吳巨姓享農之利而不親其勞，數年之中，既盈而覆，或死或徙，無一存者。

方孝孺說：

時嚴通財黨與（胡惟庸黨案，見後文）之誅，犯者不問實不實，必死而覆其宗。當是時，浙東、西巨室故家，多以罪傾其宗。

吳寬說：

吳……皇明受命，政令一新，富民豪族，剗削殆盡。

長洲情況：

城東……遭世多故，鄰之死徙者殆盡，荒落不可居。

洪武之世，鄉人多被謫徙，或死於刑，鄰里殆空。

有的大地主為了避禍，或則「晦匿自全」，或則「悉散所積以免禍」，或則「出居外地以避之」，或則「攀附軍籍以免死」，但是這樣的人只占少數。江浙的「富民豪族，剗削殆盡」。統治階級內部的鬥爭是十分殘酷的。

另一方面，經過元末二十年的戰爭，各地田地簿籍多數喪失，保存下來的一部分，也因為戶口變換，土地轉移，實際的情況和簿籍不相符合。大部分田地沒有簿籍可查，大地主們便乘機隱匿田地，逃避皇朝賦役；有簿籍登載的田地，登記的面積和負擔又輕重不一，極不公平合理。朱元璋抓住這中心問題，對大地主進行了長期的鬥爭。方法是普遍丈量田地和調查登記人口。

洪武元年正月，派國子監生周鑄等一百六十四人往浙西核實田畝，定其賦稅。五年六月派使臣到四川丈量田畝。十四年命全國郡縣編賦役黃冊。二十年命國子生武淳等分行州縣，編制魚鱗圖冊。前後一共用了二十年時間，才辦好這兩件事。

丈量田地所用的方法，是派使臣到各州縣，隨其稅糧多少，定為幾區，每區設糧長，會集里甲耆民，量度每塊田畝的方圓，作成簡圖，編次字號，登記田主姓名和田地丈尺四至，編類各圖成冊，以所繪的田畝形象像魚鱗，名為魚鱗圖冊。

人口普查的結果，編定了賦役黃冊。把戶口編成里甲，以一百一十戶為一里，推丁糧多的地主十戶做里長，餘百戶分為十甲。每甲十戶般一甲首。每年以里長一人、甲首一人，管一里一甲之事。先後次序根據丁糧多少，每甲輪值一年。

十甲在十年內先後輪流為皇朝服義務勞役，一甲服役一年，有九年的休息。在城市的里叫坊，近城的叫廂，農村的都叫做里。每里編為一冊，里中有鰥寡孤獨不能應役的，帶管於一百一十戶之外，名曰畸零。每隔十年，地方官以丁糧增減重新編定服役的次序，因為冊面用黃紙，所以叫做黃冊。

魚鱗圖冊是確定地權（所有權）的根據，賦役黃冊是徵收賦役的根據，通過田地和戶口的普查，制定了這兩種簿籍，頒布了租稅和徭役制度，不但大量的漏落的田地戶口被登記固定了，皇朝從而增加了物力和人力，穩定和鞏固了統治的經濟基礎，同時，也有力地打擊了一部分大地主，從他們手中奪回對一部分田地和戶口的控制，從而大大增強了皇家統治集團的地位和權力，更進一步走向高度的集中、專制。朱元璋的政權比過去任何一個皇朝，都更加強大、集中、穩定、完備了。

對城鄉人民，經過全國規模的田地丈量，定了租稅，在冊上詳細記載田地的情況，原、阪、墳、衍、下、濕，沃、瘠、沙、鹵的區別，並規定凡買置田地，必須到官府登記及過割稅糧，免掉貧民產去稅存的弊端，同時也保證了皇朝的財政收入；十年一次的勞役，使人民有輪流休息的機會，這些措施，當然都是封建剝削，但比之統一以前的混亂情況，則確定減輕了一些人民的負擔，鼓舞了農民的生產情緒，對於社會生產力的推進，是起了顯著的作用的。

對破壞農業生產的吏役，用法律加以制裁，例如：

「松江一府坊廂中，不務生理，交結官府者一千三百五十名，蘇州坊廂一千五百二十一名，皆是市井之徒，不知農民艱苦，幫閒在官。吏有正吏、主文、寫發，皂隸有正皂隸、小弓兵，直司；牢子有正牢子，小牢子，野牢子等名色，又有自名小官，幫虎等。不問農民急務之時，生事下鄉，攪擾農業。芒種之時，栽種在手，農務無隙，此等遊民齎執批文，直到農村，或就水車上鎖人下車，或就手內奪去秧苗鎖人出田，……於城市鄉村擾害人民。」

元璋下令加以清理，除正牢子合應正役以外，其他一概革除，如松江府就革除小牢子，野牢子等共九百餘名，一個地方減少四分之三為害農民的吏役，以全國合計，這個數字是很大的，對於農民進行正常生產是有很大好處的。

朱元璋雖然對一部分大地主進行了嚴重的鬥爭，對廣大農民做了一些必要的讓步，一部分大地主被削滅了，一部分大地主的力量削弱了，農民生產的積極性增加了。但是，這個政權畢竟是地主階級的政權，首先是為地主階級的利益服務的，即使對農民採取了一些讓步的措施，其目的也還是為了鞏固和強化整個地主階級的統治權。

無論是查田定租，無論是編戶定役，執行丈量的是地主，負責徵收運送糧米的還是地主，當里長甲首的依然是地主，質正里中是非、詞訟，執行法官職權的「耆宿」，也是地主，當然，在地方和朝廷做官的更非地主不可，從下而上，從上而下的重重地主統治，地主首先要照顧的是自己家族和親友的利益，是絕不會關心小自耕農和佃農的死活的。

由於憑藉職權的方便，剝削、舞弊都可以通過皇朝的統治權來進行，披上合法的外衣，農民的痛苦就越發無可申訴了。而且，只要是地主階級的子弟，就有機會、權利受到教育，通過稅戶人才、科舉、學校等等途徑，成為官僚，紳士，官僚、紳士是享有合法的免役權的，洪武十年，朱元璋告訴中書省官員，「食祿之家，與庶民貴賤有等，趨事執役以奉上者，庶民之事也。若賢人君子，既貴其家，而復役其身，則君子野人無所分別，非勸士待賢之道。自今百司現任官員之家有田土者，輸租稅外，悉免其徭役，著為令。」

官員是貴人，庶民是賤人，貴人是不應該和賤人一樣服徭役的。十二年又下令：「自今內外官致仕還鄉者，復其家終身無所與。」則連鄉紳也享有免役權了。

在學的學生，除本身免役外，戶內還優免二丁差役。一般貧苦農民連飯也吃不飽，哪能上學？上學的學生絕大部分也還是地主子弟，這樣，現任官、鄉紳、學校生員都豁免差役，還有辦法逃避租稅，於是，完糧當差的義務，便大部分落在自耕農和貧農身上了。自耕農和貧農不但要出自己的一份，官僚、紳士，地主不交的一份，他們也得一併承擔下來，因此，官僚、紳士、生員越多的地方，農民的負擔也就越重。有明一代的二百七十六年中，農民起義的次數特別多，規模特別大，原因就在這裏。

在統治階級內部鬥爭中，朱元璋無情地打擊了一部分大地主，那麼，他的政權到底倚靠誰來支持呢？答案很清楚，朱家政權的支柱是廣大的中小地主和富農。在他的官僚機構中，官員的來源主要來自這個階層。

官員的任用制度，有薦舉、學校和科舉三種。

薦舉就是任用地主做官，地主有文化，有歷史知識，能夠辦事，更重要的是他們的利益和皇家一致。遠在下金陵時，就錄用了儒士夏煜、孫炎、楊憲等十幾人。

龍鳳十年三月，命中書省引拔卓犖奇偉之才，地方官選民間俊秀年二十五以上，資性明敏，有學識才幹的薦舉到中書省，和年老的官員參用。十年以後，年老的退休了，年輕的也學會辦事了。從此州縣每年都薦舉人到中書省。

朱元璋還不時派使臣到各地訪求賢才，名目有聰明正直、賢良方正、孝弟力田、儒士、孝廉、秀才、人才、耆民、富戶、稅戶人才等等，而以儒士為最多。朝廷和地方大小官員都可以薦舉，被薦舉的又可以轉薦，有一舉出來便做朝廷的大官，如尚書、侍郎和地方的布政使、參政、參議的。最多的一次到過三千七百多人，次多的一次為一千九百多人，至於幾個人，幾十個人一批的，那就不勝列舉了。

薦舉只是選用中小地主中會辦事的人才，為了培養新的統治人才，還得創辦學校，設立國子監。

國子監的教職員由吏部任命。學生有兩類：一類是官生；一類是民生。官生又分兩類，一類是皇朝品官子弟，一類是外國留學生，如日本、琉球、暹羅等國的學生，和內地西南各土司酋長的子弟。官生是由朝廷指派分發的，民生是由各地地方官保送的府、州、縣的生員。官生民生總共名額一百五十名，其中民生只占五十名。可見國子監原來是以培養官生為主的學校。

後來官生入學的日少，民生保送的日多，以洪武二十六年在學人數為例，學生總數八千一百二十四名，官生只占四名，國子監已經成為廣泛訓練民生做官的機構了。功課內容分《御製大誥》、《大明律令》、「四書」、「五經」、劉向《說苑》等書。其中最重要的是《大誥》。

《大誥》是朱元璋自己寫的，除《大誥》外，還有《大誥續編》、《大誥三編》、《大誥武臣》，一共四冊。主要內容是列舉所殺官、民罪狀，使官、民知所警戒，和教人民守本分，納田租，出夫役，老老實實過日子的訓話。洪武十九年以《大誥》頒賜監生。二十四年令：「今後科舉歲貢生員，俱以《大誥》出題試之。」

禮部行文國子監正官，嚴督諸生熟讀講解，以資錄用，有不遵者以違制論。違制就是違抗皇帝命令，罪名是很重的。至於《大明律令》，因為學生的出路是做官，審案，當然是必讀書。「四書」、「五經」是儒家的經典，朱元璋面諭國子博士：「一以孔子所定經書誨諸生。」但對於《孟子》，卻經過一番曲折。

洪武三年，朱元璋讀到《孟子》書裏有好些對君上不客氣的地方，大發脾氣，對人說：

「這老兒要是活到今天，非嚴辦不可！」下令撤去孔廟中孟子配享的牌位，把孟子逐出孔廟。後來雖然有人替孟子求情，說他講的道理基本上還是對維護皇帝的地位有好處的，才恢復孟子的配享。

但對於《孟子》這部書，還是認為有些不妥當。洪武二十七年特命老儒劉三吾編《孟子節文》，把《盡心篇》的「民為貴，社稷次之，君為輕。」《梁惠王篇》「國人皆曰賢，國人皆曰可殺」一章，「時日曷喪，予與汝偕亡。」《湯誓》引文和《離婁篇》「桀、紂之失天下也，失其民也。失其民者，失其心也。」一章，《萬章篇》「天與賢則與賢」一章，「天視自我民視，天聽自我民聽。」「君有大過則諫，反覆之而不聽，則易位。」以及類似的「聞誅一夫紂矣，未聞弒君也。」、「君之視臣如草芥，則臣視君如寇仇。」一共八十五條，都刪去了。只剩下一百七十幾條，刻板頒行全國學校。所刪去的一部分，「課士不以命題，科舉不以取士。」

從洪武二年到三十一年，這一時期國子監生任官的情形來看：

第一，監生並沒有一定的任官資序，最高的有做到地方大官從二品的布政使，最低的做正九品的縣主簿，以至無品級的教諭；

第二，監生也沒有固定的任官性質，朝廷的部院官、監察官，地方的民政財政官、司法官，以至無所不管的府州縣官和學校官，幾乎無官不可做；

第三，除做官以外，在學的監生，有奉命出使的，有奉命巡行州縣的，有稽核百司案牘的，有到地方督修水利的，有大批地去執行丈量、記錄田地面積、訂定糧額的任務的，有清查黃冊的（每年一千二百人），有寫本的，有在各衙門辦事的，有在各衙門實習的，幾乎無事不可以做；

第四，三十年來，監生的任用官階，以洪武二年和二十六年為最高，二年用監生為行省左右參政、各道按察司僉事及知府等官。二十六年用監生六十四人為行省布政，按察兩使及參政，參議，副使，僉事等官。這是因為洪武二年建國不久，官員很缺；二十六年藍玉黨案，殺了很多地方官（見後文），需要補充的緣故。

任用人數以十九年為最多，「命祭酒、司業擇監生千餘人送吏部，除授知州，知縣等職。」這也是因為十八年發生郭桓盜官糧案、十九年逮捕官吏積年為民害者（均見後文），官員缺額多，必須大量補充的緣故。歷史家總結說：「故其時布列中外者，太學生最盛。」

地方的府、州、縣學和國子監一樣，都有一定的生員名額和考試制度。地方學校之外，洪武八年又詔地方立社學——鄉村小學。此外，也還有地主們私人創辦，和貧困知識分子賴以維持生活的私塾。府、州、縣、社學都以《御製大誥》和《律令》作主要必修科目。

除立學以外，還派遣教師到各地任教，洪武初年因為北方經過長期戰爭破壞，念書的人少，特別派國子監生三百六十六人到北方各府、縣辦學校。這制度後來也推廣到其他各布政使司，選用壯年能文的做教諭等官。

各級學校的普遍設立，教育事業發展了，這比之過去任何歷史時期都有了顯著的進步。

目的性是很清楚的，從這些機構中培養大量的中小地主，富農出身的年輕的一代，作為官僚機構的後備力量。

同時，由於印刷術的進步和洪武元年頒布的書籍免稅令，和科舉制度的定期舉行，讀書、中舉、做官，便不再局限於貴族、官僚、和地主階級的子弟，一部分中農、手工業者和小商小販的子弟，為了改換門庭，為了取得比較舒適、尊榮的地位，為了保護家族免於遭受殘酷的剝削壓迫，在「萬般皆下品，惟有讀書高」，社會風氣鼓勵之下，在家庭宗族支持之下，買得了書本，進了私塾、社學，參加了考試。

其中有一部分人公然闖進了統治階級，成為駕乎人民之上的官僚了。他們改變了階級成分，做了官，成為地主，擴大了統治階級的社會基礎，加入了新血液，也對封建統治階級的鞏固起了作用。同時，又以階級成分的改變，改革了他們家屬以至親戚的社會、政治地位，這樣，就或多或少地引起各階級的重新組合和分化。

除國子監以外，皇朝官僚的來源是科舉制度。國子監生可以不由科舉，直接任官，而從科舉出身的人則必須是學校的生員。府、州、縣學的生員（通稱秀才），每三年在省城會考一次，稱為鄉試，及格的為舉人。

各布政使司的舉人名額，除直隸（今江蘇、安徽）百人最多，廣東、廣西二十五人最少，其他九個布政使司都是四十人。第二年全國舉人會考於京師，稱為會試。會試及格，再經一次複試，地點在皇帝的殿廷，叫做廷試，亦稱殿試。

複試不過是形式，意思是由皇帝親自主持這最高級的考試，選拔之權，出於一人。發榜分一二三甲（等），一甲只有三人：狀元、榜眼、探花，賜進士及第。二甲若干人，賜進士出身。三甲若干人，賜同進士出身。民間又稱鄉試第一名為解元，會試第一名為會元，殿試二甲第一名為傳臚。鄉試由布政使司，會試由禮部主持。

狀元授官翰林院修撰，榜眼，探花授官翰林院編修，二三甲考選為庶吉士的都是翰林官，其他或授給事、御史、主事、中書、行人，評事、太常國子博士；或授府推官、知州、知縣等官。舉人、貢生多次參加會試不及格的，可以改入國子監，也可選作小京官，或做府佐和州縣正官以及學校教官等等。

科舉各級考試，專用「四書」、「五經」出題。文體略仿宋經義，但要用古人思想行文，並且只能根據幾家指定的注疏發揮，絕對不許有自己的見解。格式排偶，叫做制義。這制度是朱元璋和劉基制定的。規定子午卯酉年鄉試，辰戌丑未年會試，鄉試在八月，會試在二月。每試分三場，初場試四書義三道，經義四道；二場試論一道，判五道，詔誥表內科（選）一道；三場試經史時務策五道。

學校和科舉並行，學校是科舉的階梯，科舉是生員的出路。生員通過科舉做了官以後，平日不但用不著制義，也用不著書本了；中小地主階級子弟要做官必須通過科舉，中不了舉人進士是不能做官的。但是在中舉之前，名為生員，卻不一定真要上學，後來學校制度日益鬆弛，生員只需參加定期考試，平時根本不在學校，學校名存實亡，這樣，科舉日重，學校的地位也就日輕。

學校和科舉都是培養和選拔官僚的制度，學習和考試的範圍完全一樣，都是「四書」、「五經」，不但遠離實際生活，並且還禁止接觸現實生活，過問政治。用這種方式培養出來的人才，正如當時人宋濂所刻劃的：「自貢舉法行，學者知以摘經擬題為志，其所最切者惟四子一經之箋，是鑽是窺，餘則漫不加省。與之交談，兩目瞪然視，舌木強不能對。」學校則「稍勵廉隅者不願入學，而學行章句有聞者，未必盡出於弟子員。」到後來甚至弄到「生徒無復在學肄業，入其庭不見其人，如廢寺然。」

科舉人才一般不讀四書五經以外的書，不知時事，學校沒有學生，是普遍現象，特別是這種考試制度強制盲從古人的書本，不許有新的思想，不許有和古人不同的思想，結果只能是進步的思想被扼殺了，科學的發展停滯了。

在政治上，那個時代所培養的是合於統治階級需要的馴服忠順的官僚，在學術文化上，卻長期被古代的陰魂所壟斷，停留在幾百年前以至千多年前的水平上，這個損失是非常巨大的。庶民是被朱元璋叫作賤人的，「趨事執役以奉上者，庶民之事也。」這個事，朱元璋也叫做「分」，即應盡的義務。

洪武十五年，他叫戶部出榜曉諭兩浙江西之民說：「為吾民者當知其分，田賦力役出以供上者乃其分也。能安其分，則保父母妻子，家昌身裕，為忠孝仁義之民。」不然呢？「則不但國法不容，天道亦不容矣。」應該像「中原之民，惟知應役輸稅，無負官府。」只有如此，才能「上下相安，風俗淳美，共享太平之福。」

他把東南地區的農民和中原地區的農民區別開來，要東南地區的農民也像中原地區的農民一樣，「惟知應役輸稅，無負官府。」正說明了當時階級鬥爭的不平衡情況，中原地區土地分散，階級關係較為緩和，而東南地區則土地較為集中，階級鬥爭也就日益尖銳了。

朱元璋要求人民盡應役輸稅的義務，定下制度，要官吏奉公守法，嚴懲貪汙，千令面諭，告誡諄諄，期望上下相安，共享太平之福。但是封建地主階級的官僚是決不肯照他的話辦事的，地主做官只會剝削百姓，怎麼肯「奉公守法」？結果許多制度命令都成為空文。

官僚政治的惡果，當時便已有人明確地指出：

今之守令，以戶口、錢糧、獄訟為急務。至於農桑、學校，王政之本，乃視為虛文而置之，將何以教養斯民哉！以農桑言之，方春，州縣下一白帖，里甲回申文狀而已，守令未嘗親視種藝次第，旱澇戒備之道也。以學校言之，廩膳諸生，國家資之以取人才之地也。今四方師生缺員甚多，縱使具員，守令亦鮮以禮讓之實，作其成器者。朝廷切切於社學，屢行取勘師生姓名，所習課業。乃今社鎮城郭，或但置立門碑，遠村僻處則又徒存其名，守令不過具文備案照刷而已。上官分部按臨，亦但循習故常，依紙上照刷，未嘗巡行點視也。

官僚辦的是公文，公文上辦的事應有盡有，和實際情形全不相干。上官按臨地方檢查的也是公文，上下都以公文辦事，做的都是紙上文章，自然「法出而奸生，令下而詐起」了。這是洪武九年的事。十二年後，解縉奉詔上萬言書，也說：

夏稅一也，而茶椒有糧，果絲有稅。既稅於所產之地，又稅於所過之津，何其奪民之利至於如此之密也！且多貧下之家，不免抛荒之咎。今日之土地無前日之生殖，而今日之徵集有前日之稅糧，或賣產以供稅，產去而稅存；或賠辦以當役，役重而民困。土田之高下不均，起科之輕重無別，膏腴而稅反輕，瘠鹵而稅更重。

道理也清楚得很，正因為是「貧下之家」，才被迫抛荒，地主負擔特別輕，不但不會抛荒，而且還盡力兼併。膏腴之田是地主的，瘠鹵之田是貧民的，地主階級自己定的稅額，當然是膏腴輕而瘠鹵重。

為了鞏固統治，朱元璋對貪官汙吏用嚴刑懲治。

洪武二年二月，元璋告諭群臣說：「從前我在民間時，見州縣官吏多不恤民，往往貪財好色，飲酒廢事，凡民疾苦，視之漠然，心裏恨透了。如今要嚴立法禁，凡遇官吏貪汙蠹害百姓的，決不寬恕。」

四年十一月立法，凡官吏犯贓罪的不赦。下決心肅清貪汙，說：「此弊不革，欲成善政，終不可得。」二十五年又編《醒貪簡要錄》頒布中外。

官吏貪贓到鈔六十兩以上的梟首示眾，仍處以剝皮之刑。府州縣衙門左首的土地廟，就是剝皮的刑場，也叫皮場廟。有的衙門公座旁擺著人皮，裏面塞以稻草，叫做官的觸目驚心，不敢做壞事。地方官上任給以路費，家屬給衣料。來朝時又特別告誡以「天下新定，百姓財力困乏，像剛學飛的鳥兒和新栽的樹木，拔不得毛，也碰不得根。」違法的按法處刑。

從開國以來，兩浙、江西、兩廣、福建的地方官因貪贓被殺的很多，很少人能做到任滿。嚴懲貪汙，貪汙還是不能根絕，用朱元璋自己的話來證明吧，他說：浙西所在有司，凡徵收害民之奸，甚如虎狼。且如折收秋糧，存州縣發放，每米一石折鈔二貫，巧立名色，取要水腳錢一百文，車腳錢三百文，口食錢一百文。庫子又要辨驗錢一百文，蒲蔞錢一百文，竹簍錢一百文，沿江神佛錢一百文。害民如此，罪可宥乎！

折糧原來是便民的措施，浙西運糧一石到南京，要化四石運費，百姓困苦不堪。改折為鈔，可以減輕浙西農民五分之四的負擔。鈔是用不著很大運費和蒲、竹簍包裝的，但地方官還是照運糧的辦法苛斂，用種種名色加徵至九百文，約合折價的百分之五十。急得朱元璋只是跺腳，說：「我欲除貪贓官吏，奈何朝殺而暮犯！今後犯贓的，不分輕重都殺了。」

洪武一朝，「無幾時不變之法，無一日無過之人。」是歷史上封建政權對貪汙進行鬥爭最激烈的時期，殺戮貪官汙吏最多的時期。雖然貪官汙吏隨殺隨犯，朱元璋也下定決心，隨犯隨殺，這個規模巨大的統治階級的內部鬥爭，一直到朱元璋死去才告一段落，但是貪汙現象仍然存在，這是社會制度所決定的，朱元璋儘管是最有威權的皇帝，他能夠殺人，卻改變不了社會制度，改變不了社會性質。

二、常備軍和特務網

高度集中的以中小地主階級為基礎的朱元璋封建統治政權，通過龐大的常備軍和嚴密的特務網，起著鎮壓人民反抗和保衛國防的作用。

在洪武一朝中，除掉秘密宗教徒和少數民族的多次起義以外，不帶宗教色彩的農民起義比過去任何一個歷史時期都多。

據史料記載，在朱元璋稱帝之前，農民已經起來反抗了。龍鳳十一年（公元一三六五）七月湖廣辰州沅陵，十一月江西信州，十二年二月浙江處州青田，十二月永寧鄜縣，都曾發生農民起義。

稱帝以後，洪武元年浙江昌國州，溫州南溪，三年山東沂、邳山民，浙江龍泉，福建泉州惠安，湖廣綏寧，六年福州府山民，溫州府，福建羅源，古田，廣東廉州，湖廣房州，儋州宜倫，廣西永福，十年宿州靈壁，福建泉州，十二年廣東潮州海陽，福建漳州龍岩，廣東清遠，十四年漳州南靖，古田，浙江衢、處、溫三府山民，潮州海陽，程鄉，福建福安，廣州海「寇」，漳州龍岩，十五年惠州龍川河源，潮州海陽，海南會同文昌，萬、崖二州，十九年潮州程鄉，二十年惠州博羅，二十一年韶州英德，潮州海陽，惠州龍川，二十二年廣東韶州，二十六年廣東東莞，二十八年廣東崖州，二十九年廣東連山，都發生了農民暴動。

值得注意的是這一系列農民反抗的武裝鬥爭，除洪武三年山東沂、邳山民暴動之外，其餘的全部發生在經濟比較發達的長江以南地區，其中，浙江溫、處州各三次，廣東海陽三次，程鄉二次，龍川二次，福建龍岩、古田各二次。如以省區計，則廣東一省就發生了二十次以上。

規模較大的如洪武十四年的廣州海「寇」，曹真自稱萬戶，蘇文卿自稱元帥，會合山「寇」單志道、李子文、李平尺據險立寨，攻掠東莞、南海及肇慶、翁源諸縣，被官軍鎮壓，斬殺五千餘人，俘擄二萬餘人，家屬八千餘人。

十五年十月，南雄侯趙庸鎮壓廣東鏟平王的起義，斬殺八千八百多人，俘虜一萬七千八百五十人，家屬一萬六千餘人，降民一萬三千二百六十七戶。起義的原因，主要有兩條，一是官吏貪汙，一是守禦官軍擾害，也就是官逼民反。起義的結局，都以被封建皇朝龐大的常備軍所血腥鎮壓而失敗。

常備軍在國內的任務是鎮壓人民起義。朱元璋所建立的常備軍是和農業生產密切結合，逐步建成的。

在攻克集慶以後，厲行屯田政策，廣積糧食，供給軍需。他和劉基研究古代的兵制，總結歷史經驗：徵兵制的好處是全國皆兵，有事召集，事定歸農，兵員素質好，來路清楚，平時軍費開支少；缺點是兵員都出自農村，如有長期戰爭，便影響到農村的生產。

募兵制的好處是應募的多為無業遊民，當兵是職業，訓練的時期較長，作戰能力較高，兵員數量和服役時間，不受農業生產的限制；缺點是平時要維持大量的軍隊，軍費負擔很重，而且募的兵大部分來路不明，沒有宗族家庭的牽掛，容易逃亡，也容易叛變。

較好的辦法是折衷於兩者之間，吸收其好處，避免其缺點，主要的原則要做到武裝力量和生產力量結合起來，既可以靈活指揮，又避免財政上過重的負擔。劉基根據實際情況，經過討論研究，創立的辦法是衛所制度。

衛所的兵源有四種：一種是從征，即起事時所指揮的部隊，也就是郭子興的基本隊伍和他自己所招收的各地地主武裝；一種是歸附，包括削平群雄所得的部隊和元朝投降軍隊；一種是謫發，指因犯罪被罰當軍的，也叫做恩軍；一種叫垛集，即徵兵，按人口比例，一家有五丁或三丁出一丁為軍。

前兩種是建立制度時原有的武裝力量，後兩者則是補充的武力，特別是垛集軍在數量上占了很大的比例。這四種來源的軍人都是世襲的，為了保障固定員額的滿員，法律規定軍人必須娶妻，世代繼承下去，如無子孫繼承，則由其原籍家屬壯丁頂補。種族綿延的原則被應用到武裝部隊來，兵營成為武裝的集體家庭了。

軍有特殊的社會身分。在明代戶籍中，軍籍和民籍，匠籍是主要的戶口。軍籍屬都督府，民籍屬戶部，匠籍屬工部。軍人不受普通地方行政官吏的管轄，在身分上、法律上、經濟上的地位，都和民戶不同，軍和民是截然地分開的。民戶有一丁被垛為軍，可以優免一丁差役，作為補償。

軍士到戍地時，由宗族替他治裝。在衛所的軍士除本身為正軍外，其子弟稱為餘丁或軍餘，將校的子弟則稱為舍人。軍士的生活費用概由皇朝就屯田所得糧食支給，按月發米，稱為月糧。規定馬軍月支米二石，步軍總旗一石五斗，小旗一石二斗，步軍一石。守城的照數支給，屯田的支一半。恩軍家四口以上一石，三口以下六斗，無家口的四斗。衣服歲給冬衣棉布棉花，夏衣夏布，出征時依例給胖襖鞋褲。

元璋渡江以後，降附的將領都用原來的稱號，有叫樞密、平章的，有叫元帥的，有叫總管、萬戶的，形形色色，名不稱實，高下不一。龍鳳十年四月，立部伍法，根據所帶的隊伍人數來定將領稱號，經過點編，有兵五千的做指揮，滿千人的做千戶，百人的做百戶，五十人為總旗，十人為小旗。

在這個基礎上，常備軍的組織分做衛、所兩級：大體上以五千六百人為一衛，衛的長官是指揮使。衛又分五個千戶所，每千戶所一千一百二十人，長官是千戶。千戶所下分十個百戶所，每百戶所一百十二人，長官是百戶。百戶下有總旗二，小旗十，一個總旗領五個小旗，小旗領軍士十人。大小聯比以成軍。

衛所的分布，根據地理險要，小據點設所；關聯若干據點的設衛，集合一個軍事地區的若干衛、所，設置都指揮使司，作為軍區的最高軍事統率機構，長官是都指揮使。衛所陸續建置，到洪武二十五年，全國共有十七個都指揮使司，京師和外地共有三百二十九個衛，六十五個守禦千戶所。京師和地方的軍力分配如下：

	武官（員）	軍士（人）	馬（匹）
京師	二，七四七	二〇六，二八〇	四，七五一
地方	一三，七四二	九九二，一五四	四〇，三二九

全國衛所軍總數為一百二十萬人。十七都指揮使司分別隸屬於皇朝的五軍都督府。

軍食出於屯田，大略學漢朝趙充國的辦法，在邊境開屯，一部分軍士擔任守禦，一部分軍士授田耕種。目的在於開墾荒地，增加生產，充裕軍食，省去運輸費用，減輕財政負擔。邊地開屯有了成績以後，內地衛所也先後開屯耕種，以每軍授田五十畝作一分，官給耕牛農具，開頭幾年免納租稅，到成為熟地後，每畝收稅一斗。

規定邊地守軍十分之三守城，七分屯種，內地則二分守城，八分屯種。全國各地共有軍屯田八十九萬三千多頃，相當於全國墾田總數十分之一左右。除軍屯外，還有商屯。邊地守軍遇有意外，糧食發生困難的時候，朝廷用「開中法」來接濟。

封建皇朝控制著大量糧食和食鹽，但從糧食產地運糧到邊境，運費往往為所運糧食的五六倍，費用太大，極不經濟。商人有資本，販賣食鹽利潤很大，但是食鹽是由皇朝專賣的，商人得不到手。「開中法」責成商人運一定數量的糧食到邊境，拿到收據就可到產鹽地領到等價的食鹽，自由販賣，從而獲取厚利。

商人是最會打算盤的，邊境有的是荒地，索性雇人在邊境開立屯田，就地交糧，這樣就可以省去幾倍的運費。在這種特定的交換過程中，邊軍糧食就夠吃了，封建皇朝不但省去大量運費，也省了事；商人發了財；邊境荒地開墾得多了，增加了生產，也建立了許多居民點。

在作戰時，雖然派有大將軍作統帥，但朱元璋還親自指導攻取方略，根據所得軍事情報和實際經驗決定前方的行動，即使對最親信的將領徐達、李文忠也是如此。

例如吳元年四月十八日給徐達的手令，在處分軍事行動以後，接著說：「我的見識只是如此。你每（們）見得高強便當處，隨你每意見行著，休執著我的言語，恐怕見不到處，教你每難行事。」洪武三年四月：「說與大將軍知道。……這是我家中坐著說的，未知軍中便也不便，恁只揀軍中便當處便行。」給李文忠的手令：「說與保兒、老兒：……我雖這般說，計量中不如在軍中多知備細，隨機應變的勾當，你也廝活落些兒也，那裏直到我都料定。」

洪武元年北伐軍出發後，他親自畫了征進陣圖，派使送給徐達。提出自己的意見給前方統帥，說明只是參考性質，如不符合軍中實際情況，可以揀軍中便當處行著。但是在涉及有關原則性問題的時候所下的命令就很堅決，不能改變的了。

例如處理降將降官降兵的原則，龍鳳十一年十一月初五日令旨：

「吳王親筆：著內使朱明前往軍中，說與大將軍左相國徐達、副將軍平章常遇春知會：十一月初四日捷音至京城，知軍中獲寇軍及首目人等陸萬餘眾，然而俘獲甚眾，難為囚禁。今差人前去，教你每軍中將張（士誠）軍精銳勇猛的留一二萬。若係不堪任用之徒，就軍中暗地除去了當，不必解來，但是大頭目，一名名解來。」

十二年三月且嚴厲責備徐達不多殺敵軍頭目：

「吳王令旨，說與總兵官徐達，攻破高郵之時，城中殺死小軍數多，頭目不曾殺一名。今軍到淮安，若係便降，係是泗州頭目青旛黃旗招誘之力，不是你的功勞。如是三月已裏，淮安未下，你不殺人的緣故，自說將來者。依奉施行者！」

對元朝降將的處理，更是十分注意，再三囑咐，吳元年十二月十天內接連三次派使人到徐達、常遇春軍前傳諭，第一次說：「將軍統率將士，下齊、魯數十城，求之於古，雖韓信功能不過是也。然事機合變之際，不可不慮。今山東諸將雖皆款附，而未嘗遣一人至此。若留降將布列舊地，所謂養虎遺患也。昔漢光武命馮異平三輔營壘，降者遣其渠帥詣京師，散其小民，令就農桑，壞其營壘，無使復聚，古人之慮深矣，將軍其思之。」

都督同知張興祖連下山東州、縣，得士馬萬計，就用降將領舊兵隨軍北伐，元璋得到報告，認為不妥，指出：「此非良策。聞興祖麾下降將至有領馬軍千騎者，若一旦臨敵，勢不足以相加，因而生變，何以制之？」

遣使告訴興祖，今後得一降將及官吏儒生，才有可用的，統統送到京師，不許留下。又遣使告訴徐達、常遇春：「聞大軍下山東，所過郡縣，元之省、院官來降者甚多，二將軍皆留於軍中。吾慮其雜處我軍，或晝遇敵，或夜遇盜，將變生不測，非我之利。蓋此輩初屈於勢力，未必盡得其心，不如遣來，使處我官屬之間，日相親近，然後用之，可無後患。」

這是因為接受了去年十一月沂州王宣、王信父子降而復叛的教訓，叮嚀反覆，要諸將提高警惕。後來的事實也證明了元璋的遠見，洪武元年二月降將樂安俞勝叛，閏七月降將喬僉院叛於濟南，雖然都及時平定了，到底還是招致了軍事和政治上的損失。

有一道命令是整飭軍隊紀律的，龍鳳十二年三月，元璋大發脾氣：

「（張士誠軍）男子之妻多在高郵被擄，總兵官為甚不肯給親完聚發來？這個比殺人那個重！當城破之日，將頭目軍人一概殺了，倒無可論。擄了妻子，發將精漢來我這裏，賠了衣糧，又費關防，養不住。殺了男兒擄了妻小，敵人知道，豈不抗拒？星夜叫馮副使去軍前，但有指揮、千戶、百戶及總兵官的伴當擄了婦女的，割將首級來。總兵官的罪過，回來時與他說話。」

馮副使是馮勝。從下和州時候起，朱元璋就十分注意軍隊紀律，發還擄獲婦女。經過了十二年，西吳的軍隊紀律是所有起事群雄中較好的。但是，隨著戰爭的不斷勝利，疆土的日益擴大，許多地主武裝的降附軍隊的成分日益複雜化了，違反軍隊紀律的事件也就不斷發生，高郵的殺掠受到了嚴厲的處置以後，全軍的紀律也因而提高了。

高郵戰役違反軍紀案件的經過情況是這樣的：

總兵官徐達圍攻高郵未下，還師救援宜興，令馮勝督軍猛攻，高郵守將詐降，馮勝令指揮康泰帶幾百人入城，高郵守將關了城門，殺個乾淨。元璋怒極，叫馮勝回來，打了十大板，還罰他走回高郵。馮勝又羞又氣用全力攻城，徐達也從宜興回兵合攻，取下高郵，一打進城，要報這怨仇，就忘了多年來的約束了。

特務網主要由檢校和錦衣衛組成。

檢校是朱元璋特設的特務人員，職務是：「專主察聽在京大小衙門官吏不公不法，及風聞之事，無不奏聞。」最著名的頭子之一叫高見賢，和僉事夏煜、楊憲、凌說等，專作告發人家陰私的勾當，「伺察搏擊」。

兵馬司指揮丁光眼巡街生事，凡是沒有路引（通行證）的人都捉拿充軍。元璋嘗時說：「有這幾個人，譬如人家養了惡犬，則人怕。」

高見賢建議：「在京犯贓經斷官吏，不無怨望，豈容輦轂之下居之？及在外犯贓官吏，合發江北和州，無為住坐，彼處荒田甚多，每人撥與二十畝開墾，亦且得人納糧當差。」

這個意見就當時情況說來，是正確的，合理的，朱元璋接受了。但是觸犯了官僚們的眾怒，後來他自己也被楊憲舉劾，發和州種田，先前在江北種田的都指著他的臉罵，「此路是你開，今亦到此，是報也。」不久被殺。夏煜、丁光眼也犯法先後被殺。這幾個人得勢時，連元璋最親信的元勳李善長等人也怕他們，日夜提心吊膽。

禁衛軍官派做檢校的：有金吾後衛知事靳謙，從元璋數說他的罪狀，可以看出是一個親信人物：「朕以為必然至誠，托以心腹，雖有機密事務，亦曾使令究焉。」有何必聚，龍鳳五年派帳下衛士何必聚往探江西袁州守將歐平章動靜，以斷歐平章家門前二石獅尾為證，占袁州後，查看果然不錯。有小先鋒張煥，還在初克婺州時，就做元璋的親隨伴當從行先鋒。

一晚，元璋出去私訪，遇到巡軍攔阻，喚問是誰，張煥回答：「是大人。」巡軍發怒：「我不知道大人是什麼人，但是犯夜的就逮住。」解說了半晌才弄清楚。

樂人張良才說平話（即說書），擅自寫省委教坊司帖子，貼市門柱上，被人告發，元璋大怒說，「賤人小輩，不宜寵用！」叫小先鋒張煥捆了樂人，丟在水裏。龍鳳十二年以後，張煥經常被派做特使，到前方軍中傳達命令和察事。

徐達入大都，封元故宮殿門，令張煥以兵千人守之。又有毛驤、耿忠，毛驤是早期幕僚毛騏的兒子，以舍人做親隨，用做心腹親信，和耿忠奉命到江浙等處察訪官吏，問民疾苦。毛驤從管軍千戶積功做到都督僉事，掌錦衣衛事，典詔獄，後來被牽連到胡惟庸黨案被殺。耿忠做官到大同衛指揮使，也以貪汙案被處死。

除文官武將做檢校以外，和尚也有被選用做這工作的。吳印，華克勤等人都是和尚，因為察事有功，都還俗做了大官。給事中陳汶輝上疏力爭，以為「自古帝王以來，未聞縉紳緇流雜居同事而可以共濟者也。今勳舊耆德咸思辭祿去位，而緇流夫乃益以讒間，如劉基、徐達之見猜，李善長、周德興之被謗，視蕭何、韓信，其危疑相去幾何哉！」

劉基、徐達、李善長、周德興等人或見猜，或被謗，封建統治集團的核心內部矛盾展開了，矛盾越深化，到了不兩立的地步，便釀成一連串屠殺慘案。

檢校的足跡是無處不到的，元璋曾派人去察聽將官家屬，有女僧引誘華高、胡大海妻敬奉西僧，行「金天教」法，元璋下令把兩家婦人連同女僧一起丟在水裏。吳元年得到報告，要前方總兵官把一個摩尼（摩尼教徒）取來。

洪武四年手令：「北平城內有個黑和尚出入各官門下，如常與各官說些笑話，好生不防他。又一名和尚係是江西人，秀才出身，前元應舉不中，就做了和尚，見在城中與各官說話。又火者一姓崔，係總兵官莊人……又有隱下的高麗不知數。造文書到時，可將遣人都教來。一名太醫江西人，前元提舉，即自在各官處用事，又指揮孫蒼處有兩個回回，金有讓孚家奴也教發來。」

調查得十分清楚確鑿。錢宰被徵編《孟子節文》，罷朝吟詩：「四鼓冬冬起著衣，午門朝見尚嫌遲，何時得遂田園樂，睡到人間飯熟時。」

第二天，元璋對他說：「昨天做的好詩，不過我並沒有『嫌』啊，改作『憂』字如何？」錢宰嚇得出了一身汗，磕頭謝罪。

宋濂性格誠謹，有一次請客喝酒。隔天，元璋問他昨天喝酒了沒有，請了那些客，什麼菜？宋濂老老實實回答，元璋才笑著說：「全對，沒有騙我。」

國子祭酒宋訥獨坐生氣，面有怒容。朝見時，元璋問他昨天生什麼氣，宋訥大吃一驚，照實說了。元璋叫人把偷著給他畫的像拿來看，他才明白。

吏部尚書吳琳告老回黃崗，元璋派人去察聽，遠遠見一農人坐小杌上，起來插秧，樣子很端謹。使者前問：「此地有吳尚書這人不？」農人叉手回答：「琳便是。」使者覆命，元璋很喜歡。

南京各部皂隸都戴漆巾，只有禮部例外，各衙門都有門額，只有兵部沒有，據說這也是皇帝幹的事。原來各衙門都有檢校暗地裏伺察。

一天禮部的一個皂隸睡午覺，被取去漆巾。兵部有一晚沒有人守夜，門額給人抬走了。發覺後都不敢作聲，也就作為典故了。公侯伯功臣賜卒一百十二人作衛隊，設百戶一人統率，頒有鐵冊，說明「俟其壽考（死亡），子孫得襲，則兵皆入衛。」稱為鐵冊軍。事實上也是防功臣有貳心，特設鐵冊軍監視的。

朱元璋不但派檢校偵察官民，有時他還親自偵察。例如羅復仁是陳友諒舊臣，投降後，官為弘文館學士，說一口江西話，為人質直樸素，元璋叫他作老實羅。

一天，元璋突然跑到羅家，羅家在城外邊一個小巷子裏，破破爛爛，東倒西歪幾間舊房子。老實羅正趴在梯子上粉刷牆壁，一見皇帝來，著了慌，趕緊叫他女人抱小凳子請皇帝坐下。元璋見他實在窮得不堪，老大不過意，說：「好秀才怎能住這樣破爛房子！」即刻賞給城裏一所大邸宅。

檢校是職務，不是正式機構，只能執行察聽、偵伺工作，並無扣押人犯和處刑之權。胡惟庸案發以後，統治階級的內部鬥爭越發尖銳了，洪武十五年特別設立了一個特務機構，有專門的法庭和監獄，叫錦衣衛。

錦衣衛的前身是吳元年設立的拱衛司，洪武三年改為親軍都尉府，管左右中前後五衛軍士，十五年改為錦衣衛。

錦衣衛有指揮使一人，正三品，同知二人，從三品，僉事三人，四品，鎮撫二人，五品，十四所千戶十四人，五品，副千戶從五品，百戶六品。所統有將軍、力士，校尉，掌侍衛、緝捕、刑獄之事。凡盜賊奸宄要秘密緝訪，街塗溝洫要經常注視，是一個組織完備的軍事特務機構，和皇朝的府、部、院都沒有隸屬關係，由皇帝直接指揮，只對皇帝負責。

錦衣衛設經歷司，掌文移出入。設鎮撫司，掌本衛刑名，兼理軍匠，也就是民間所稱「詔獄」。朱元璋從洪武十五年以後，運用這批特務、法庭和監獄，把全國所有政治性的重罪犯人，都交給它審判和處刑。過了六年，鎮壓「不軌妖言」的任務告一段落了，洪武二十年下令焚毀錦衣衛刑具，把犯人移交給刑部。

又過了六年，胡惟庸和藍玉案的罪犯都已處理完畢了，又再次申明以後一切案件都由朝廷法司處理，內外刑獄公事不再經由錦衣衛。但是這條法令並沒有維持多久，明成祖即位後，又重新利用錦衣衛來鎮壓建文帝的臣下，恢復了詔獄。以後歷代皇帝都倚仗錦衣衛做耳目爪牙，用內官提督東、西廠（詔獄），東西廠和錦衣衛的職權日益擴大，人員日益眾多，造成慘酷的恐怖氣氛，一直延續到明亡。

和錦衣衛有密切關係的一種刑罰叫廷杖，就是在殿廷杖責官員。錦衣衛學前朝的詔獄，廷杖則學的是元朝的辦法。著名的例子，元璋親族被杖死的有親侄朱文正，勳臣被杖死的有永嘉侯朱亮祖父子，大臣被杖死的有工部尚書薛祥，部曹被廷杖的有茹太素。這個辦法也被他的子孫當做祖宗制度一直繼承到朱家統治權被推翻的時候。

地方則設置巡撿司，凡在外各府州縣關津要害處普遍建立，設巡檢和副巡檢，都是從九品官，帶領差役、弓兵，警備意外。職權是緝捕盜賊，盤詰奸偽。在交通要衝去處，則專一盤詰往來奸細及販賣私鹽犯人，逃囚、無引面生可疑之人。

引是路引，朱元璋發展了古代「傳」、「過所」，「公憑」這套制度，制定了路引，即通行證或身分證。法律規定：「凡軍民人等往來，但出百里即驗文引，如無文引，必須擒拿送官。仍許諸人首告，得實者賞，縱容者同罪。」處刑的等級，「凡無文引私度關津者杖八十，若關不由門，津不由渡而越度者杖九十；若越度緣邊關塞者杖一百，徒三年；因而出外境者絞。」

軍和民的區別：「若軍、民出百里之外不給引者，軍以逃軍論，民以私度關津論。」這制度把軍、民的行動範圍限制在百里之內。路引是要向地方官請領的，請不到的，行動便不能出百里之外。

巡檢司只設在交通衝要去處，要全面地約束人民的行動，是辦不到的。於是里甲便被賦予輔助巡檢司，執行檢查的任務。洪武十九年朱元璋手令要「人民互相知丁」，知是瞭解情況的意思，他說：

> 誥出，凡人民鄰里互相知丁，互知務業，俱在里甲。縣、府、州務必周知。市村絕不許有逸夫。若或異四業而從釋道者戶下除名。凡有夫丁，除公占外，餘

皆四業，必然有效。

一，知丁之法，某民丁幾，受農業者幾，受士業者幾，受工業者幾，受商業者幾。且欲士者志於士，進學之時，師友某氏，習有所在，非社學則入縣學，非縣必州、府之學，此其所以知士丁之所在。已成之士為未成士之師，鄰里必知生徒之所在。庶幾出入可驗，無異為也。

一，農業者不出一里之間，朝出暮入，作息之道互知焉。

一，專工之業，遠行則引明所在，用工州里，往必知方，巨細作為，鄰里採知，巨者歸遲，細者歸疾，出入不難見也。

一，商本有巨微，貨有重輕，所趨遠近水陸，明於引間。歸期艱限，其業鄰里務必周知。若或經年無信，二載不歸，鄰里當覺（報告）之詢故。本戶若或托商在外非為，鄰里勿干。（本戶假託經商，在外邊做壞事，鄰里不負連帶責任。）

逸夫指的是無業遊民。法令規定里甲鄰里要負責逮捕逸夫，如不執行，要受連坐處分。

他接著說：

一里之間，百戶之內，仍有逸夫，里甲坐視，鄰里親戚不拿，其逸夫或於公門中，或在市閭裏，有犯非為，捕獲到官，逸夫處死，里甲四鄰化外之遷，的不虛示。

又強調告誡。

此誥一出，自京為始，遍布天下。一切臣民，朝出暮入，務必從容驗丁。市井人民舍客之際，辨人生理，驗人引目，生理是其本業，引目相符而無異，猶恐托業為名，暗有他為。雖然業與引合，又識重輕巨微貴賤，倘有輕重不倫，所齎微細，必假此而他故也，良民察焉。

異為、非為、他為、他故，都是朱元璋的法律術語，異為、非為是不軌、不法的意思，他為、他故是有秘密、有問題的意思。前一手令是里甲、鄰里互相知丁的義務和對逸夫的連坐法，後一手令則是專指流動人口的，特別是對手工業者和商人的。他的前輩彭瑩玉在淮西秘密傳教所引起的後果，對他來說是最現實的教訓。他接受了這個教訓，把路引制和里甲制結合在一起，對巡檢司起了輔助作用，也對反對封建統治的人們起了管制和鎮壓的作用。

要組織這樣的力量、機構，進行全國規模的調查、登記、發引、盤詰的工作，必須付出極大的努力和準備周密的計劃，以及必需的監督工作。差不多經過三十年的不斷鬥爭，朱元璋和他的助手們積累了豐富的經驗，把自己的統治機構，威懾力量，逐漸發展，鞏固，使之比前代更為完備。

第六章　社會生產力的發展

一、農業生產的恢復和發展

地主階級對於農民的殘酷的經濟剝削和政治壓迫，迫使農民多次地舉行起義，以反抗地主階級的統治。從秦朝的陳勝、吳廣、項羽、劉邦起，中經漢朝的新市，平林、赤眉、銅馬和黃巾，隋朝的李密、竇建德，唐朝的王仙芝、黃巢，宋朝的宋江、方臘，元朝的朱元璋，明朝的李自成，直至清朝的太平天國，總計大小數百次的起義，都是農民的反抗運動，都是農民的革命戰爭。中國歷史上的農民起義和農民戰爭的規模之大，是世界歷史上所僅見的。在中國封建社會裏，只有這種農民的階級鬥爭、農民的起義和農民的戰爭，才是歷史發展的真正動力。因為每一次較大的農民起義和農民戰爭的結果，都打擊了當時的封建統治，因而也就多少推動了社會生產力的發展。

明初社會生產力的發展是元末農民起義濃民戰爭的結果，它大大打擊了元末的大地主階級，並且大大地教訓了新統治者朱元璋，迫使他對農民做出了一些讓步。這些讓步的結果首先表現在農業生產的恢復和發展方面。

經過二十年長期戰爭的破壞，人口減少，田地荒蕪，是明朝初年的普遍現象。例如唐宋以來的南北交通要道、繁華勝地的揚州，為青軍（又名一片瓦、長槍軍，是地主軍隊）元帥張明鑒所據，軍隊搞不到糧食。

龍鳳三年，朱元璋部將繆大亨攻克揚州，張明鑒投降，城中居民僅餘十八家。新任知府以舊城虛曠難守，只好截西南一隅築而守之。如潁州，從元末韓咬兒在此起義以後，長期戰亂，民多逃亡，城野空虛。特別是山東、河南地區，受戰爭破壞最重，「多是無人之地」。洪武元年閏七月，大將軍徐達率師發汴梁，徇取河北州縣，「時兵革連年，道路皆榛塞，人煙斷絕。」有的地方，「積骸成丘，居民鮮少。」

洪武三年，濟南府知府陳修和司農官報告：「北方郡縣近城之地多荒蕪。」四年二月，大同衛指揮耿忠報告：「大同地邊沙漠，元季孛羅帖木兒、擴廓帖木兒等亂兵殺掠，城郭空虛，土地荒殘，累年租稅不入。」到洪武十五年，晉府長史致仕桂彥良還說：「中原為天下腹心，號膏腴之地，因人力不至，久致荒蕪。」

二十一年河北諸處，還是田多荒蕪，居民鮮少。南方許多地方情況也是如此，如三十年常德府武陵縣報告：「武陵等十縣，自丙午（公元一三六六年）兵興，人民逃散，長或復業，而土曠人稀，耕種者少，荒蕪者多。」

江西瑞金則因農民起義，戶口亡絕過半：「初民戶在籍者六千一百九十三戶，今亡絕過半，田多荒蕪，租稅無所從出。」名城開封，以戶糧數少，由上府降為下府。洪武十年，以河南，四川等布政司所屬州縣，戶糧多不及數，凡州改縣者十二，縣併者六十。十七年令凡民戶不滿三千戶的州改為縣者三十七。

租稅收入減少，勞動力嚴重不足，情況是很嚴重的。為了迅速改變這種殘破面貌，增加財政收入，朱元璋只能對農民做了讓步。吳元年五月下令，凡徐、宿、濠、泗、壽、邳、東海、襄陽、安陸等郡縣，及今後新附土地、人民、桑、麻，穀、粟、稅糧、傜役，盡行蠲免三年。讓老百姓喘一口氣，休息過來，把力量投入生產。以後新得的州縣，也採用這辦法，蠲免幾年的租稅和傜役。

他集中力量，振興農業，用移民屯田，開墾荒地的辦法調劑勞動力的不足；用興修水利，種植桑、棉的辦法，增加農業生產的收入；用官給耕牛種子，墾荒地減免三年租稅，遇災荒優免租糧等措施，解決農民的困難。此外，還設立了預備倉，養濟院等救濟機關。

他常說：「四民之中，農民最勞最苦。春天雞一叫就起床，趕牛下田耕種。插下秧子，得除草，得施肥，大太陽裏曬得汗水直流，勞碌得不成人樣。好容易巴到收割了，完糧納稅之外，剩不了多少。萬一碰上水旱蟲蝗災荒，全家著急，毫無辦法。可是國家的賦稅全是農民出的，當差做工也是農民分內的事，要使國家富強，必得讓農民安居樂業，才有可能。」

封建政權的財政收入，主要來自農村，糧食、棉花、布帛、勞動力都靠農民供給，農業生產如不恢復和發展，這個政權是支持不下去的。

移民的原則是把農民從窄鄉移到寬鄉，從人多田少的地方移到人少地廣的地方。

洪武三年六月，徙蘇州、松江、嘉興、湖州、杭州無業農民四千多戶到漳州種田，給牛具種子，三年不徵其稅。又移江南民十四萬戶於鳳陽。

九年十月徙山西及真定民無產者於鳳陽屯田。

十五年九月，遷廣東番禺、東莞、增城降民二萬四千四百餘人於泗州屯田。

十六年遷廣東清遠猺民一千三百七人於泗州屯田。以上皆為繁榮起義根據地及其附近的措施。

二十一年八月，以山東、山西人口日繁，遷山西澤、潞二州民之無田者往彰德、真定、臨清、歸德。太康諸處閒曠之地，置屯耕種。

二十二年以兩浙民眾地狹，務本者少而事末者多，命杭、湖、溫、台、蘇，松諸郡民無田者，許令往淮河迤南滁、和等處起耕。山西貧民徙居大名、廣平、東昌三府者，凡給田二萬六千七十二頃。

二十五年徙山東登、萊二府貧民五千六百三十五戶就耕於東昌。

二十七年遷蘇州府崇明縣無田民五百餘戶於昆山開種荒田。

二十八年青、兗、登、萊濟南五府民五丁以上及小民無田可耕者起赴東昌，編籍屯種，凡一千五十一戶，四千六百六十六口。

到二十八年十一月，東昌三府屯田遷民共五萬八千一百二十四戶，朝廷收租三百二十二萬五千九百八十餘石，棉花二百四十八萬斤。彰德等四府屯田凡三百八十一處，屯田租米二百三十三萬三千三百一十九石，棉花五百零二萬五千五百餘斤。

凡移民墾田都由朝廷給予耕牛、種子和路費。洪武三年定制，北方郡縣荒蕪田地，召鄉民無田者墾辟，戶給十五畝，又給地二畝種蔬菜，有餘力的不限頃畝，皆免三年租稅。其馬驛、巡檢司，急遞鋪應役者，各於本處開墾，無牛者官給之。若王國所在，近城存留五里以備練兵牧馬，餘處悉令開耕。

這一條法令使北方廣大無地少地的農民得到了田地，投入了生產，改變了這些地區的荒涼面貌，也改善了一部分人民的生活。為了解決土地的產權問題，又令凡開墾荒田，各處人民先因兵燹遺下田土，他人開墾成熟者聽為己業。業主已還，有司於附近荒田撥補。復業人民見（現）在丁少而原來田多者，不許依前占護，止許盡力耕墾為業。

見（現）今丁多而原來田少者，有司於附近荒田驗丁撥付。這條法令規定貧民墾熟的荒田即為己業，明確了產權，解除了開墾者的顧慮同時，原來逃亡在外的地主復業的，也只許依丁撥田，不許多占，這樣，就把戰前的地主產權整個否定了，是對舊地主階級的一個極大的打擊。

洪武二十四年令公侯大官以及民人，不問何處，惟犁到熟田，方許為主。但是荒田，俱係在官之數。若有餘力，聽其再開。把全國荒田都用法令規定為封建皇朝所有，只要有勞動力的就許報官開墾。又令山東概管農民，務見丁著役，限定田畝，著令耕種。敢有荒蕪田地流移者，全家遷發化外充軍。

二十八年令，二十七年以後新墾田地，不論多寡，俱不起科（收田租），若地方官增科擾害者治罪。鼓勵農民大力開墾。這一系列法令執行的結果，數量眾多的窮苦農民依法開墾了大量荒地，自耕農的數量大大增加了，元朝後期土地大量集中的情況改變了，這些地區的階級矛盾較之以前，也就大大緩和了。這就是上文所列舉的洪武一朝的農民起義，江南地區很多而北方很少的經濟原因。

也有從居庸關西北地區移民到內地屯墾的，如徐達平沙漠，徙北平山後民三萬五千八百餘戶散處諸府衛，充軍的給衣糧，為民的給田土。又以沙漠遷民三萬二千八百多戶屯田北平，置屯二百五十四，開地一千三百四十三頃。

此外，吳元年十月，徙蘇州富民到濠州居住，因為他們幫著張士誠拒守，還不斷說張王好話的緣故。洪武十五年命犯笞杖罪的犯人都送到滁州種苜蓿。二十二年命戶部起山東流民居京師，人賜鈔二十錠，俾營生業。二十八年徙直隸、浙江民二萬戶於京師，充倉腳夫。

朱元璋在攻克集慶後，便注意水利。到建國以後，越發重視，進行了一連串大規模的水利建設工程。

洪武元年修和州銅城堰閘，周回二百餘里。

四年修治廣西興安縣靈渠，可以溉田萬頃。

六年開上海胡家港，從海口到漕涇千二百餘丈，以通海船。

八年開山東登州蓬萊閣河，浚陝西涇陽縣洪渠堰，溉涇陽、三原、醴泉、高陵、臨潼田二百餘里。

九年修四川彭州都江堰。

十二年修陝西西安府甜水渠，引龍首渠水入城，居民從此才有甜水可吃。

十四年築江南海鹽海塘，浚揚州府官河。

十七年築河南磁州漳河決堤，決荊州嶽山壩以通水利，每年增官田租四千三百餘石。修江南江都縣深港壩河道。

十八年修築黃河、沁河漳河、衛河、沙河堤岸。

十九年築福建長樂海堤。

二十三年修江南崇明海門決堤二萬三千九百餘丈，役夫二十五萬人。疏四川永寧所轄水道。

二十四年修江南臨海橫山嶺水閘，寧海、奉化海堤四千三百餘丈，築上虞海堤四十丈，改建石閘。浚定海、鄞二縣東錢湖，溉田數萬頃。

二十五年鑿江南溧陽銀墅東壩河道四千三百餘丈，役大四十萬人。

二十七年浚山陽支家河，鑿通廣西部林州相隔二十多里的南北二江，設石陡諸閘。

二十九年修築河南洛堤。

三十一年修治洪渠堰，浚渠十萬三千餘丈。

這些規模巨大用人力到幾十萬人的工程，沒有統一的安定的全國力量的支持，是不可能設想的。除此而外，元璋還要全國各地地方官，凡是老百姓對水利的建議，必須即時報告。

洪武二十七年又特別囑咐工部官員，凡是陂塘湖堰可以蓄水泄水，防備旱災澇災的，都要根據地勢，一一修治。並派國子監生和稅戶人材到各地督修水利。二十八年綜計全國府縣開塘堰四萬九百八十七處。河四千一百六十二處，陂渠堤岸五千四十八處。

移民屯田，開墾荒地，承認自耕農開成熟地的產權，舊地主復業只能依丁撥田，和興修水利是增加穀物產量，增加皇朝租稅收入，強化國家機器的主要措施，也就是經過元末農民大起義的階級鬥爭以後，新皇朝不得不稍為對農民讓步的具體表現。

此外，朱元璋還特別著重經濟作物的增產，主要是桑、麻、木棉和棗、柿、栗、胡桃等等。龍鳳十一年六月下令，凡農民有田五畝到十畝的，栽桑、麻、木棉各半畝，十畝以上的加倍，田多的照比例遞加。地方官親自督視，不執行命令的處罰；不種桑的使出絹一匹，不種麻和木棉的出麻布或棉布一匹。

洪武元年又把這法令推廣到各地，並規定科徵之額，麻每畝科八兩，木棉每畝四兩，栽桑的四年以後再徵租。二十四年於南京朝陽門鍾山之麓，種桐、棕、漆樹五千餘萬株，歲收桐油棕漆，為修建海船之用。

二十五年令鳳陽、滁州、廬州、和州的農民，每戶種桑二百株，棗二百株，柿二百株。令全國衛所屯田軍士每人種桑百株，並隨地宜種柿、栗、胡桃等樹木，以備荒年。

二十七年令戶部教全國百姓務要多種桑、棗和棉花，並教以種植之法。每一戶初年種桑，棗二百株，次年四百株，三年六百株。多種棉花的免稅。栽種的數目都要造冊報告，違令的全家發遣充軍。

執行的情況，如湖廣布政司洪武二十八年的報告，所屬州縣已種果木八千四百三十九萬株。全國估計，當在十億株以上。

二十九年以湖廣諸府縣宜於種桑，而種之者少。命於淮安府及徐州取桑種二十石，派人送到辰、沅、靖、全、道、永、寶慶、衡州等處，各給一石，使其民種之，發展這一地區的蠶絲生產和絲織工業。為了保證命令的貫徹執行，下詔指出農桑為衣食之本，全國地方官考課，一定要報告農桑的成績，並規定二十六年以後栽種的桑、棗果樹，不論多少，都免賦稅。

把栽種經濟作物作為官吏考績的內容之一，違者降罰。又設置老人擊鼓勸農，每村置鼓一面，凡遇農種時月，五更擂鼓，眾人聞鼓下田，該管老人點閘（名）。若有懶惰不下田的，許老人責決，務要嚴切督並，見丁著業（每人都得幹活），毋容惰夫遊食。若是老人不肯勸督，農民窮窘，為非犯法到官，本鄉老人有罪。平時老人每月六次手持木鐸，遊行宣講勸農務本的道理。朱元璋還頒發教民榜文說：

今天下太平，百姓除糧差之外，別無差遣。各宜用心生理，以足衣食，如法栽種桑、麻、棗、柿、棉花，每歲養蠶，所得絲綿，可供衣服，棗、柿豐年可以賣鈔，儉年可當糧食。里老嘗督，違者治罪。

對農民吃飯穿衣問題的關切，從歷史上封建帝王加以比較，朱元璋是較為突出的。為了鼓勵農業生產，洪武元年下詔田器不得徵稅。四年，二十五年兩次派官員到廣東、湖廣、江西買耕牛以給中原屯種之民。二十八年，命鄉里小民或二十家或四五十家團為一社，每遇農急之時有疾病，則一社助其耕耘，庶田不荒蕪，民無饑窘。戶部以此意廣泛曉諭。各地方報告修城垣、建營房、浚河道、造王宮等工程，都反覆告以興作不違農時的道理，一定要在秋收農隙時興工。

對農業增產有成效的地方官，加以擢升：如太平知府范常積極鼓勵農民耕作，貸民種子數千石，到秋成得了大豐收，官民都庾廩充實。接著興學校，延師儒，百姓很喜歡。召為侍儀。陶安知饒州，田野開闢，百姓日子過得好，離任時，百姓拿他初來時情況比較，歌頌他：「千里榛蕪，侯來之初，萬姓耕辟，侯去之日。」南豐百姓也歌唱典史馮堅：「山市晴，山鳥鳴，商旅行，農夫耕，老瓦盆中洌酒盈，呼叫隳突不聞聲。」久經喪亂，生產凋敝的農村經濟逐步得到恢復了。

東南地區蘇，松、嘉、湖四府是盛產糧食的穀倉，但是租稅特別重，自耕農負擔不了。洪武七年五月下令減租，如畝稅七斗五升者除其半，以蘇民力。

十三年三月又減了一次，舊額畝科七斗五升至四斗四升者減十之二，四斗三升至三斗六升者俱止徵三斗五升，以下仍舊。凡各地鬧水災旱災歉收的，蠲免租稅。豐年無災荒，也擇地瘠民貧的地方特別優免。災重的除免交二稅之外，還由官府貸米，或賑米，布和鈔。

各地設預備倉，由地方耆老經管，存貯糧食以備救災。設惠民藥局，凡軍民之貧病者，給以醫藥。設養濟院，貧民不能生活的許入院贍養。月給米三斗，薪三十斤，冬夏布一匹，小口給三之二。災傷州縣，如地方官不報告的，特許耆民申訴，處地方官以死刑。二十六年又令戶部，授權給地方官，在饑荒年分，得先發庫存米糧賑濟，事後呈報，立為永制。

三十多年來，賞賜民間布、鈔數百萬，米百多萬石，蠲免租稅數量也很大。但是這些措施都有其局限性，因為政權是屬地主階級的，蠲免、減少租額，受益最多的是地主，貧雇農是沒有份的。預備倉、惠民藥局、養濟院等公益機構也掌握在地主的手裏，他們用以假公濟私，貪污剝削，名義上是為了貧苦人民，實質上是起不了多大作用的。

元朝蒙漢地主階級的聯合統治，帶來了落後的奴隸制度，驅、奴的數量很大，大量的勞動力被掌握在私人手裏，這對農業生產是非常不利的。

在元末長期戰爭中，也有不少丁壯被迫為奴隸。紅軍起義以後，打擊的矛頭針對著蒙、漢地主，這一批地主被消滅了，所役使的大量奴隸也得到了解放；有些奴隸參加了革命鬥爭，從而改變了階級成分，當時詩人貝瓊有幾句詩說明了這種情況：

> 海岱初雲擾，荊蠻遂土崩，王公甘久辱，奴僕盡同升。

王公久辱，奴僕同升，正是階級鬥爭所取得的勝利成果。面對這種社會變革的新形勢，朱元璋的立場是矛盾的，為了掌握更多的勞動力，有利於農業生產的發展，他下令解放奴隸，洪武五年五月下詔：「曩者兵亂，人民流散，因而為人奴隸者即日放還，復為民。」這個命令是指著全國說的，因之而得到「為民」權利的人數是很多的。這件事在整個歷史發展說，是具有進步意義的。

此後，他也曾下令由朝廷代為贖還因饑荒典賣的男女，如洪武十九年八月，河南布政使司報告，收贖開封等府民間典賣男女凡二百七十四口，計鈔一千九百六十餘錠。便是一例。同時，他還立下法令，不許庶民蓄奴，《明律》規定：「庶民之家，存養奴婢者，杖一百，即放為良。」「福建兩廣等處，有豪戶閹割人驅使者，以閹割抵罪，沒官為奴。」庶民不許蓄奴，奴隸的數量當然大大減少了。但是，他是地主階級利益的代表人，貴族、官僚、鄉紳的蓄奴權利，則是被法律承認、保護的。

他解放了一大批奴隸，並且不許庶民蓄養奴隸，是為了爭取更多的農業生產勞動力，同時又肯定了地主階級蓄養奴隸的合法地位，則是為了保護自己本階級的利益。對僧道的政策也是從農業生產出發的，儘管他自己當過和尚，做了皇帝以後，卻用法令限制僧道數量的發展。

洪武六年十二月，他認為釋老教行，僧道日多，蠹財耗民，莫此為甚。下令全國府、州，縣止存大觀、寺一，僧道並處之。非有戒行通經典者不得請給度牒。又禁女子年四十以下為尼者。十七年全國僧道數二萬九百五十四人，他以為太多了，其中有很大一部分是為了逃避差役的，規定三年一次出給度牒，嚴加考試。

二十年八月做了更嚴格的規定：「民年二十以上者不許落髮為僧。年二十以下者來請度牒，俱令於在京諸寺試事三年，考其廉潔無過者，始度為僧。」

二十七年正月，又命禮部榜示全國：「僧道有妻妾者，諸人許捶逐，相容隱者罪之。願還俗者聽。亦不許收民兒童為僧，違者並兒童父母皆坐以罪。年二十以上願為僧者，亦須父母具告，有司奏聞，方許，三年後赴京考試，通經典者始給度牒，不通者杖為民。」

二十八年十月，以全國僧道數多，皆不務本教，令赴京考試，不通經典的一律開除。年六十以上的免試。規定一步步加嚴，僧道的數目比元朝大大地減少了，用於僧道的朝廷和民間的費用，也大大地減少了，農業生產勞動力相應地增加了。並且，僧道從此不許有妻有妾，和世俗人民有了顯著的區別了。

幾十年比較安定的生活，休養生息，積極鼓勵生產，解放勞動力的結果，社會生產力不但恢復了，而且大大發展了。第一表現在墾田數目的增加，以洪武元年到十三年的逐年增加的墾田數目為例：

洪武元年	七百七十餘頃
二年	八百九十八頃
三年	二千一百三十五頃（山東、河南、江西的數字）
四年	十萬六千六百六十二頃
六年	三十五萬三千九百八十頃

七年	九十二萬一千一百二十四頃
八年	六萬二千三百八頃
九年	二萬七千五百六十四頃
十年	一千五百十三頃
十二年	二十七萬三千一百四頃
十三年	五萬三千九百三十一頃

十三年中增加的墾田數字為一百八十萬三千一百七十一頃。到洪武十四年，全國官民田總數為三百六十六萬七千七百一十五頃。十三年來增墾面積的數字占十四年全國官民田總數的二分之一。由此可知洪武元年的全國已墾田面積不過一百八十多萬頃（不包括東北、西北未定地方和夏的領土四川和雲南，貴州等地），荒廢田地的數量是極為巨大的。

再過十年，洪武二十四年的全國已墾田數字為三百八十七萬四千七百四十六頃。經過多年的墾辟，更重要是經過大規模的田地丈量，被地主豪強所隱匿的田地大量地被清理出來了，只隔兩年時間，洪武二十六年的全國已墾田數字就激增到八百五十萬七千六百二十三頃。比十四年的數字又增加了四百八十四萬頃，比洪武元年則增加了六百七十萬頃，將近增加四倍。按全國人口平均計算，每人約有耕地十六七畝。

第二表現在各地稅糧收入的增加，洪武十八年全國收入麥，米、豆、穀二千八十八萬九千六百一十七石。二十三年為三千一百六十萬七千六百石。二十四年為三千二百二十七萬八千九百八十三石。二十六年為三千二百七十八萬九千八百石。二十六年比十八年增加了三分之一的收入。

和元代全國歲入糧數一千二百十一萬四千七百餘石相比，增加了差不多兩倍。歷史家記述這時期生產發展的情況說：「是時宇內富庶，賦入盈羨，米粟自輸京師數百萬石外，府縣倉廩蓄積甚豐，至紅腐不可食。歲歉，有司往往先發粟賑貸，然後以聞。」

這個敘述並不誇大，有實例作證，例如洪武二十年七月，守大寧前軍都督僉事商暠報告：「所築大寧等四城，見貯糧粟，大寧三十一萬石，松亭關五十八萬石，會州二十五萬石，足供數年邊用。」

又如洪武二十八年九月戶部尚書郁新報告：「山東濟南府廣儲、廣豐二倉糧七十五萬七千石有奇，止給臨清訓練軍士月糧，……二倉蓄積既多，歲久紅腐，……其今年秋糧宜折棉布，以備給賜。」可見「蓄積甚豐」，是有事實根據的。

第三表現在人口數字的增加，洪武十四年統計，全國有戶一千六十五萬四千三百六十二，口五千九百八十七萬三千三百五。二十六年的數字為戶一千六百五萬二千八百六十，口六千五十四萬五千八百十二。比之元朝極盛時期，元世祖時代的戶口：戶一千六十三萬三千二百八十一，口五千三百六十五萬四千三百三十七，戶增加了三百四十萬，口增加了七百萬。

第四表現在府縣的升格，明朝制度以稅糧收入多少定府縣等級：縣分上中下三等，標準為田賦十萬石、六萬石、三萬石以下。府也分三等，標準為田賦二十萬石以上、以下、十萬石以下。從洪武八年起，因為各地方農業經濟的恢復和發展，墾田和戶口的增加，田賦收入增加了，不斷地把一些府縣升格，飼如開封原為下府，因為稅糧數超過三十八萬石，八年正月升為上府。

河南懷慶府稅糧增加到十五萬石，陝西平涼府戶口田賦都有所增加，三月升為中府。十二月以太原、鳳陽、河南、西安歲收糧增加，升為上府，揚州、鞏昌、慶陽升為中府，明州之鄞縣升為上縣等等。

揚州殘破情況最為嚴重，只經過八年時間，已經恢復到歲收田賦二十萬石下的中府了，從這個名城的恢復，可以推知全國各地社會生產力的恢復和發展的情況。

第五由於糧食的增產，特別是經濟作物桑、麻、棉花和果木的普遍種植，農民的收入比過去時代有了一些增加，生活比起那蒙漢地主聯合統治時代好了一些，比之戰爭年代就更不用說了，當然社會購買力也相應提高了。

農業生產的恢復和發展，一方面為紡織工業提供了原料，一方面農民所增加的購買力又促進刺激了商業市場的繁榮，出現了許多以絲織、棉布紡織工業為中心和批發綢緞棉布行號的城市。

二、棉花的普遍種植和工商業

棉布傳入中國很早，南北朝時從南洋諸國輸入，稱為吉貝、白疊。國內西北高昌（今新疆吐魯番）產棉，唐滅高昌，置西州交河郡，土貢氎布，氎布就是白疊。宋、元間已有若干地區種棉了，但是在全國規模內普遍種植和紡織技術的提高，則是明朝初年的事情。

在明朝以前，平民穿的是布衣，這布衣指的是麻布的衣服。冬衣南方多用絲綿做袍，北方多用毛皮做裘。雖然也有用棉布做衣服臥具的，但因為「不自本土所產，不能足用。」唐人元稹詩：「木綿溫暖當棉衣。」元太祖，世祖遺衣皆縑素木綿，動加補綴。宋人謝枋得詩：「潔白如雪積，麗密過錦純，羔縫不足貴，狐腋難比倫。……剪裁為大裘，窮冬勝三春。」可見棉布到宋朝末年還是很珍貴的物品。

宋朝福建、廣東的一些地區已經有人種棉花了。瓊州是那時候的一個手工紡織業中心，當地婦女以吉貝織為衣衾，是黎族的主要副業生產。元朝從西域輸入棉花種子，試種於陝西，拈織毛絲，或棉裝衣服，特為輕暖。滅南宋後，浙東、江東、江西、湖廣諸地區也提倡棉花的種植，生產量增加了一些，棉布成為商品，服用的人也就多起來了。

至元二十六年（公元一二八九年）四月置浙東、江東、江西、湖廣、福建木綿提舉司，責令當地人民每年輸納木綿布十萬匹，以都提舉司總之。二十八年五月罷江南六提舉司歲輸木綿。成宗元貞二年（公元一二九六年）始定江南夏稅輸以木綿布絹絲綿等物。

由於種棉面積的增加，種植和紡織的技術需要總結和交流，元世祖至元十年司農司編印《農桑輯要》這部書，以專門篇幅記棉花的種植方法。紡績的工具和技術由於各地方勞動人民的創造和交流，日益進步。據十二世紀八十年代向的記載，雷、化、廉州、南海黎峒的少數民族，採集棉花後，「取其茸絮，以鐵筋輾去其子，即以手握茸就紡。」稍後的記載提到去子後，「徐以小弓彈令紛起，然後紡績為布。」

到十三世紀中期，詩人描寫紡績情形說：「車轉輕雷秋紡雪，弓彎半月夜彈雲。」紡織工具已經有了紡車、彈弓和織機了。江南地區的織工，「以鐵鋌輾去其核，取如綿者，以竹為小弓，長尺四五寸許，牽弦以彈綿，令其勻細，卷為小筒，就車紡之，自然抽緒如繅絲狀。」但是所織的布，不如閩、廣出產的麗密。瓊州黎族人民所織的布，上出細字，雜花卉，尤為工巧。

黃河流域主要陝西地區的紡織工具和技術都比較簡陋，只有輾去棉子的鐵杖和木板，棉花的用途只是拈織粗棉線和裝製冬衣。一直到十三世紀末年，松江烏泥涇的農民，因為當地土地磽瘠，糧食不夠，搞副業生產，從閩、廣輸入棉花種子，但是還沒有蹈車、椎弓這些工具，只能用手剖去棉子，用線弦竹弧彈制，工具和技術都很落後，產品質量不高，人民生活還是很艱苦。

元成宗元貞年間（公元一二九五—一二九六年），烏泥涇人黃道婆從瓊州附海舶回到故鄉，她從小就在瓊州旅居，帶回來瓊州黎族人民的先進紡織工具和技術，教會家鄉婦女做造、捍、彈、紡、織之具，和錯紗、配色、綜線、絜花的技術，織成被褥帶帨，其上折枝、團鳳、棋局、字樣，粲然若寫。一時烏泥涇所製之被成為暢銷商品，名揚遠近，當地人民由於有了這樣一種大受歡迎的農村副業，生活水平大大提高了，靠紡織生活的有一千多家。詩人歌詠她：「崖州（瓊州）布被五色繅，組霧紃雲粲花草，片帆鯨海得風回，千柚烏涇奪天造。」

當地婦女參加紡織生產的情形，詩人描寫：

烏涇婦女攻紡績，木綿布經三百尺。
一身主宰身窩低，十口勤勞指頭直。

到了明朝初年，不但江南地區的農村婦女普遍參加紡績勞動，連有些地主家庭的婦女，也搞起副業生產，紡紗績布，以給一歲衣資之用了。松江從此成為明代出產棉布的中心，「其布之麗密，他方莫並。」產品暢銷全國，「衣被天下。」松江稅糧，宋朝紹興時只有十八萬石，到明朝增加到九十七萬石，其他雜費又相當於正賦，負擔特別重，主要是依靠紡織工業的收入，「上供賦稅，下給俯仰。」

黃道婆傳入瓊州製棉工具和技術之後二十年，王禎所著《農書》，列舉製棉工具有：一，攪車即蹈車，是去棉子用的；二，彈弓，長四尺許，弓身以竹為之，弦用繩子；三，卷筵，用無節竹條擀棉花成筒；四，紡車；五，撥車，棉紗加漿後稍乾撥於車上；六，軖車，用以分絡棉線；七，線架。到元末又有了檀木製的椎子，用以擊弦。生產工具更加完備和提高了，為明代紡織工業的發展準備了工具和技術條件。

朱元璋起事的地區，正是元代的種植棉花中心之一。滅東吳後，又取得東南綿紡織業中心的松江，原料和技術都有了基礎，使他深信推廣植棉是增加農民副業收入和皇朝財政收入的有效措施。龍鳳十一年下令每戶農民必須種木棉半畝，田多的加倍。

洪武元年又把這一法令推廣到政令所及的一切地區。由於這個法令是具有強制性質的，是符合農民發展生產，提高生活水平要求的，種植棉花從此成為全國性的事業，紡織技術水平也由於千百萬人的實踐而不斷提高，到明代中葉以後，棉布成為全國流通的商品，成為人民普遍服用的服裝原料，人不論貴賤，地不分南北，都以棉花棉布做衣服禦寒，百人之中止有一人用繭綿，其餘都用棉布。過去時代人穿的縕袍，用舊絮裝的冬衣，被用木棉裝的胖襖所代替了。

過去時代叫沒有做官的平民為布衣，那布衣是麻布，現在卻指的是棉布了。就全國而論，北方河南、河北氣候宜於植棉，地廣人稀，種植棉花的面積最大，是原料的供給中心。南方特別是長江三角洲一帶，蘇州、松江、杭州等地的農民紡績技術較高，是棉紡織工業的中心。這樣又形成了原料和成品的交流情況，原棉由北而南，棉布由南而北。商業市場也擴大了，棉花的普遍種植從經濟上把南方和北方更緊密地聯繫起來了。

明初除了松江之外，另一棉紡織業中心是杭州。松江的棉紡織業只是農民的副業，主要勞動者是農村家庭婦女，是不脫離農業生產，也不離開家庭個體，分散地進行生產的。這種情況可以概括其他地區，具有普遍性質。但是在杭州，卻出現了新的生產組織，由於簡單商品經濟的發展，杭州出現了置備生產工具和原料的大作坊主，和除雙手以外一無所有出賣勞動力的手工業工人。

大作坊主雇用手工業工人，每天工作到夜二鼓，計日給工資。這種新的剝削制度的出現，正表示著社會內部新的階級的孕育，這樣，除了封建地主對農民的剝削以外，又產生了大作坊主對手工業工人的剝削關係。

明朝初年曾經做過杭州府學教授的徐一夔所寫的《織工對》一文，典型地記述了這種新現象：「錢塘（杭州）相安里有饒於財者，率居工以織，每夜至二鼓。老屋將壓，機杼四五具南北向，列工十數人，手提足蹴，皆蒼然無神色。日傭為錢二百緡，衣食於主人。以日之所入，養父母妻子，雖食無甘美而亦不甚饑寒。於凡織作，咸極精緻，為時所尚。故主之聚易以售，而傭之直亦易以入。有同業者傭於他家，受直略相似。久之，乃曰：吾藝固過於人，而受直與眾工等，當求倍直者而為之傭。已而他家果倍其直。傭之主者閱其織果異於人，他工見其藝精，亦頗推之。主者退自喜曰：得一工勝十工，倍其直不吝也。」

由此可見，元朝末年和明朝初年手工業大作坊的一般情況。值得注意的是：在同一里巷，有若干同一行業的大作坊，大作坊主同時也是商人；從個體生產到大作坊的集體生產，有了單純協作，出品精緻暢銷，經營這種大作坊有利可圖，大作坊主很賺錢；大作坊多了，付給技術高的工人工資雖為一般工人工資的兩倍，但大作坊主仍可得到五倍的剩餘價值。

手工業工人雖然工時很長，很勞苦，但是因為別無出路，幹這行業可以「不甚饑寒」，也就願意出賣勞動力。更重要的是這些手工業工人的人身是自由的，可以從這一作坊轉到另一工資較高的作坊做工，和過去封建制的工人，沒有人身自由的有著根本的差別。

從「日傭為錢二百緡」來看，工資發的是鈔，二百緡數目很大，明朝初年大明寶鈔的實值很高，這裏指的一定是元鈔，數目大而實值極小，文中所描述的情況雖是元朝末年的事情，明朝初年也應該是同樣情況。

棉花棉布的生產量大大增加，皇朝的稅收也隨之增加了。以稅收形式繳給國庫的棉花棉布，成為供給軍隊的主要物資，和必要時交換其他軍需物資的貨幣代用品了。

洪武四年七月詔中書省：「自今凡賞賜軍士，無妻子者給戰襖一襲；有妻子者給棉布二匹。」每年例賞，如洪武二年六月以木棉戰襖十一萬賜北征軍士。四年七月，賜長淮衛軍士棉布人二匹，在京軍士十九萬四百餘人棉布人二匹。十二年給陝西都指揮使司並護衛兵十九萬六千七百餘人棉布五十四萬餘匹，棉花十萬三千三百餘斤。北平都指揮使司衛所士卒十萬五千六百餘人布二十七萬八千餘匹，棉花五萬四千六百餘斤。

十三年賜遼東諸衛士卒十萬二千一百二十八人，棉布四十三萬四百餘匹，棉花十七萬斤。十六年給四川等都司所屬士卒五十二萬四千餘人棉布九十六萬一千四百餘匹，棉花三十六萬七千餘斤。十八年給遼東軍士棉布二十五萬匹，北平、燕山等衛棉布四十四萬三千匹，太原諸衛士卒棉布四十八萬匹等等。平均每年只賞賜軍衣棉布一項已在一百萬匹上下。

用作交換物資的如洪武四年七月以北平，山西運糧困難，以白銀三十萬兩，棉布十萬匹，就附近府縣易米，以給將士。又以遼東軍衛缺馬，發山東棉布貰馬給之。十三年一月，以四川白渡、納溪的鹽換棉布，遣使入「西羌」買馬。十七年七月詔戶部以棉布往貴州換馬，得馬一千三百匹。

三十年以棉布九萬九千匹往「西番」換馬一千五百六十匹。皇族每年供給，洪武九年規定，親王冬夏布各一千匹，郡王冬夏布各一百匹。在特殊需要的情況下，臨時命令以秋糧改折棉布，如六年九月詔直隸府州和浙江、江西二行省，今年秋糧以棉布代輸，以給邊戍。從這些具體史實，可以看到洪武時代棉紡織業發展的概況。

朱元璋對種植棉花極力提倡、推廣，對採冶工業卻採取聽任人民自由開採的方針。磁州臨水鎮產鐵，元朝曾在此地設置鐵冶，爐丁萬五千戶，每年收鐵百餘萬斤。洪武十五年有人建議重新開採，元璋以為利不在官則在民，民得其利則利源通而有利於官，官專其利則利源塞而必損於民。而且各地鐵冶鐵數尚多，軍需不缺，若再開採，必然擾民。把建議人打了一頓，流放海外。

濟南、青州、萊州三府每年役民二千六百六十戶，採鉛三十二萬三千多斤，以鑿山深而得鉛少，也命罷採。十八年以勞民罷各布政司煎煉鐵冶。二十五年重設各處鐵冶，到二十八年內庫貯鐵三千七百四十三萬斤，軍需後備物資已經十分充足，又命罷各處鐵冶。並允許人民自由採煉，歲輸課程，每三十分取其二。三十一年以內庫所貯鐵有限，而營造所費甚多，又命重開鐵冶。

綜計洪武時代設置的鐵冶所，江西進賢、新喻、分宜，湖廣興國、黃梅，山東萊蕪，廣東陽山，陝西鞏昌，山西交城、吉州、太原、澤、潞，共十三所。此外還有河南均州，新安，四川蒲江，湖廣茶陵等冶，每年輸鐵一千八百四十餘萬斤。由於允許人民自由開採礦冶，明代的民間採冶工業有了蓬勃的開展，鐵、銅、鉛、錫等礦產數量增加了，對於其他工業起了推進作用。

宮廷和軍隊所需的一切物品，都由匠戶製造。匠戶是元明兩代的一種特殊制度，元朝把有技藝的工匠俘獲，徵調編為匠戶，子孫世襲，分為民匠、軍匠二種，數量很大。明初匠戶的戶籍，依據元代的舊籍，不許變動。

洪武十一年五月，命工部凡在京工匠赴工者，月給薪水鹽蔬，休工者停給，聽其營生勿拘。准許休工時期的匠戶，可以自由經營生產，解放了一部分勞動力，對民間手工業的發展起了有益的作用。十九年又制定工匠輪班的法令。

原來工部議定，各地匠戶，驗其丁力，定以三年為班，更番赴京輪作三月，如期交代，名曰輪班。商量好了，沒有執行。這時工部侍郎秦逵又再次提出，量地遠近，以為班次，編定簿籍，給以勘合（合同文書），匠戶到期帶勘合到工部服役，皇朝則蠲免應役匠戶家裏的徭役，以為補償。這樣一來，外地匠戶每三年只須到京服役三個月，而且還可以免掉家裏應服的徭役，匠戶對皇朝的負擔大大地減輕了，人人歡喜。

二十六年，規定每三年或二年輪班到京役作的匠戶名額為二十三萬二千八十九名。由工部管轄。固定做工的叫住坐匠戶，由內府內官監管轄。軍匠大部分分屬各地衛所，一部分屬內府兵仗局，軍器局和工部的盔甲廠。屬各地衛所的軍匠總數二萬六千戶。每戶正匠做工，得免雜差，仍免家內一丁以幫貼應役。餘丁每年出辦（繳納）工食銀三錢，以備各衙門因公務取役雇覓之用。住坐正匠每月工作十天，月糧由公家支給。正匠每月有二十天可以為自己生產，比元朝一代的負擔減去三分之二。

在這個制度下，無論輪班匠還是住坐匠都只有一部分時間應役，大部分時間可以參加社會上的生產，二十幾萬有專門技藝的工匠以大部分時間投入社會生產，對這個時代的手工業發展，無疑地是起了巨大的作用的。

輪班匠包括六十二行匠人。後來又細分為一百八十八種行業，從箋紙、裱褙，刷印，刊字、鐵匠、銷金、木、瓦、油、漆，象牙、紡棉花，到神箭，火藥等等，每種人數由一人到八百七十五人不等。內廷有織染局，神帛房，和後湖（今南京玄武湖）織造局，四川、山西諸行省和浙江紹興織染局，規模都較大。留在地方的匠戶除執役於本地織染局以外，如永平府就有銀、鐵、鑄鐵、錫、釘鉸、穿甲等二十二行。

匠戶人數多，分工細，凡是宮廷和軍隊所需用的手工業製造品，都由匠戶執役的官手工業工場的各局製造供給。這種落後的奴隸制度的生產，使得消費量最大的宮廷和軍隊，不需倚靠市場，便可得到滿足，同時，它所生產的成品，也不在市場流通，這樣，就直接對社會上的私人手工業作坊的擴大生產起了束縛和阻礙的作用，延緩了社會的向前進展。

並且，官手工業工場的生產，是不須計較成本的，因為一切勞動力和原料都可以向人民無代價徵發或由全國各地以貢品的方式供應，不受任何限制，官手工業工場的產品即使有部分作為商品流入市場，私人手工業作坊的產品也不能和它競爭。

在另一方面，自元初以來，把技術最好的工人簽發為匠戶，子孫世襲，連技術也被宮廷壟斷了，私人手工業作坊所能雇用的只是一般工人，技術提高受到了一定的限制。

明初把匠戶分作住坐、輪班兩種，輪班的除分班定期輪流應役以外，其餘的時間歸自己支配，住坐的也有三分之二的時間歸自己支配，製成的產品可以在市場出售，對於市場商品的擴大，技術的交流和改進，都發生了一定的刺激作用。以此，明初對匠戶生產力的解放儘管是不徹底的，但比之元朝的奴隸制生產，卻是一個大大的進步，有其積極意義。

另一方面，因為解放是不徹底的，還保留著部分的變相奴隸制勞動，這種無償的強制的勞役，不能不引起匠戶的反抗，除了逃亡之外，唯一可以採取的手段便是怠工和故意把成品質量降低。以此，匠戶制度束縛和阻礙生產技術的不斷提高；妨礙私人手工業工場的發展；隔絕商品的流通，對社會生產力的發展和原始資本的積累都是起著扼制，停滯的消極作用，我國封建社會的長期停滯，止足不前，看來匠戶制度是要負一些責任的。

對於商業，朱元璋也十分重視，遠在和張士誠對峙時期，便派遣專人到敵境做買賣：「兩淮、浙鹽場俱係張士誠地面，元璋以軍民食鹽難得，令樞密院經歷司給批與將官家人，駕船往高駄沙界首，以貨易鹽，到京貨賣軍民食用。後得諸暨，於唐口關立抽分所，得處州於吳渡立抽分所，許令外境客商就兩界首買賣。於是紹興、溫州客人用船載鹽於唐口、吳渡交易，抽到鹽貨，變作銀兩，及買白藤琉黃等物以資國用。」

平陳友諒後，在江西，湖廣設官辦課（稅），每年得谷一百餘萬石。平張士誠、方國珍後，在浙江及直隸府州設官店，設官收課。在江州設茶運司，抽取茶稅。規定凡商稅二十分取一，過此者以違令論。稅收機構在京為宣課司，府縣為通課司。

洪武元年詔中書省，命在京兵馬指揮司並管市司，三日一次校勘街市斛斗秤尺，稽考牙儈姓名，規定物價。在外府州各城門兵馬，一體兼管市司。十三年諭戶部，自今軍民嫁娶喪葬之物，舟車絲布之類都不徵稅。並大量裁減稅課司局三百六十四處。南京人口密集，軍民住宅連廊櫛比，沒有空地，商人貨物到京無處存放，有的停在船上，有的寄放城外，牙儈從中把持價格，商人極以為苦。

元璋瞭解這情況以後，就叫人在三山門等門外，蓋了幾十座房子，叫做塌坊，專存商貨，上了稅後聽其自相貿易。並禁止對貧民負販的科稅。為了繁榮市面，二十七年命工部建十五座樓房於江東諸門之外，令民設酒肆其間，以接四方賓客，名為鶴鳴、醉仙、謳歌、鼓腹、來賓、重譯等等。修好後還拿出一筆錢，讓文武百官大宴於醉仙樓，慶祝天下太平。

棉花的普遍種植，棉布質量的不斷提高，工資制手工業作坊的出現，新的蠶絲紡織工業區的開闢，輪班匠住坐匠的產品和技術的投入市場等等，加上稅收機構的減縮和輕稅，保護商業政策的刺激，商業市場大大活躍了，不但聯繫了南方和北方，也聯繫了城市和鄉村以及邊遠地區，繁榮了經濟，在一定程度上改善了提高了人民的生活，進一步加強了國家的統一。

商品的生產和吐納的中心，手工業作坊和批發行號的所在地，集中著數量相當巨大的後備手工業工人和小商攤販，城市人口劇烈地增加了。

明初的工商業城市有南京、北平、蘇州、松江、鎮江、淮安、常州、揚州、儀真、杭州、嘉興、湖州、福州、建寧、武昌、荊州、南昌、吉安、臨江、清江、廣州、開封、濟南、濟寧、德州、臨清、桂林、太原、平陽、蒲州、成都、重慶、瀘州等地。

隨著農業生產的恢復和發展，工商業的活躍，作為貿易媒介的全國統一貨幣的需要是愈來愈迫切了。

在朱元璋稱王以前，元朝的不兌現紙幣中統交鈔因為發行過多，軍儲供給，賞賜犒勞，每日印造，不可數計，舟車裝運，舳艫相接，發生了通貨膨脹的嚴重危機，京師用鈔十錠（一錠為五十貫，一貫鈔的法定價格原為銅錢一千文）換不到一斗米。

至正十六年中統交鈔已為民間所拒用，交易都不用鈔，所在府縣都以物貨相交易。十七年鑄至正之寶大錢五品稱為權鈔，以硬幣代替紙幣，由於第一不能兌現，第二也沒有儲備相當物資來交換，結果紙幣也罷，大錢代鈔也罷，人民一概不要。人民嘲笑權鈔，歌謠中說：「人吃人，鈔買鈔，何曾見？」

朱元璋占了集慶以後，首先鑄造大中通寶錢，以四百文為一貫，四十文為一兩，四文為一錢。平陳友諒後，命江西行省置貨泉局。即帝位後，發行洪武通寶錢，分五等：當十，當五，當三，當二，當一。當十錢重一兩，當一錢重一錢。在應天置寶源局，各行省都設寶泉局，專管鑄錢，嚴禁私鑄。

洪武四年改鑄大中、洪武通寶大錢為小錢，雖然有了統一的貨幣，但是銅錢分量重，價值低，不便於數量較大的貿易，也不便於遠地轉運，並且，商人用鈔已經有了長期的歷史，成為習慣了，用錢感覺不方便，很有意見。

因為銅錢不便於數量較大的貿易，便決定發行紙幣。洪武七年設寶鈔提舉司，下設抄紙、印鈔二局，寶鈔、行用二庫。八年命中書省造大明寶鈔，以桑穰為紙料，紙質青色，高一尺，廣六寸，外為龍文花欄，上橫額題「大明通行寶鈔」，其內上欄之兩旁各篆文四字，右旁篆「大明寶鈔」，左旁篆「天下通行。」

其中圖繪錢貫形狀，以十串為貫，標明幣值一貫，下欄是「中書省（洪武十三年後改為戶部）奉准印造大明寶鈔，與銅錢通行使用，偽造者斬，告捕者賞銀二十五兩（十三年後改為賞銀二百五十兩），仍給犯人財產，洪武年月日」。背和面都加蓋朱印。一貫的畫錢十串，五百文的畫五串，以下是四百文、三百文、二百文、一百文，共六種。規定每鈔一貫准錢千文，銀一兩。四貫准黃金一兩。二十一年加造從十文到五十文的小鈔。

為了保證大明寶鈔的流通，在發行時就以法律禁止民間不得以金銀物貨交易，違者治罪，告發者就以其物給賞。人民只准以金銀向朝廷掉換寶鈔，並規定商稅錢鈔兼收，比例為收錢十分之三，收鈔十分之七，一百文以下的只收銅錢。在外衛所軍士每月食鹽給鈔，各鹽場給工本鈔。十八年命戶部凡天下官祿米以鈔代給，每米一石給鈔二貫五百文。

大明寶鈔的發行是適應當時人民需要的，對商業的繁榮起了作用。但是朱元璋照樣抄襲了元朝的鈔法，他只學了元朝後期中統鈔崩潰時期的辦法，沒有懂得元朝前期鈔法之所以能夠通行，受到廣大人民喜愛的道理。

原來元朝初年行鈔，第一，有金銀和絲為鈔本（準備金），各路無鈔本的不發新鈔；第二，印造有定額，計算全國商稅收入的金銀和爛鈔兌換數量作為發行額數；第三，朝廷有收有放，丁賦和商稅都收鈔；第四，持鈔人隨時可以向鈔庫兌換等值的金銀。相反，元朝後期鈔法之所潰崩，是因為把鈔本動用光了；無限制濫發造成惡性通貨膨脹；只發行不收回；不能兌換金銀；爛鈔不能換新鈔。

洪武鈔法以元朝後期鈔法作依據，因之，雖然初行的幾年，由於發行數量少，行用方便和習慣，還能保持和物價的一定比例，但是後來由於回收受限制，發行額沒有限制，發行過多，收回過少，不兌現紙幣充斥於市場，幣值便不能維持了。

洪武寶鈔發行的情況，以洪武十八年二月二十五日到十二月止為例，寶鈔提舉司鈔匠五百八十名所造鈔共九百九十四萬六千五百九十九錠。明朝以鈔五貫為一錠，這一年的發行額約為五千萬貫，合銀五千萬兩。明初國庫銀的收入，每年不過幾萬兩，一年的寶鈔發行額竟相當於銀的收入一千倍左右，加上以前歷年所發，差距就更大了。

更由於印製的簡陋，容易作假，偽鈔大量投入市場，幣值就越發低落了。二十三年兩浙市民以鈔一貫折錢二百五十文，二十七年降到折錢一百六十文。到三十年杭州諸府商賈，不論貨物貴賤，一律以金銀定價，索性不用寶鈔了。

朱元璋很著急，三番五次地下令申明鈔一貫應折錢一千文；舊鈔可以換新鈔；禁用銅錢；禁用金銀交易等措施，還是不濟事，鈔值還是日益低落，不被人民所歡迎。到成化時（公元一四六五年—一四八七年）洪武錢民間全不通行，洪武寶鈔只在官府間流轉，一貫僅值銀三厘，或錢二文，跌到原來法定價格的千分之二。

洪武寶鈔成為明朝的形式貨幣，民間交易只用金銀。大約百年以後，由於對外貿易的發展，白銀流入國內的一天天增多了。這樣，在官府和市場就同時使用兩種貨幣，皇朝給官員的薪俸，一部分是寶鈔，大部分是米，給軍隊的賞賜用銀子，徵收商稅和罪犯處刑折贖一部分是寶鈔，田賦改折財全收銀子，至於市場出入則都用銀子。銀子終於取代寶鈔成為全國通用的通貨。

第七章 統治階級的內部矛盾

一、胡藍黨案

以朱元璋為首的淮西農民武裝集團，在起事時是堅決反對當時占統治地位的蒙漢地主階級的，但在取得勝利以後，便都轉化為擁有大量土地、佃戶的大地主，成為皇帝、國公、列侯，高官顯爵，治理六千萬臣民的封建統治階級了。

洪武四年統計，韓國公李善長、魏國公徐達、鄭國公常茂（常遇春的兒子）、曹國公李文忠，宋國公馮勝、衛國公鄧愈六個國公和延安侯、吉安侯等二十八個侯，都擁有大量莊田，佃戶凡三萬八千一百九十四戶。

皇帝是淮人，丞相李善長、徐達和功臣湯和、耿君用、炳文父子、郭興、郭英、周德興、鄭遇春、陸仲亨、曹震、張翼、陳桓、孫恪、謝成、李新、何福、張龍、張赫、胡泉、陳替、王志、唐勝宗、費聚、顧時、唐鐸、馬世熊，幕僚李夢庚、單安仁、郁新、郭景祥等都是鳳陽人，其中湯和、周德興還是元璋同村子的人。絕大部分公、侯和朝廷重要官員都是淮人。

遠在朱元璋初據集慶時，詩人貝瓊的詩就說：「兩河兵合盡紅巾，豈有桃源可避秦？馬上短衣多楚客，城中高髻半淮人。」淮水流域在春秋時是楚的地方，從這幾句詩可以看出當時儒生、文人對「楚客」「淮人」顯赫一時的看法。

到了朱元璋建國稱帝以後，淮人在政治上軍事上經濟上越發占壓倒的優勢，非淮人被排擠、壓抑，他們不甘心，也想盡一切辦法取得朱元璋的信任，就這樣，封建統治階級內部展開了非淮人和淮西集團爭權奪利的鬥爭，矛盾越來越尖銳，朱元璋就利用這種矛盾，重用淮人而又運用非淮人來監視淮人，加強和鞏固自己的權力。

功臣以血戰立功封公侯，擁有部曲、義子和大量奴僕，他們又和各地衛所軍官有過統率關係，在和平環境裏，這種雖然數量不大的武裝力量和袍澤關係，卻有可能成為傾覆皇家統治的因素。

管理全國政事的機構中書省這個制度，是從元朝繼承下來的。中書省丞相綜理政務，職權很重。相權重了，皇帝的權力就相對地削弱了，朱元璋是個權力欲極強的人，凡事都要自己做主。但是有長期歷史傳統的丞相制度，卻對皇帝的至高權力起了牽制作用。

貴族地主對人民的非法剝削，對皇朝賦役的隱蔽侵占，淮西集團對非淮人的排擠、打擊，軍事貴族可能發生叛變的威脅；相權和君權的矛盾，這些內部矛盾的因素隨著國家機器的加強而日益發展，衝突日益嚴重，最後達到不可調和的地步。

朱元璋倚靠中小地主的支持，運用檢校和直接掌握的軍隊，採取流血手段，鞏固了自己的政權。洪武十三年殺丞相胡惟庸，二十六年殺功臣藍玉，胡惟庸和藍玉的關聯人犯被殺的稱為胡黨、藍黨，人數在四萬人左右。貴族地主侵犯人民和皇朝利益，破壞法紀的情況，是由來已久的。

龍鳳十年朱元璋就曾當面向徐達，常遇春等人說過：「爾等從我起身，艱難成此功勳，匪朝夕所致。比聞爾等所蓄家僮，乃有恃勢驕恣，逾越禮法，小人無忌，不早懲治之，或生釁隙，寧不為其所累。」

洪武三年：「時武臣恃功驕恣，得罪者漸眾。」

四年：「時諸勳臣所賜公田莊佃，多倚勢冒法，凌暴鄉里，而諸勳臣亦不禁戢。」

六年五月，朱元璋以功臣多倚功犯法，奴僕殺人，隱匿不報，封建統治集團的核心破壞了皇朝的法紀，侵犯了人民和皇朝的利益，情況日益嚴重，只好採取內部約束的辦法，特別命令工部製造鐵榜，鑄了申誡公侯的條令：

凡公侯之家強占官民山場、湖泊、茶園、蘆蕩及金、銀銅場、鐵冶；

凡功臣之家管莊人等，倚勢在鄉欺毆人民；

凡功臣之家屯田佃戶、管莊幹辦、火者、奴僕，及其他親屬人等，倚勢凌民，奪侵田產財物者；

凡公侯之家除賜定儀仗戶及佃田人戶，已有名額報籍在官，敢有私托門下影蔽差徭者；

凡公侯之家，倚恃權豪，欺壓良善，虛錢實契，侵奪人田地房屋孳畜者；

凡功臣之家受諸人田土，及朦朧投獻物業。

逐項規定了處罰和處刑的法律。其中公侯家人倚勢凌人，奪侵田產財物，和私托門下，影蔽差傜都處斬罪。很清楚前者破壞了皇朝的保護私有財產的法紀，後者破壞了皇朝的傜役政策，都是非嚴厲制裁不可的。

從朱元璋必須制定專門法律條例來約束淮西集團的公侯功臣和他們的管莊人等，說明了鐵榜所列舉的罪狀已經是帶有普遍性和嚴重性，也說明了朱元璋和這個集團的首腦人物，儘管在過去同生死，共患難，但並不是鐵板一塊，而隨內部矛盾的產生、滋長、發展，逐步走到了對立面。

具體事例如湯和的姑夫隱瞞常州的田土，為元璋所殺。立鐵榜以後，藍玉專恣暴橫，畜莊奴假子數千人，出入乘勢漁獵。嘗占東昌民田，百姓向御史告狀，御史依法提審，藍玉一頓亂棍把他打走。又令家人私買雲南鹽一萬餘引，倚勢兌支，侵奪民財，阻壞鹽法。郭英私養家奴百五十餘人，又擅殺男女五人。周德興營第宅逾制。朱亮祖鎮嶺南，作為擅專，貪取尤甚。可見封建皇朝的法律對這批淮西集團的貴族地主的約束力是並不大的。

朱元璋為了鞏固自己的統治權力，極力維護為統治階級服務的法紀，觸犯、違反法律的決不寬徇。早在取金華時，因為缺乏糧食，嚴令禁酒，這時大將胡大海正領兵圍紹興，其子胡三舍王舅等三人犯酒禁，朱元璋下令處死刑，都事王愷勸他：「胡大海見總兵攻紹興，可以本官之故饒他。」元璋發怒說：「寧可胡大海反了，不可壞我號令！」自己抽刀把這幾人殺了。

渡江舊將趙仲中守安慶，陳友諒遣大軍圍攻，城破，仲中遁走，元璋大怒，命按失陷城池律處死，常遇春勸說：「仲中係渡江舊人，姑用赦之。」元璋說：「不依軍法，無以戒後。」給弓弦一條，令其自縊。謝再興叛降張士誠後，其弟謝三、謝五守餘杭，李文忠率軍圍城，叫他們投降，謝五於城上拜說：「保得我性命，便出降。」文忠指天起誓：「我是總兵官，不得殺你。」謝五兄弟投降後，元璋命押送南京，文忠以為如殺二謝，恐失信人，後無肯降者。元璋說：「謝再興是我親家，反背我降士誠，情不可恕！」還是把謝三、謝五殺了。

為了保護封建法紀，他寧肯讓前敵領兵將領叛變，也非處死犯禁者不可，朱元璋一直堅持這種精神，並且總結成為理論，他說：「奈何胡元以寬而失，朕收平中國，非猛不可！」以猛、以嚴治國，這樣，也就不能不日益和淮西集團分裂以至對立，用流血手段解決問題了。

淮人官僚集團的中心人物是李善長。他是朱元璋起兵後的幕府書記，稱王時的右相國，稱帝後的左相國、左丞相，在朝廷上位列第一。兒子是皇帝的女婿駙馬都尉。他的親戚同鄉胡惟庸也繼為丞相。從李善長到胡惟庸先後掌權的十七年中，極力排擠非淮人，不使當權。

浙東地主集團的領袖劉基也是開國功臣，是朱元璋的親信謀士，元璋對他兒子說過：「我到婺州時，得了處州。他那裏東邊有方國珍，南邊有陳友定，西邊有張家，劉伯溫那時挺身來隨著我。……鄱陽湖裏到處廝殺，他都有功。」

在和陳友諒、張士誠的爭奪戰中，他都向元璋提出了正確的意見。組成明朝軍隊的軍衛制也是他的建議，功勞很大。但在大封功臣時，劉基只封誠意伯，歲祿二百四十石。李善長則封韓國公，歲祿四千石。

朱元璋到汴梁大會諸將，李善長和御史中丞劉基在南京留守，善長的親信中書省都事李彬犯法，善長求情，劉基不聽，向元璋書面報告，批准後就把李彬殺了。

浙東地主集團本來是淮西集團的眼中釘，再加上這件事，仇恨就越發深了。元璋回來後，聽了善長的挑撥，就讓劉基請假回家。洪武四年索性要他告老回鄉閒住了。在此以前，元璋曾和劉基商量丞相的人選，有人攻擊李善長，劉基說他是舊人有功，能夠調和諸將。元璋說：他多次要害你，你怎麼還替他說好話。我看還是你來當丞相吧。劉基自己知道在淮西集團當權的情況下，他是站不住腳的，堅決辭謝。

元璋又問他楊憲、汪廣洋、胡惟庸如何？楊憲是劉基的好朋友，但是劉基認為楊憲雖有相才，但器量不夠，汪廣洋褊淺，胡惟庸更不行。幾年後，胡惟庸當權，他恨劉基說他的壞話，借個由頭在元璋面前攻擊，革掉劉基歲祿。劉基只好到南京請罪，連家也不敢回去了，憂憤生病，胡惟庸派醫生來看，吃了藥，病越發重了，洪武八年死去。

胡惟庸案發後，有人告發，劉基是被胡惟庸毒死的。

元璋後來和劉基的兒子談話，也多次說：「劉伯溫他在這裏時，滿朝都是黨，只是他一個不從，吃他每（們）蠱了。」

又說：「你休道父親吃他每蠱了。他只是有分曉的，他每便忌著他。若是那無分曉的啊，他每也不忌他。到如今，我朝廷是有分曉在，終不虧他的好名。」

又說：「劉伯溫在這裏時，胡家結黨，只是老子說不倒。」

又說：「後來胡家結黨，吃他下了蠱，只見一日來我說：上位，臣如今肚內一塊硬結怛，諒看不好。我著人送他回去，家裏死了。後來宣得他兒子來問，說道脹起來緊緊的，後來瀉得鱉鱉的，卻死了，這正是著了蠱。他大兒子在江西也吃他藥殺了。」

從這些話中，可以清楚地看出封建統治階級內部兩個不同地區的地主集團尖銳鬥爭的情況。

山西陽曲人楊憲是元璋初期的檢校，歷官到御史台中丞。元璋愛他有才力，嘗說楊憲可居相位。楊憲和檢校凌說、高見賢、夏煜輪流向元璋訴說李善長無宰相材，要擠掉善長，元璋說：「善長雖無相材，但是與我同鄉，一起兵就跟我，經過艱險，勤勞薄書，功勞很多。我做皇帝，他自然該做宰相，這是用舊臣功臣，今後不要再說了。」

話雖這般說，聽多了又有些動搖，便和劉基商量，要用楊憲為相。胡惟庸聽得風聲，連忙告訴善長說：「楊憲為相，我等淮人不得為大官矣。」

這件事關係到整個淮西集團的切身利益，是個你死我活的鬥爭，他們便團結一致，合力傾陷，楊憲終於被殺，凌說、高見賢、夏煜也先後被處死刑。

同樣，楊憲對不是他自己系統的人也是用盡一切方法排擠的，例如曾經做過方國珍幕府都事判上虞的寧海人詹鼎，為人有才學，做官有好名聲，到南京上萬言書，元璋看了很中意，要給官做。楊憲卻忌他的才華，極力阻止。到楊憲死了，才做了一個小官。

淮西集團和浙東集團的傾軋，楊憲等人對淮西集團的傾軋，對不是自己系統中人的排擠，從鄉土觀念出發演成的政治鬥爭，是洪武初期政治上的一個特徵。

軍事貴族對皇家統治的威脅，從謝再興叛變，邵榮案發以後，就使朱元璋十分緊張，提高警惕，用盡一切方法來維護自己的獨裁統治。

元璋對將領不敢信任，以其家屬留京作質。邵榮、趙繼祖被殺後，元璋對諸將越發不放心，倚靠檢校偵察將士私事，將領人人自危。徐達、湯和為人十分小心謹慎，也被猜疑，朝臣紛紛傳說，越發造成緊張氣氛。

洪武五年的鐵榜用法律形式規定：凡內外各指揮、千戶、百戶，鎮撫並總旗、小旗等，不得私受公侯金帛、衣服、錢物；內外各衛官軍，非當出征之時，不得輒於公侯門首侍立聽候；公侯等官，非奉特旨，不得私役官軍。元璋對公侯大將的防制愈嚴密，矛盾就愈益深刻，裂痕也日益擴大。

最後，封建統治階級的內部矛盾集中表現為皇權和相權的鬥爭。

胡惟庸是元璋在和州時的帥府奏差，李善長的親戚，淮西官僚集團的重要人物。由於李善長的極力推薦，洪武三年官中書省參知政事，六年升右丞相，進左丞相。深得元璋信任，權勢日盛。仗著是淮西舊人，又有李善長等元老重臣的支持，便一意專行，朝廷上生死人命和升降員等大事，有時逕自處理，不向元璋報告。內外諸衙門的報告有對自己不利的也就扣壓下來。各地想做官、升官的，功臣、軍人失意的都奔走在他的門下，送金帛、名馬、玩好不計其數。做了七年宰相，門下故舊僚友結成了牢固的小集團。

中書省綜掌全國大政，丞相對一切庶務有權專決，統率百官，只對皇帝負責。在胡惟庸以前，丞相李善長小心謹慎，徐達經常統兵在外，和朱元璋的衝突還不十分明顯。接著是高郵人汪廣洋，文人愛喝酒，庸庸碌碌沒主張，不大敢管事，也被淮西集團排擠，得罪被殺。

胡惟庸在中書省最久，權最重，已經使元璋覺得大權旁落，很不高興，特別是得罪被譴責的功臣吉安侯陸仲亨、平涼侯費聚都和惟庸密相往來，軍事貴族和朝廷政治首腦結合在一起，和朱元璋的衝突便更加嚴重了。

朱元璋直接統率軍隊和檢校，決心消滅這一心腹之患，洪武十三年以擅權枉法的罪狀殺了胡惟庸，趁此機會取消了中書省，由皇帝直接管理國家政事。並立下法度，以後不許再設丞相這一官職。二十八年下令：

「自古三公論道，六卿分職。自秦始置丞相，不旋踵而亡。漢、唐、宋因之，雖有賢相，然其間所用者多有小人，專權亂政。我朝罷相，設五府、六部，都察院、通政司、大理寺等衙門，分理天下庶務，彼此頡頏，不敢相壓，事皆朝廷總之，所以穩當。以後嗣君並不許立丞相，臣下敢有奏請設立者，文武群臣即時劾奏，處以重刑。」

這裏所說的朝廷就是他自己，和過去的朝廷有本質上的區別。

從罷相以後，府、部、院、司分理庶務，目的是把權力分散，「不敢相壓」，「事皆朝廷總之」，一切大權都由皇帝個人掌握，「所以穩當」，再也不怕大權旁落了。從中書省綜掌政權一變而為由皇帝親自管理庶政，封建專制的政權從此更加集中，集中於一人之手，皇帝便成為綜攬一切政事的獨裁者了。

殺胡惟庸是為了獨攬政權。二十六年又以有人告大將藍玉謀反，族誅藍玉。

藍玉，定遠人，常遇春婦弟。在常遇春麾下領兵，驍勇善戰，多立戰功。洪武二十年以征虜左副將軍從大將軍馮勝征納哈出，馮勝得罪，即軍中代為大將軍。二十一年帥師十五萬打蒙古，一直打到捕魚兒海，北元主脫古思帖木兒以數十騎遁去，大勝而回，封涼國公。

常遇春、徐達死後，藍玉繼為大將，總軍征戰，立了大功，就驕傲自滿起來，蓄莊奴假子數千人，乘勢暴橫，在軍中擅自黜陟將校，進止自專，不聽元璋命令。又嫌官小，不樂意在傅友德、馮勝之下，所提意見，元璋又多不採納，越發怏怏不滿。總兵多年，麾下驍將十數人，威望很高。

洪武二十六年，元璋的特務組織錦衣衛官員首告藍玉謀反，說他和景川侯曹震等公侯打算在元璋出去藉田時起事，審訊結果，連坐被族誅的一萬五千多人。這一案把軍中勇武剛強之士差不多殺個乾淨。

從胡惟庸被殺以後，胡案成為朱元璋進行政治鬥爭的方便武器，凡是心懷怨望的，行動跋扈的，對皇家統治有危險性的文武官員，大族地主，都陸續被羅織為胡黨罪犯，處死抄家。胡惟庸的罪狀也隨著統治階級內部矛盾的發展而發展，隨時擴大。

最初增加的罪狀是私通日本，接著又是私通蒙古，日本和蒙古是當時兩大敵人，通敵當然是謀反了。後來又發展為串通李善長謀反，把淮西集團的主要力量完全摧毀。最後是藍玉案，則連淮西集團中的軍事貴族也大部分消滅了。

被殺的都以家族作單位，殺一人也就是殺一家。死於胡案的主要人物有御史大夫陳寧、中丞涂節、太師韓國公李善長、延安侯唐勝宗、吉安侯陸仲亨、平涼侯費聚、南雄侯趙庸、滎陽侯鄭遇春，宜春侯黃彬、河南侯陸聚、宣德侯金朝興、靖寧侯葉昇、申國公鄧鎮、濟寧侯顧敬、臨江侯陳鏞、營陽侯楊通、淮安侯華中；大將毛驤、李伯升、丁玉和宋濂的孫子宋慎等，宋濂也被牽連，貶死四川茂州。

死於藍黨的主要人物有吏部尚書詹徽、戶部侍郎傅友文、開國公常升、景川侯曹震、鶴慶侯張翼、舳艫侯朱壽、東莞伯何榮、普定侯陳桓、宣寧侯曹泰、會寧侯張溫、懷遠侯曹興、西涼侯濮琦、東平侯韓勳、全寧侯孫恪、瀋陽侯察罕、徽先伯桑敬和都督黃輅、湯泉等人。胡案有昭示奸黨錄，藍案有逆臣錄，把用刑訊所得的口供和判案詳細記錄公布，讓全國人都知道他們的「罪狀」。

胡惟庸被殺後十年，洪武二十三年，太師韓國公李善長也被牽涉到胡惟庸案裏，朱元璋假託有星變，得殺大臣應災，把李善長和妻女弟侄家口七十餘人一起殺掉，這年善長已經七十七歲了。

一年後，有人替他上疏喊冤說：

善長與陛下同心，出萬死以取天下，勳臣第一，生封公，死封王，男尚公主，親戚拜官，人臣之分極矣。借令欲自圖不軌，尚未可知。而今謂其欲佐胡惟庸者，則大謬不然。人情愛其子，必甚於兄弟之子，安享萬全之富貴者，必不僥倖萬一之富貴。善長與惟庸，猶子之親耳，於陛下則親子女也。使善長佐惟庸成，不過勳臣第一而已矣，太師國公封王而已矣，尚主納妃而已矣，寧復有加於今日？且善長豈不知天下之不可幸取？當元之季，欲為此者何限，莫不身為齏粉，覆宗絕祀，能保首領者幾何人哉！善長胡乃身見之，而以衰倦之年身蹈之也？凡為此者，必有深仇激變，大不得已，父子之間，或至相挾，以求脫禍。今善長之子祺，備陛下骨肉親，無纖介嫌，何苦而忽為此？若謂天象告變，大臣當災，殺之以應天象，則尤不可。臣恐天下聞之，謂功如善長且如此，四方因之解體也。今善長已死，言之無益，所願陛下作戒將來耳。

問得都有道理，元璋看了，無話可駁，只好算了。

二案以外，開國功臣被殺的，洪武八年，德慶侯廖永忠以借用龍鳳不法等事賜死；十三年，永嘉侯朱亮祖父子被鞭死；十七年，臨川侯胡美以犯禁死，二十五年，江夏侯周德興以帷薄不脩的曖昧罪狀被殺；二十七年，殺定遠侯王弼、永平侯謝成，潁國公傅友德；二十八年，殺宋國公馮勝。

不但列將以次被殺，甚至堅守南昌七十五日，力拒陳友諒立了大功的義子親侄朱文正也以「親近儒生，胸懷怨望」被鞭死。義子親甥李文忠南征北伐，立了大功，也因為左右多儒生，禮賢下士，被毒死。徐達為開國功臣第一，洪武十八年生背疽，據說這病最忌吃蒸鵝，病重時元璋卻特賜蒸鵝，徐達流淚當著使臣的面吃下，不多日就死了。

功臣宿將僥倖得以善終的有幾個例子：

一個是湯和交還兵權，他是朱元璋同村子的人，一塊兒長大的看牛夥伴。徐達、李文忠死後，元璋想要解除諸宿將兵權，只是不好意思說出口。湯和懂得老夥伴心事，便首先告老。元璋大喜，立刻派官給他在鳳陽修建府第，賞賜禮遇，特別優厚。

另一個例子是曹國公李景隆、武定侯郭英歸還莊田和佃戶，洪武二十三年，崇山侯李新建議：「公侯家人和儀從戶都有規定數目，超過的應該歸還朝廷。」元璋正對這批貴族地主多占田地佃戶極為不滿，聽了很高興。下令叫把超過規定的人戶都發鳳陽為民。還叫禮部編一部稽制錄，嚴禁公侯奢侈逾越。

二十六年，李景隆交還莊田六所，田地山塘池蕩二百餘頃。郭英交還佃戶，依法納稅。這兩人在洪武朝都沒有出事。

二、空印案和郭桓案

貪汙腐化是封建社會官僚政治的正常現象，念書識字，做八股，參加科舉，僥倖得了一官，便千方百計弄錢，買田地，蓄家奴，官做得越大，弄的錢也就愈多，升官發財，是封建社會知識分子的人生哲學，「萬般皆下品，惟有讀書高。」這兩句話是有其深刻的社會根源的。另一面，官吏貪橫，無止境地剝削，也就不能不迫使饑寒交迫的人民起而反抗，「官逼民反」，從進入封建社會以來，數以百次計的農民起義，官吏的貪污剝削是其原因之一。

為了緩和封建統治階級和廣大人民的矛盾，鞏固統治基礎。朱元璋對地方官貪污害民的，用極嚴厲的手段懲處，進行了長期的殘酷的鬥爭。

對朝廷和地方的官僚奸貪舞弊，嚴重地損害了皇朝的利益的，朱元璋集中力量，全面地大規模地加以無情的打擊，洪武十五年的空印案，十八年的郭桓案，兩案連坐被殺的達七八萬人，其中主要是各級官員，追贓牽連到各地許多大地主，都弄得破家蕩產，舊地主階級的力量更進一步地被削弱了。

按照規定，每年各布政使司和府、州、縣都得派計吏到戶部，報告地方財政收支賬目，為了核算錢糧、軍需等款項，必需府報布政司，布政司報部，一層層上報，一直到戶部審核數目完全符合，准許報銷，才算手續完備結了案。錢穀數字如有分、毫、升、合對不攏，整個報銷冊便被駁回，重新填造。布政使司離京師遠的有六七千里，近的也是千里上下，重造冊子還不要緊，問題是重造的冊子必需蓋上原衙門的印信才算合法，因為要蓋這顆印，來回的時間就得用上個把月以至好幾個月。為了避免戶部挑剔，減省來回奔走的麻煩，上計吏照習慣都帶有事先預備好的蓋過官印的空白文冊，遇有部駁，隨時填用。這種方法本來是公開的秘密，誰都認為是合情合理，方便省事的。

不料到了洪武十五年，朱元璋忽然發覺這秘密，大發雷霆，以為一定有嚴重弊病，非嚴辦不可，就下令各地方衙門長官主印的一律處死，佐貳官杖一百充軍邊地。其實上計吏所帶的空印文冊蓋的是騎縫印，不能作別的用途，預備了也不一定用得著。全國各地方衙門的人都明白這道理，連戶部官員也是照例默認的，成為上下一致同意的通行辦法。但是案發後，正當胡惟庸黨案鬧得很緊張，朝廷上誰也不敢分辯，有一個老百姓拼著死命上書把事情解釋清楚，也不中用，還是把地方上的長吏一殺而空。當時最有名的好官方克勤（建文朝大臣方孝孺的父親）也死在這案內，上書人也被罰做苦工。

郭桓官戶部侍郎。洪武十八年有人告發北平二司官吏和郭桓通同舞弊，從戶部左右侍郎以下都處死刑。追贓糧七百萬石，供詞牽連到各布政使司官吏，被殺的又是幾萬人。追贓又牽連到全國各地的許多大地主，中產以上的地主破家的不計其數。宣布的罪狀是：

> 戶部官郭桓等收受浙西秋糧，合上倉四百五十萬石。其郭桓等只收（交）六十萬石上倉，鈔八十萬錠入庫，以當時折算，可抵二百萬石，餘有一百九十萬石未曾上倉。其桓等受要浙西等府鈔五十萬貫，致使府、州、縣官黃文通等通同刁頑人吏邊源等作弊，各分入己；

其應天等五府州，縣數十萬沒官田地夏稅秋糧，官吏張欽等通同作弊，並無一粒上倉，與同戶部官郭桓等盡行分受；其所盜倉糧，以軍衛言之，三年所積賣空。前者榜上若欲盡寫，恐民不信，但略寫七百萬耳。若將其餘倉分並十二布政司通同盜賣見在倉糧，及接受浙西等府鈔五十萬張賣米一百九十萬不上倉，通算諸色課程魚鹽等項，及通同承運庫官范朝宗偷盜金銀，廣惠庫官張裕妄支鈔六百萬張，除盜庫見在金銀寶鈔不算外，其賣在倉稅糧及未上倉該收稅糧及魚鹽諸色等項，共折米算，所廢（呑沒）者二千四百餘萬（石）精糧。等等。

據一些同時人和地主子孫的記錄，三吳一帶，浙東西的故家巨室，不是「多以罪傾其宗」，便是「豪民巨族，剗削殆盡」。這些記載雖然有些誇大，但是反映了一部分舊地主階級分子被消滅的情況，則是無可置疑的。這樣嚴重的打擊，當然會引起地主階級和官僚的恐慌和不滿，他們當然不敢申說買賣官糧這一嚴重犯法行為是合法的、應該的，只能指斥、攻擊、告發處理這個案件的御史和法官，議論沸騰，情勢嚴重。朱元璋也覺得這個矛盾如繼續發展下去，對自己的統治十分不利，便一面以手詔公布郭桓等人的罪狀，分析是非，一面把原審法官也殺了，作為對地主階級和官僚們的讓步，結束了這件大案。

除了空印案和郭桓案兩次大屠殺以外，還有洪武四年錄（甄別）天下官吏；十三年連坐胡黨；十九年逮官吏積年為民害者；二十三年罪妄言者，四次有計劃的誅殺。

四十年中，據朱元璋的著作：《大誥》、《大誥續編》、《大誥三編》、《大誥武臣》的統計，所列凌遲、梟示、種誅有幾千案，棄市（殺頭）以下有一萬多案。《三編》所定的案件算是最寬大的了，如「進士監生三百六十四人，愈見奸貪，終不從命，三犯四犯而至殺身者三人，三犯而誹謗殺身者三人，姑容戴斬、絞、徒流罪在職者三十人，一犯戴死罪、徒流罪辦事者三百二十八人。」

戴死罪和徒流罪辦事是朱元璋新創的辦法，有御史戴死罪，帶著腳鐐坐堂審案的，有打了八十大棍仍回原衙門做官的。戴是判刑的意思。他創立這種辦法的主要原因是，把這些官都殺了就沒有人替他辦事了，又判刑，又讓他們回去辦事，封建法紀確立了，各種事務工作也不致於因為缺官而廢弛。凌遲是最野蠻最殘酷的刑法。梟示也叫梟令。種誅就是族誅，一人犯罪，就按家按族的殺。此外有刷洗；有秤竿；有抽腸；有剝皮，還有黥刺、剕、劓、閹割、挑膝蓋、錫蛇遊種種名目的非刑。野蠻殘暴的程度超過了歷史上任何帝王。這種種酷刑，造成了朝官中的極度恐怖氣氛，人人提心吊膽。

據說在上朝時，朱元璋是否下決心大批殺人，很容易看出來。要是這天他撳玉帶在肚皮底下，便是大風暴的信號，準有大批官員被殺，滿朝官員都嚇得臉無人色，個個發抖；要是這一天他的玉帶高高貼在胸前，大概殺人就不會多。朝官按制度每天黎明就得上朝，天不亮起身梳洗穿戴。在幾件大案發作以後，許多朝官在出門以前，就和妻子訣別，吩咐後事，要是居然活著回家，便闔家慶賀，算是又多活一天了。

用重刑懲治違法官僚，儘管殺死了多少萬人，效果還是不大。洪武十八年，朱元璋慨歎說：「朕自即位以來，法古命官，布列華夷，豈期堪用之時，並效忠貞，任用既久，俱係奸貪。朕乃明以憲章，而刑責有不可恕。以至內外官僚，守職維艱，善能終是者寡，身家誅戮者多。」郭桓案發後，他又說：「其貪婪之徒，聞桓之奸，如水之趨下，半年間弊若蜂起，殺身亡家者人不計其數。出五刑以治之，挑筋、剁指、刖足、髡髮、紋身，罪之甚者歟！」他沒有也不可能懂得封建專制的寡頭獨裁政治，地主階級專政的殘酷統治，官僚政治和貪污舞弊是分不開的，封建統治是以剝削人民為基礎的，不推翻封建統治、封建制度，單純地用嚴刑重罰，流血手段來根絕貪污，是根本不可能有任何效果的。

誅殺以外，較輕的犯罪官員罰做苦工，洪武九年，單是官吏犯笞以下罪，謫發到鳳陽屯田的便有一萬多人。

朝官被殺有記載可查的，有中書省左司都事張昶、禮部侍郎朱同、張衡、戶部尚書趙勉、吏部尚書余熂、工部尚書薛祥、秦逵、刑部尚書李質、開濟、戶部尚書茹太素、春官王本、祭酒許存仁、左都御史楊靖、大理寺卿李仕魯、少卿陳汶輝、御史王朴、員外郎張來碩、參議李飲冰、紀善白信蹈等。外官有蘇州知府魏觀、濟寧知府方克勤、番禺知縣道同、訓導葉伯巨、晉王府左相陶凱等。

茹太素性情剛直，愛說老實話，幾次為了說話不投機被廷杖、降官，甚至鐐足治事。一天，在便殿賜宴，元璋寫詩說：「金杯同汝飲，白刃不相饒。」太素磕了頭，續韻吟道：「丹誠圖報國，不避聖心焦。」元璋聽了倒也很感動。不多時還是因事被殺。

李仕魯是朱熹學派的學究，勸元璋不要太尊崇和尚道士，想學韓文公闢佛，發揚朱學。

元璋不理會，仕魯著急，鬧起迂脾氣，當面交還朝笏，要告休回家。元璋大怒，當時叫武士把他摜死在階下。

陶凱是御用文人，一時詔令封冊歌頌碑誌多是他寫的，做過禮部尚書，參加制定軍禮和科舉制度。只因為起了一個別號叫「耐久道人」，元璋恨他：「自去爵祿之名，怪稱曰耐久道人，是其自賤也。此無福之所催，如是不期年，罪犯不公。」又說他：「忘君爵而美山野，……忘君爵而書耐久。」借題目把他殺了。員外郎張來碩諫止娶已許配的少女做宮人，說「於理未當」，被碎肉而死。參議李飲冰被割乳而死。

朱元璋對內外官僚的殘酷誅殺和刑罰，引起官僚集團的反對，洪武七年便有人抗議，說是殺得太多了，太過分了，「才能之士，數年來倖存者百無一二。」九年葉伯巨以星變上書，論用刑太苛說：「臣觀歷代開國之君，未有不以仁德結民心，以任刑失民心者，國祚長短，悉由於此。議者曰宋，元中葉，專事姑息，賞罰無章，以致亡滅。主上痛懲其弊，故制不宥之刑，權神變之法，使人知懼而莫測其端也。臣又以為不然。開基之主，垂範百世，一動一靜，必使子孫有所持守。況刑者國之司命，可不慎歟！

「夫笞、杖、徒、流、死，今之五刑也。用此五刑，既無假貸，一出乎大公至正可也。而用刑之際，多裁自聖衷，遂使治獄之吏，務趨求意志，深刻者多功，平反者得罪，欲求治獄之平，豈易得哉！近者特旨雜犯死罪，免死充軍，又刪定舊律諸則，減宥有差矣。然未聞有戒飭治獄者務從平恕之條，是以法司猶循故例，雖聞寬宥之名，未見寬宥之實。所謂實者，誠在主上，不在臣下也。故必有罪疑惟輕之意，而後好生之德洽於民心，此非可以淺淺期也。何以明其然也？

「古之為士者以登仕為榮，以罷職為辱，今之為士者以溷遁無聞為福，以受玷不錄為幸，以屯田工役為必獲之罪，以鞭笞捶楚為尋常之辱。其始也，朝廷取天下之士，網羅捃摭，務無餘逸，有司敦迫上道，如捕重囚，比到京師，而除官多以貌選，所學或非所用，所用或非其所學。洎乎居官，一有差跌，苟免誅戮，則必在屯田工役之科，率是為常，不少顧惜。此豈陛下所樂為哉！

「誠欲人之懼而不敢犯也。竊見數年以來，誅殺亦可謂不少矣，而犯者相踵，良由激勸不明，善惡無別，議賢議能之法既廢，人不自勵而為善者殆也。有人於此，廉如夷、齊，知如良、平，少戾於法，上將錄長棄短而用之乎？將捨其所長苛其所短而寘之法乎？苟取其長而捨其短，則中庸之才爭自奮於廉知，倘苛其短而棄其長，則為善之人皆曰某廉若是，某知若是，朝廷不少貸之，吾屬何所容其身乎？致使朝不謀夕，棄其廉恥，或自掊克，以備屯田工役之資者，率皆是也。若是，非用刑之煩者乎？漢嘗徙大族於山陵矣，未聞實之以罪人也，今鳳陽皇陵所在，龍興之地，而率以罪人居之，怨嗟愁苦之聲，充斥園邑，殆非所以恭承宗廟意也。」

元璋看了氣極，連聲音都發抖了，連聲說這小子敢如此放肆！快逮來，我要親手射死他！隔了些日子，中書省官趁他高興的時候，奏清把葉伯巨下刑部獄，不久死在獄中。

元璋晚年所最喜歡的青年才子解縉，奉命說老實話，上萬言書，也說：

「臣聞令數改則民疑，刑太繁則民玩。國初至今將二十載，無幾時不變之法，無一日無過之人。嘗聞陛下震怒，鋤根翦蔓，誅其奸逆矣，未聞褒一大善，賞延於世，復及其鄉，始終如一者也。陛下進人不擇賢否，授職不量重輕，建『不為君用』之法，所謂取之盡錙銖，置『朋奸倚法』之條，所謂用之如泥沙。監生進士經明行修，而多屈於下僚；孝廉人才冥蹈瞽趨，而或布於朝省。椎埋嚚悍之夫，闒茸下愚之輩，朝捐刀鑷，暮擁冠裳；左棄筐篋，右綰組符。是故賢者羞為之等列，庸人悉習其風流，以貪婪苟免為得計，以廉潔受刑為飾辭。出於吏部者無賢否之分，入於刑部者無枉直之判。天下皆謂陛下任喜怒為生殺，而不知皆臣下之乏忠良也。夫罪人不孥，罰勿及嗣，連坐起於秦法，孥戮本於偽書，今之為善者妻子未必蒙榮，有過者里胥必陷其罪，況律以人倫為重，而有配給之條，聽之於不義，則又何取夫節義哉！此風化之所由也。」

話說得很露骨，分量很重，但是他把這一切都歸咎於「臣下之乏忠良」，不是皇帝的本意，元璋讀了很舒服，連說：「才子！才子！」

在鞭笞、苦工、剝皮、挑筋以至抄家滅族的恐怖氣氛中，凡是做官的，不論大官小官，近官遠官，隨時隨地都會有不測之禍，人人在慌亂緊張，戰戰兢兢地過日子。有人實在受不了，只好辭官，回家做老百姓。可是這樣一來，又刺著元璋的痛處了，說是這些人不肯幫朝廷做事：「奸貪無福小人，故行誹謗，皆說朝廷官難做。」大不敬，非殺不可。左也不是，右也不是，真弄得官僚們「知懼而莫測其端」了。

也有個別得罪的官僚、貴族以裝瘋倖免的，一個是御史袁凱。有一次朱元璋要殺許多人，叫袁凱把案卷送給皇太子複訊，皇太子主張從寬。袁凱回報，元璋問他：「我要殺人，皇太子卻要寬減，你看誰對？」袁凱不好說誰不對，只好回答：「陛下要殺是守法，皇太子要赦免是慈心。」元璋大怒，認為袁凱兩面討好，要滑頭，要不得。袁凱嚇得要死，怕被殺害，便假裝瘋癲。

元璋說瘋子是不怕痛的，叫人拿木鑽刺他的皮膚，袁凱咬緊牙齒，忍住不喊痛。回家後，自己用鐵鏈子鎖了脖子。蓬頭垢面，滿嘴瘋話。元璋還是不相信，派使者召他做官，袁凱瞪著眼對使者唱月兒高的曲子，爬在籬笆邊吃狗屎，使者回報果然瘋了，才不追究。這一回元璋卻受了騙，原來袁凱知道皇帝要派人來偵察，預先叫人用炒麵拌糖稀，捏成段段，散在籬笆下，大口吃了，救了一條命，朱元璋哪裏會知道。

另一個例子是外戚郭德成，郭寧妃的哥哥。一天他陪元璋在後苑喝酒，醉了爬在地上去冠磕頭謝恩，露出稀稀的幾根頭髮，元璋笑著說：「醉瘋漢，頭髮禿到這樣，可不是酒喝多了？」德成說：「這幾根還嫌多呢，薙光了才痛快。」元璋拉長臉，一聲不響。德成酒醒後，知道闖了大禍，索性裝瘋，剃光了頭，穿了和尚衣，成天念佛。元璋信以為真，告訴寧妃說：「原以為你哥哥說笑話，如今真個如此，真是瘋漢。」不再在意。黨案起後，德成居然漏網。

吳人嚴德珉由御史升左僉都御史，因病辭官，犯了元璋的忌諱，被黥面充軍南丹（今廣西），遇赦放還，到宣德時還很健朗。一天因事被御史所逮，跪在堂下，供說也曾在台勾當公事，頗曉三尺法度來。御史問是何官，回說洪武中台長嚴德珉便是老夫。御史大驚謝罪。第二天去拜訪，卻早已挑著鋪蓋走了。有一個教授和他喝酒，見他臉上刺字，頭戴破帽，問老人家犯了什麼罪過，德珉說了詳情，並說先時國法極嚴，做官的多半保不住腦袋，說時還北面拱手，嘴裏連說：「聖恩！聖恩！」

民間流行著一個傳說，說是朱元璋有一天出去私訪，到一破寺，裏邊沒有一個人，牆上畫一布袋和尚，有詩一首：「大千世界浩茫茫，收拾都將一袋藏，畢竟有收還有放，放寬些子又何妨！」墨跡還新鮮。立刻派人搜索作畫題詩的人，已經不見了。這個傳說當然是虛構的，卻真實地反映了洪武朝官僚們對現實政治鬥爭的不滿情緒。

朱元璋以猛治國，以嚴刑處理統治階級的內部鬥爭，他深信自己是正確的。但是他卻不許後人學他的榜樣，洪武二十八年五月下令：「朕自起兵至今四十餘年，親理天下庶務，人情善惡真偽，無不涉歷。其中奸頑刁詐之徒，情犯深重，灼然無疑者，特令法外加刑，意在使人知所警懼，不敢輕易犯法。然此特權時措置，頓挫奸頑，非守成之君所用長法。以後嗣君統理天下，止守《律》與《大誥》，並不許用黥刺、剕、劓、閹割之刑。臣下敢有奏用此刑者，文武群臣即時劾奏，處以重刑。」

三、文字獄

統治階級內部矛盾的另一方面，是一部分舊地主階級的文人對新興皇朝臣屬關係的鬥爭。他們的階級立場很堅定，認為造反的窮苦農民怎能做皇帝，對地主進行統治，因而拒絕和新朝合作。

這些文人對由紅軍發跡的朱皇帝，懷有深刻的憎恨。典型的例子如貴溪儒士夏伯啟叔侄，斬斷手指，立誓不做官，被逮捕到京師。元璋問他們：「昔世亂居何處？」回答說：「紅寇亂時，避居於福建、江西兩界間。」元璋大怒：「朕知伯啟心懷忿怒，將以為朕取天下非其道也。」特諭伯啟曰：「爾伯啟言紅寇亂時，意有他忿。今去指不為朕用，宜梟令籍沒其家，以絕狂愚夫仿效之風。」特派人把他們押回原籍處死。蘇州人姚潤、王謨也拒絕做新朝的官，都被處死刑，全家籍沒。

有的文人怕元璋的嚴刑重法，動輒挨打以至殺頭，謝絕新朝的徵召，實在推脫不了，勉強到了南京，還是拒絕做官。例如浙江山陰人楊維楨，號鐵崖，詩名擅一時，號鐵崖體。洪武二年被徵，婉辭不去。三年又被地方官敦促上路，賦《老客婦謠》明志，大意說快死的老太婆不能再嫁人了，皇帝如不見諒，只好跳海自殺。元璋因他名望很大，不好過分勉強。維楨在南京住了幾個月，便請求回家。宋濂贈詩說：「不受君王五色詔，白衣宣至白衣還。」江陰王逢自號席帽山人，張士誠據吳，其弟士德用逢計勸士誠北降於元以拒西吳。士誠亡，逢隱居烏涇。洪武十五年以文學被徵，虧得他兒子在朝廷做官，向皇帝磕頭哭求，才放回去。

也有抗拒不了，被迫非做官不可的，如大名秦裕伯避亂居上海，兩次被徵不出，最後元璋寫了親筆信說：「海濱民好鬥，裕伯智謀之士而居此地，堅守不起，恐有後悔！」情勢嚴重，秦裕伯只好入朝。

也有另外一些文人曾經做過元朝或東吳的官，堅決不做新朝官吏的。例如回族詩人丁鶴年自以家世仕元，逃避徵召，晚年學佛法，到永樂時才死。長樂陳亮自以為曾是元朝儒生，明初屢徵不出，終身不仕。山陰張憲學詩於楊維楨，仕東吳為樞密院都事，東吳亡，憲改名換姓，寄食杭州報國寺以死。

廬陵張昱在楊完者鎮浙江時，做過左右司員外郎行樞密院判官，張士誠要他做官，辭謝不肯。朱元璋要他出來，一看太老了，說：「可閒矣。」放回去，自號為可閒老人。小心怕事，絕口不談時政，有一首詩說明他的處境：

> 洪武初年自日邊，詔許還家老貧賤。
> 池館盡付當時人，惟存筆硯伴閒身。
> 劉伶斗內葡萄酒，西子湖頭楊柳春。
> 見人斲輪只袖手，聽人談天只箝口。

總之，在明初，除了一部分大地主出身的文人，如劉基等人已經參加了新興的統治集團以外，中小地主出身的文人可以分作兩類：一類是倚靠新朝保護，得到了新朝統治的好處，決心和新朝合作，有官便做，甚至想盡辦法鑽營，要升官發財，改換門庭，光宗耀祖的，這類人占極大多數，是朱元璋統治所依靠的主要力量，各級政府官員的主要來源；另一類便是對紅軍抱有深刻仇恨，對新朝當然也抱著抗拒態度，不肯合作的。這一類人人數雖不甚多，但對當時的社會和政治卻有相當影響。

朱元璋對付這些不肯合作的封建文人，採用嚴峻的刑罰，特別制定一條法律：「率土之濱，莫非王臣。寰中士大夫不為君用，是自外其教者，誅其身而沒其家，不為之過。」寰中士大夫不為君用，辦法是殺。

一部分士大夫不肯為元璋所用，元璋便用特殊法律、監獄、死刑，以至抄家滅族一套武器，強迫他們出來做官。一方面一部分人不肯合作，另一方面，新朝又非強迫他們出來合作不可，這樣便展開了統治階級內部另一方面的長期流血鬥爭。

一部分封建文人不滿意朱元璋的統治，朱元璋也痛恨這些人膽敢抗拒，用盡一切方法鎮壓，這種對立形勢越來越顯著了。在鬥爭的過程中，朱元璋特別注意文字細節和他自己出身經歷的禁忌，吹毛求疵，造成了洪武時代的文字獄。

所謂禁忌，含義是非常廣泛的。例如朱元璋從小過窮苦的生活，當過和尚。和尚的特徵是光頭，剃掉頭髮，因之，不但「光」「禿」這類字對他是犯忌諱的，就連「僧」個字也很刺眼，推而廣之，連和「僧」同音的「生」字，也不喜歡了。又如他早年是紅軍的小兵，紅軍在當時元朝政府和地主，官僚的口頭上、文字上，是被叫做「紅賊」「紅寇」的，曾經在韓林兒部下打過仗的人，最恨人罵他是「賊」，是「寇」，推而廣之，連和「賊」字形音相像的「則」字，看著也有氣了。

對文字的許多禁忌，是朱元璋自卑心理的一面。相反的一面卻表現為買弄出身。歷代開國帝王照例要拉扯古代同姓的有名人物做祖先，朱元璋的父親、祖父都是佃農，外祖父是巫師，在封建社會裏都是卑微的人物，沒有什麼可以誇耀的。

據說，當他和文臣們商量修玉牒（家譜）的時候，原來打算拉宋朝著名的學者朱熹做祖先的。恰好一個徽州人姓朱的典史來朝見，他打算拉本家，就問：「你是朱文公的後人嗎？」這小官不明底細，怕撒謊闖禍，只好直說不是。

他一想區區的典史小官尚且不肯冒認別人做祖宗，而且幾代以來也從沒聽說和徽州朱家有過瓜葛，萬一硬認上，自給人做子孫倒也罷了，被識破落人笑話，如何使得？只好打消了這念頭，不做名儒的後代，卻向他的同鄉皇帝漢高祖去看齊，索性強調自己是沒有根基的，不是靠先人基業起家的，在口頭上，文字上，一開口，一動筆，總要插進「朕本淮右布衣」，或者「江左布衣」，以及「匹夫」、「起自田畝」、「出身寒微」一類的話，強烈的自卑感一反而表現為自尊，自尊為同符漢高祖，不斷地數說，賣弄他赤手空拳，沒一寸土地卻打出來天下，把紅軍大起義的功績一古腦兒算在自己名下。

這兩種不同心理，看來是矛盾的，其實質卻又是一致的。可是，儘管他自己這樣經常賣弄，卻又忌諱別人如此說，一說又以為是挖他的根基了，結果又會是一場血案。

地方三司官和知府、知縣，衛所官員，逢年過節和皇帝生日以及皇家有喜慶時所上的表箋，照例由學校教官代作，雖然都是陳辭濫調，因為說的都是頌揚話，朱元璋很喜歡閱讀。他原來不是使小心眼的人，也不會挑剔文字，從渡江以後，大量收用了地主階級的文人，替他辦了不少事。

建國以後，朝儀、軍衛、戶籍、學校等制度規程又多出於文人之手，使他越發看重文人，以為治國非用文人不可。文人得勢了，百戰功高的淮西集團的公侯們不服氣，以為武將流血打的天下，卻讓這班瘟書生來當家，多少次向皇帝訴說，都不理會。公侯們商量了個主意，一天又向朱元璋告文人的狀，元璋還是老一套，世亂用武，世治宜文，馬上可以得天下，不能治天下，總之治天下是非用文人不可的。

有人就說：「您說得對。不過文人也不能過於相信，否則是會上當的。一般的文人好挖苦譭謗，拿話諷刺人。例如張九四一輩子寵待文人，好第宅，高薪水，三日一小宴，五日一大宴，把文人捧上天。做了王爺後，要起一個官名，文人替他起名士誠。」

元璋說：「好啊，這名字不錯。」

那人說：「不然。上大當了！《孟子》書上有：『士，誠小人也。』這句也可以破讀成：

『士誠，小人也。』罵張士誠是小人，他哪裏懂得。給人叫了半輩子小人，到死還不明白，真是可憐。」

元璋聽了這番話，查了《孟子》，果然有這句話。從此更加注意臣下所上表箋，只從壞處琢磨，果然許多地方都有和尚賊盜，都像是存心罵他的，越疑心就越像，有的成語，轉彎抹角一揣摩，好像也是損他的。武將和文官爭權鬥爭的發展，使他在和一部分不合作的地主文人對立的基礎上，更增加了對一般文人運用文字動機的懷疑，用他自己的政治尺度，文化水平來讀各種體裁的文字，盛怒之下，叫把做這些文字的文人一概拿來殺了。

文字獄的著名例子，如浙江府學教授林元亮替海門衛官作《謝增俸表》，中有「作則垂憲」一句話；北平府學訓導趙伯寧為都司作《賀萬壽表》，中有「垂子孫而作則」一語；福州府學訓導林伯璟為按察使撰《賀冬至表》的「儀則天下」；桂林府學訓導蔣質為布按二使作《正旦賀表》的「建中作則」；澧州學正孟清為本府作《賀冬至表》的「聖德作則」，元璋把所有的「則」都念成「賊」。

常州府學訓導蔣鎮為本府作《正旦賀表》，內有「睿性生知」，「生」字被讀作「僧」；懷慶府學訓導呂睿為本府作《謝賜馬表》，有「遙瞻帝扉」，「帝扉」被讀成「帝非」；祥符縣學教諭賈翥為本縣作《正旦賀表》的「取法象魏」，「取法」被讀作「去髮」；亳州訓導林雲為本州作《謝東宮賜宴箋》，有「式君父以班爵祿」一語，「式君父」被念成「失君父」，說是咒詛；尉氏縣教諭許元為本府作《萬壽賀表》，有「體乾法坤，藻飾太平」八字，就更嚴重了，「法坤」是「髮髠」，「藻飾太平」是「早失太平」；德安府訓導吳憲為本府作《賀立太孫表》，中有「天下有道，望拜青門」兩句，「有道」說是「有盜」，「青門」當然是和尚廟了。下令把作表箋的人一概處死。甚至陳州州學訓導為本州作《賀萬壽表》的「壽域千秋」，念不出花樣來，還是被殺。

象山縣教諭蔣景高以表箋誤被逮赴京師斬於市。杭州府學教授徐一夔《賀表》有「光天之下，天生聖人，為世作則。」元璋讀了大怒說：「生者僧也，罵我當過和尚。光是薙髮，說我是禿子。則音近賊，罵我做過賊。」把禮部官嚇得要死，求皇帝降一道表式，使臣民有所遵守。洪武二十九年特命翰林院學士劉三吾、左春坊、右贊善王俊華撰慶賀謝恩表式，頒布天下諸司，以後凡遇慶賀謝恩，如式錄進。照規定表式鈔錄，只填官銜姓名，文人的性命才算有了保障。

文字獄的時間從洪武十七年到二十九年，前後達十三年。唯一倖免的文人是翰林院編修張某，此人在翰林院時說話出了毛病，被貶做山西蒲州學正。照例作慶賀表，元璋記得他名字，看表文裏有「天下有道」、「萬壽無疆」兩句話，發怒說：「這老兒還罵我是強盜呢！」差人逮來當面審訊，說「把你送法司，更有何話可說？」

張某說，「只有一句話，說了再死也不遲。陛下不是說過，表文不許杜撰，都要出自經典，有根有據的話嗎？『天下有道』是孔子說的，『萬壽無疆』出自詩經，說臣誹謗，不過如此。」元璋被頂住了，無語可說，想了半天，才說：「這老兒還這般嘴強，放掉罷。」左右侍臣私下議論：「幾年來才見容了這一個人！」

蘇州知府魏觀把知府衙門修在張士誠的宮殿遺址上，犯了忌諱，被人告發。元璋查看新房子的《上梁文》有「龍蟠虎踞」四字，大怒，把魏觀腰斬。僉事陳養浩作詩：「城南有嫠婦，夜夜哭征夫。」元璋恨他動搖士氣，取到湖廣，投在水裏淹死。

翰林院編修高啟作《題宮女圖》詩：「小犬隔花空吠影，夜深宮禁有誰來？」元璋以為是諷刺他的，記在心裏。高啟退休後住在蘇州，魏觀案發，元璋知道《上梁文》又是高啟的手筆，舊恨新罪一併算，把高啟腰斬。有一個和尚叫來復，討好皇帝，作了一首謝恩詩，有「金盤蘇合來殊域」和「自慚無德頌陶唐」兩句，元璋大為生氣，以為殊字分為歹朱，明明是罵我。又說「無德頌陶唐」，是說我無德，雖欲以陶唐頌我而不能，又把這亂巴結的和尚斬首。

地方官就本身職務，有所建議，一字之嫌，也會送命。盧熊做兗州知州，上奏本說州印兗字誤類袞字，請求改正。元璋極不高興，說：「秀才無理，便道我兗哩！」原來又把兗字作滾字了。不久，盧熊便以黨案被殺。

從個人的禁忌進一步便發展為廣義的禁忌了。洪武三年禁止小民取名用天、國、君、臣、聖，神、堯、舜、禹、湯、文，武、周、秦、漢、晉等字。二十六年出榜文禁止百姓取名太祖、聖孫、龍孫、黃孫、王孫、太叔、太兄、太弟、太師、太傅、太保、大夫、待詔、博士、太醫、太監、大官、郎中字樣，並禁止民間久已習慣的稱呼，如醫生只許稱醫士、醫人、醫者，不許稱太醫、大夫、郎中，梳頭人只許稱梳篦人或稱整容，不許稱待詔，官員之家火者，只許稱閽者，不許稱太監，違者都處重刑。

其他地主文人被殺的，如處州教授蘇伯衡以表箋論死；太常卿張羽坐事投江死，江南左布政使徐賁下獄死，蘇州經歷孫蕡曾為藍玉題畫，泰安州知州王蒙嘗謁胡惟庸，在胡家看畫，王行曾作過藍玉家館客，都以黨案被殺，郭奎曾參朱文正軍事，文正被殺，奎也論死；王彝坐魏觀案死；同修《元史》的山東副使張孟兼、博野知縣傅恕、福建僉事謝肅都坐事死；曾在何真幕府的趙介，死在被逮途中，曾在張士誠處做客，打算投奔擴廓帖木兒的戴良，得罪自殺。不死的，如曾修《元史》的張宣，謫徙濠州；楊基罰做苦工；烏斯道謫役定遠；顧德輝父子在張士誠亡後，並徙濠梁，都算是十分僥倖的了。

明初的著名詩人吳中四傑：高啟、楊基、張羽、徐賁，都曾和張士誠來往，楊基、徐賁還做過張士誠的官，四人先後被殺、謫徙，看來不是巧合，而是有意識的打擊。只有臨海陳基是例外，陳基曾參張士誠軍事，明初被召修《元史》，洪武三年卒。他在張士誠幕府時，所起草的書檄罵朱元璋的很多，不是死得早，他也是免不了的。

朱元璋用嚴刑重罰，殺了十幾萬人，殺的人主要的是國公、列侯、大將；宰相、部院大臣、諸司官吏，州縣胥役，進士、監生、經生、儒士、文人、學者；僧、道；富人、地主等等，總之，都是封建統治階級內部的成員，他心目中的敵人。他用流血手段進行長期的內部清洗工作，貫徹了「以猛治國」的方針，鞏固了朱家皇朝的統治。

另一面，他又堅決反對社會上長期以來的政治上的地域、鄉土之見。他認為做皇帝是做全國的皇帝，不是做某一地方的皇帝，選用的人才也應該是全國性的，淮西集團李善長、胡惟庸死抱住只有淮人才能掌權做大官的階級、小集團偏見，是他和淮西集團內部矛盾焦點之一。

正因為他有這樣的看法，洪武三十年發生了南北榜的案件，事情是這樣的，這一年的會試，由翰林學士湖南茶陵人劉三吾和紀善、白信蹈等主考，榜發，江西泰和人宋琮考了第一，全榜沒有一個北方人，舉人們紛紛議論，不服氣，難道北方人連一個夠格的也沒有，向皇帝告狀說主考官劉三吾等都是南方人，偏袒南人。元璋大怒，命侍講張信等檢查考卷，北方人還是沒有及格的，元璋大不高興。又有人告發張信等受了劉三吾等人的囑託，故意拿不合格的卷子評閱。元璋大怒，把白信蹈等殺了，劉三吾這年已經八十五歲了，以其太老，免死充軍邊境，會元宋琮也充了軍。元璋親自出題目重考，考取了六十一人，全是北方人，當時叫這次會試為南北榜，也叫春夏榜。

其實當時的實際情況是，北方經過長期戰爭破壞，生產水平低於南方，就教育、文化的發展說，南方是高於北方的。考卷照舊例彌封，考官並不能知道考生是南人是北人。劉三吾等只憑考卷文字決定去取，儘管所取全是南人，倒不定存有南北之見。經過北方考生幾次抗議，引起了朱元璋的密切注意，他為了爭取籠絡北方的地主知識分子，重考的結果，一榜及第的全是北人，南人一個也沒有，他是從政治出發的，從大一統國家的前提出發的，而不是單純從考卷的優劣出發的。白信蹈等考官的被殺，宋琮的充軍是冤枉的。

統治階級的內部矛盾，也表現在地域關係上，淮西集團和非淮西集團，南人和北人之間都有極其激烈的鬥爭。前者的矛盾隨著淮西集團的消滅，解決了。但是南方人和北方人的矛盾，卻並未解決，後來國都遷到北方了，皇帝成為北人，朝廷上當權的也是北方人逐漸占優勢，洪武以後兩百多年間，隨著朝廷上當權的是北方人，還是南方人的不同情況，各自庇護本階層本地區的利益，互相排擠，有若干次政治鬥爭，都和南人和北人的階級內部利益矛盾有關。

第八章 家庭生活

一、多妻多子孫

元璋的妻子馬氏，原來是紅軍元帥郭子興的養女，後來元璋做了鎮撫、總管、元帥、丞相、吳國公、吳王，一直到了做皇帝，馬氏妻以夫貴，從夫人成為皇后。但是，在元璋剛結婚時，情形相反，是夫以妻貴的，做了元帥養婿以後，軍中才稱為朱公子。

馬皇后的父親馬公的名字無人知道。馬皇后的名字也是一樣。在歷史文獻上記她嫁人後的稱呼是馬夫人，丈夫稱帝後的名號是馬皇后，死後被諡為孝慈高皇后。

兩人結婚時的年齡，男的二十五歲，女的二十一歲，照那時候的習俗說，都已經過了結婚的年齡了。

馬皇后雖然沒有上過學，長得也不很好看，由於是元帥的養女，對朱元璋的早期事業起了不少的作用。

郭子興性情暴躁，忌才護短，不能容人，又好聽閒話；做事遲疑少決斷，朱元璋精細耐心，有魄力有擔當，做事果決，說話有分量，翁婿兩人性格、作風都不對頭。子興和同僚、部下都傷了和氣，互相猜忌；元璋卻處事周到，上上下下都誇他，人緣很好。

也正因為元璋的人緣好，子興越發不喜歡。又有人在他們中間播弄是非，郭子興對這乾女婿更加不放心，成天挑錯處，呼來喝去，沒有好臉色。軍情緊急的時候，子興擺布不開，元璋就一刻也離不得身，比親兒子還親。到了情勢好轉，子興的臉孔又拉長了，乾女婿也就變成童養媳，成天得挨罵、受氣。

元璋身邊幾個能幹親信的將校和幕僚，一個接一個被調走，帶的部隊也另派了指揮官。元璋知道子興犯了疑心病，越發小心謹慎，加意侍候，逆來順受。馬夫人出主意巴結小張夫人，把私房錢帛拿出來孝敬，求她在子興面前替她丈夫分解、說好話。

一天，子興發怒禁閉元璋在空屋裏，不許送茶飯進去，馬夫人背著人偷剛出爐的炊餅給他，揣在懷裏，把胸口都燙紅了。平時總準備些乾糧醃肉，寧願自己挨餓，想法子讓丈夫吃飽。

渡江時，領著將士家眷留守和州，長江交通線被元軍切斷，和州孤立，她鼓勵將士，撫慰眷屬，穩定後方。打下集慶以後，帶著婦女們替戰士縫戰衣，做鞋子。陳友諒兵臨城下，應天的官員居民有的人打算逃難，有的人忙著窖藏金寶，有的人在囤積糧食，她毫不驚慌，拿出宮中金玉布帛，犒勞有功將士。

在軍中，她見有文書就求人教認字，暗地裏照樣子描寫。做了皇后，要女官每天教讀書，記得許多歷史上有名婦女的故事。元璋有寫札記的習慣，每天隨時隨地，甚至在吃飯的時候，想起什麼事該辦的，什麼事該怎樣辦，用小紙片記錄下來，省得忘掉，到了晚上，馬皇后替他細心整理，等查問時，立刻撿出，省了元璋許多精力。

元璋嘗時對臣下說皇后的賢德，提起當年的炊餅，比之為蕪蔞豆粥、滹沱麥飯。又比之為唐太宗的長孫皇后。回宮後當家常話提起，她說：「我怎能比長孫皇后。但是，常聽說夫婦相保易，君臣相保難。陛下不忘和我貧賤時過的日子，也願不忘和群臣過的艱難日子，常時這樣想，有始有終，才是好事呢！」

元璋親侄朱文正被猜忌得罪，幕僚多人被殺，部下隨從行事頭目五十多人割斷腳筋，元璋當面審訊，要殺文正，她苦勸說：「這孩兒縱然驕慣壞了，也該看在渡江以來，取太平、破陳也先，下集慶，有多少功勞的分上；也虧他堅守洪都，擋住陳友諒的兵鋒，況且只有這一個親骨肉，縱然做了些錯事，也該看他年輕，饒他一次。」

文正雖然免死囚禁，禁不住發牢騷，又被告發，她又勸說：「文正只是性子剛直，說話不檢點，造反是決不會的。」

李文忠守嚴州，楊憲告發他有不法的行為，元璋要立時召回。馬皇后以為嚴州和敵人接境，輕易掉換守將，於軍事不便。況且文忠向來小心謹慎，楊憲的話也不可輕信。學士宋濂的孫子宋慎被告發是胡黨，宋濂連坐要處死刑。

她又求情說：「百姓家替子弟請先生，對待極恭敬，好來好去，何況是皇家的師傅？而且宋濂一向住在原籍，一定不知情。」

元璋不許。到用餐時，發覺皇后不喝酒，也不吃肉，驚問是不舒適還是不對口味？回說是心裏難過，替宋先生修福。元璋也傷感了，放下筷子。第二天特赦宋濂，免死安置茂州。

吳興財主沈萬三（秀）多年來在海外做買賣，是全國第一富戶，被迫捐獻家財助修南京城牆三分之一，城修好了，檢校們還是不時尋事，又忍痛出錢犒勞軍隊，不料反而觸犯忌諱，元璋大怒，以為平民要犒賞皇帝的軍隊，是何居心？這般亂民不殺，還殺誰來？經馬皇后勸解，沈萬三才免死充軍雲南，家產籍沒。

諸小王師傅李希顏脾氣古怪，教鄉下孩子慣了，諸小王有頑皮不聽話的，常用體罰懲治。一天，把一個小王的額角打了一下，小王哭著到父親處告狀，元璋一面用手撫摸孩子，變了臉要發作，她又勸解：「師傅拿聖人的道理管教孩子，怎麼可以生氣呢？」元璋才釋然，不把這事放在心上。

洪武十五年八月，馬皇后病死，年五十一歲。病時怕連累醫生得罪，不肯服藥。元璋慟哭，不再立皇后。

多妻是封建統治階級特權之一，元璋的妃嬪很多，生有二十六個兒子，十六個女兒。妃嬪中有高麗人、蒙古人。來源有陳友諒的妃子，有從元宮接收來的，有從民間徵選的。內中胡妃是濠州人，守寡在家，元璋要娶她，胡妃的母親不肯。隔一些時，知道胡家避兵在淮安，元璋寫信給平章趙君用，叫把母女二人一起送來。龍鳳元年娶青軍馬元帥的義女孫妃。

關於陳友諒的妃子，他在《大誥》中曾經自白：「朕當未定之時，攻城略地，與群雄並驅十有四年餘，軍中未嘗妄將一婦人女子。惟親下武昌，怒陳友諒擅以兵入境，既破武昌，故有伊妾而歸。朕忽然自疑，於斯之為，果色乎？豪乎？知者監之。」

這一件不光彩的事情，後來衍變成一個故事。說是陳友諒妻闍氏入宮後不久，生遺腹子潭王。到成年就國時，闍氏哭著吩咐：「兒父是陳友諒，兒父被殺，國被滅，我被俘辱，忍死待兒成年。兒他日當為父報仇，為母雪恥。」

後來潭王果然起兵造反，元璋派徐達之子統兵征討，潭王緊閉城門，在銅牌上寫著：「寧見閻王，不見賊王！」擲於城外，闔宮舉火自焚，抱著小兒了投隍塹而死。

其實這故事是揑造的，因為，第一，潭王是達定妃所生，和齊王同胞，生母並非闍氏；第二，陳友諒死於龍鳳九年，潭王生於洪武二年，前後相隔六年，第三，潭王因妃父於顯攀入胡黨被殺，奉詔入朝，疑懼自殺，和陳友諒全不相干。

另一關於代王生母的故事，說代王母親是邳人，元璋有一次戰敗，逃到民家躲避，這家的女人問：「你是朱某人嗎？人家說你要做皇帝呢！」留住了一晚。

第二天臨別時說：「將來有孩子怎樣辦？」元璋留下一個舊梳子作憑證，她也拿首飾贈行。到元璋做皇帝後，這女人帶著長成的孩子和木梳來認夫認父，元璋叫工部替她蓋一座木頭房子居住，不讓進宮。代王出封後，和生母一同就國。這故事也是假的，因為代王的生母是郭子興的女兒郭惠妃，代王生於洪武七年，這時元璋已經做了七年皇帝了，從何戰敗落荒逃走？

諸妃中，蒙古妃和高麗妃都生有子女，傳說明成祖即蒙古妃所生。元璋子孫中有蒙古、高麗血統，是毫無問題的。

元璋深恨自己年輕時沒有機會上學，因此，他對諸子的教育特別重視。在宮中特建大本堂，貯藏古今圖籍，徵聘四方名儒教育太子和諸王，輪班講課，挑選才俊青年伴讀。常時賜宴賦詩，談古說今，討論文字。

師傅中最著名的人物是宋濂，前後十幾年，專負教育皇太子的責任。一言一動都以封建禮法諷勸，講到有關政教和前代興亡事蹟，拱手剴切說明，指出某事該這樣做，不該那樣，皇太子也盡心受教，言必稱師父。

博士孔克仁奉命為諸王講授經書，功臣子弟也奉詔入學。

元璋特地對儒臣指出對皇子們的教育方針說：

「有一塊精金，得找高手匠人打造，有一塊美玉，也要有好玉匠才能成器。人家有好子弟，不求明師，豈不是愛子弟反不如愛金玉？好師傅要做出好榜樣，因材施教，培養出人才來。我的孩子們將來是要治國管事的，諸功臣子弟也要做官辦事。教的方法，要緊的是正心，心一正萬事都辦得了，心不正，諸欲交攻，大大的要不得。你每要用實學教導，用不著學一般文士，光是記誦辭章，一無好處。」

學問要緊，德性尤其要緊。皇太子的教育，除了儒生經師而外，又選了一批有封建德行的端人正士，做太子賓客和太子諭德，任務是把「帝王之道，禮樂之教，和往古成敗之跡，民間稼穡之事，朝夕講說。」

到皇太子成年後，溫文儒雅，儼然是個儒生。接著第三步的教育是政事實習。

洪武十年令自今政事，並啟太子處分，然後奏聞。面諭太子：

「從古開基創業的君主，經歷艱難，通達人情，明白世故，辦事自然妥當。守成的君主，生長於富貴，錦衣肉食，如非平時學習練達，辦事怎能不出毛病？我所以要你每日和群臣見面，聽斷和批閱各衙門報告，學習辦事，要記住幾個原則：一是仁，能仁才不會失於疏暴；一是明，能明才不會惑於奸佞；一是勤，只有勤勤懇懇，才不會溺於安逸；一是斷，有決斷，便不致牽於文法。這四個字的運用，決於一心。我從做皇帝以來，從沒偷過懶，一切事務，惟恐處理得有毫髮不妥當，有負上天付託。天不亮就起床，到半夜才得安息，這是你天天看見的。你能夠學我，照著辦，才能保得住天下。」

為了元代前期不立太子，引起多次宮廷政變，元璋在吳王時代，便立長子標為世子，即皇帝位後立為太子。為了前代太子的東宮臣僚自成系統，和朝廷大臣容易鬧意見，甚至宮廷對立，便以朝廷重臣兼任東宮臣僚。一心一意，用盡一切辦法，要訓練出理想的繼承人，能幹的第二代皇帝，維持和鞏固大一統的政權。

洪武二十五年四月，太子標病死。九月立太子嫡子允炆為皇太孫。對太孫的教育還是老辦法，學問和德性並重，批閱章奏，平決政事，學習如何做皇帝。

諸子中除長子立為太子，第九子和第二十六子早死，其他二十三個兒子都封王建國。由於平時注意家庭教育，諸子成年以後都很能幹，會辦事。

洪武二十六年以後，開國的元勳宿將都殺完了，北邊對付蒙古的軍事任務，就不能不交給第二子秦王、第三子晉王、第四子燕王指揮。其他封在邊疆的幾個小王也領兵跟隨兄長巡邏斥堠，校獵沙漠。

在學方面有成就的，如第五子周王好學能詞賦，著《元宮詞》百章，又研究草類，選其可以救饑的四百多種，畫為圖譜，加以疏解，著成《救荒本草》一書，對植物學有所貢獻。十七子寧王，撰《通鑒博論》、《漢唐秘史》、《史斷》、《文譜》、《詩譜》等著作數十種，對音樂戲曲也很愛好。

八子潭王、十子魯王、十一子蜀王、十六子慶王都好學禮士，對文學有興趣。十二子湘王文武全才，讀書常到半夜，膂力過人，善弓馬刀槊，馳馬若飛；在藩開景元閣，招納文士，校讎圖籍，行軍時還帶著大批圖書閱讀，到山水勝處，往往徘徊終日；喜歡道家那一套，自號紫虛子，風度襟懷，儼然是個名士。

不爭氣的也有兩個，一個是十三子代王，早年做了許多蠢事不必說了，到了頭髮花白的年紀，還帶著幾個肖子，窄衣禿帽，遊行市中，袖錘斧殺傷人，盡幹些犯法害理的勾當：末子伊王封在洛陽，喜歡使棒弄刀，成天挾彈露劍，怒馬馳逐郊外，人民逃避不及的親自斫擊。又喜歡把平民男女剝光衣服，看人家的窘樣子，以為笑樂。

元璋對諸子期望大，管教嚴，從不姑息。二子秦王多過失，屢次訓責，皇太子多方救解，才免廢黜。死後親自定諡為「湣」，諡冊文說：「哀痛者父子之情，追諡者天下之公。朕封建諸子，以爾年長，首封於秦，期永綏祿位，以屏藩帝室。夫何不良於德，竟殞厥身，其諡曰湣。」十子魯王服金石藥求長生，毒發傷目，元璋很不喜歡。死後追諡為「荒」。

皇族的祿餉一律由朝廷支給。洪武九年定諸王公主年俸：親王米五萬石，鈔二萬五千貫，錦四十匹，紵絲三百匹，紗羅各百匹，絹五百匹，冬夏布各千匹，綿二千兩，鹽二百引，茶千斤，馬料草月支五十匹；公主已受封，賜莊田一所，每年收糧一千五百石，並給鈔二千貫；郡王米六千石，郡主米千石，以下按比例遞減。

親王嫡長子年及十歲，立為王世子，長孫立為世孫，世代承襲；諸子封郡王；郡王嫡長子承襲，諸子封鎮國將軍，孫封輔國將軍，曾孫奉國將軍，帝女封公主，親王女封郡主，郡王女封縣主。公主婿號駙馬，郡主縣主婿號儀賓。凡皇族出生，由禮部命名，成人後由皇家主婚，一生的生活到死後的喪葬全由朝廷負擔。

到洪武二十八年時，皇族人口日益增加，原定的祿餉數量太大，如照數支出，朝廷財政負擔不了，又改定為親王年俸萬石，郡王二千石，鎮國將軍千石；公主和駙馬二千石；郡王和儀賓八百石，以下依次遞減。儘管皇族的俸餉減了好幾倍，但是皇族的孳生人口卻增加了百千倍，一百多年後，皇族的人口達到五萬多人，明世宗嘉靖二十九年（公元一五五〇年）皇族近十萬人。

嘉靖四十一年統計，全國每年供應京師糧四百萬石，諸王府祿米則為八百五十三萬石，比供應京師的多出一倍多。

以洪武後期歲收糧米最多時的數字做基數，諸王府祿米竟占全國收入的四分之一以上。以山西為例，存留地方的糧食一百五十二萬石，可是當地皇族的祿米就要二百十二萬石，河南地方存留只有八十四萬三千石，當地皇族祿米卻要一百九十二萬石，即使把地方存留糧食全數都拿來養活皇族，也還缺少一半，只好打折扣和欠支。

郡王以上的底數大，還可以過日子，郡王以下就不免啼饑號寒了。即使如此，朝廷財政還是無法應付，又就原數裁減，疏遠的皇族就越發不能過活了。

這一大群皇族，法律規定既不能考科舉、做官吏，又不許務農、經商、做工，只許白吃人民的糧食，做不勞而食的寄生蟲。地位高的親王郡王在地方上多數為非作惡，不但凌虐平民，也侵暴官吏，疏遠卑下的皇族有的窮極無聊，對老百姓欺騙敲詐，無惡不作，擾亂破壞社會秩序。

而且，人數實在太多了，朝廷照顧不過來，禮部命名怕重複，用金木水火土作偏旁，隨便配上一些怪字，作為賜名，叫人哭笑不得。皇族沒錢賄賂禮部官吏的，不但一輩子沒有名字，甚至到頭髮白了還不能婚嫁。一直到明朝末年，才感到這樣不是辦法，把政治和科舉的封鎖開放了，皇族可以參加考試，可以做官。但是，不久朱明政權就被推翻了。

二、思想和生活

朱元璋出身貧苦農民，做過遊方和尚，到處要飯叫化。從軍以後有了權力，地位，做了韓林兒號令下的右副元帥直到丞相，紅軍起義的目的是為了推翻蒙漢封建地主的聯合統治，但是所建立的官僚機構卻是繼承他們所反對的敵人的，是封建制度的。

朱元璋做了封建制度的官僚，又大量地收用了地主階級的儒生，他的思想日益轉變，從背叛地主階級轉變為維護地主階級的利益。他在左右儒生們的影響下，努力學習文化，經常談古論今，接受歷史上的經驗，教訓，作為行軍、處事的指南。自以為出身貧賤，怕被人輕視，便故作神奇，神道設教，嚇唬老百姓，和道士和尚們串通，假造許多神蹟。

這本來也是過去封建帝王習以為常的伎倆，朱元璋不過變本加厲罷了。三十多年中，儒生、道士、和尚，三教九流都被充分利用，作為他抬高自己、鞏固統治的工具。

先從儒家的作用說起。

從渡江到稱帝，他和幕府中的儒生，如范常、陶安、夏煜、孫炎、楊憲、秦從龍、陳遇、孔克仁、范祖幹、葉儀、吳沈、葉瓚玉、胡翰、汪仲山、李公常、戴良、劉基、宋濂諸人，朝夕討論，講述經史。經過十幾年封建文化的學習，中年以後，元璋不但知道一些儒家的經義，能寫通俗的口語文字，並且還能作詩，作有韻的文字，能夠欣賞，批評文學作品的好壞了。

在稱帝以前，一有工夫就和儒生們列坐賦詩，范常總是交頭卷，元璋笑說：「老范詩質樸，極像他的為人。」初下徽州時，朱升請題字，元璋親寫「梅花初月樓」匾額，和陶安論學術，親制「國朝謀略無雙士，翰苑文章第一家。」門帖子給他。出征陳友諒時，路過長沙王吳芮祠，見胡閏所題詩，大為愛好，即時召見。到洪武四年胡閏以府舉秀才來見，元璋還記得清楚，說：「這書生是那年題詩鄱陽廟牆上的。」授官都督府都事。鄱陽湖打了大勝仗，和夏煜等草檄賦詩。宋濂不會喝酒，勉強灌醉了，作《楚詞》給他，又送以良馬，作《白馬歌》。

做了皇帝以後，更加喜歡弄筆墨，毛騏、陶安、安然死，親寫祭文。桂彥良出做晉王傅，撰文送行。宋訥讀書時烤火不小心，燒了衣服傷脅，作文勸戒。張九韶告老還鄉，又作文送行。

他會寫通俗的口語文，主張文章應該寫得明白清楚，通道術、達時務，也就是要達到政治上的要求。讀了曾魯的文章，很喜歡，說：「讀陶凱文後，已起人意。魯又如此，文運其昌乎！」喜歡研究音韻，元末《陰氏韻府》手頭常用，以舊韻出江左，命樂韶鳳參考中原音韻訂定，名《洪武正韻》。

時常作詩。如《菊花詩》：

百花發時我不發，我若發時都嚇殺！

要與西風戰一場，遍身穿就黃金甲。

《不惹庵示僧》

殺盡江南百萬兵，腰間寶劍血猶腥。
山僧不識英雄漢，只憑嘵嘵問姓名。

《征東至瀟湘》

馬渡沙頭苜蓿香，片雲片雨過瀟湘。
東風吹醒英雄夢，不是咸陽是洛陽。

又粗豪，又有些風韻，和他的性格是一致的。

還會作賦，和儒臣歡宴大本堂，自作時雪賦。親撰鳳陽皇陵碑，口語直說，而又通篇用韻。又會作駢體文，徐達初封信國公，親作誥文：「從予起兵於濠上，先存捧日之心，來茲定鼎於江南，遂作擎天之柱。」又說：「太公韜略，當宏一統之規，鄧禹功名，特立諸侯之上。」居然是個四六作家了。

對歷史特別愛好，議書、宋史都是常讀的書。吳元年十一月和侍臣討論：「漢高祖以追逐狡兔比武臣，發蹤指示比文臣，譬諭雖切，語意畢竟太偏。我以為建基立業，猶之蓋大房子，剪伐斲削，要用武臣，藻繪粉飾，就非文臣不可。用文而不用武，譬如連牆壁都未砌好，如何粉刷？用武而不用文，正如只有空間架，粗粗糙糙，不加粉刷彩畫，很不像樣。偏了都不對。治天下要文武相資，才不會壞事。」

讀《宋史》宋太宗改封樁庫為內藏庫，批評宋太宗：「做皇帝的以四海為家，用全國的財富，供全國之用。何必分公私？太宗算是宋朝的賢君，還這樣小家子氣，看不開！至如漢靈帝的西園，唐德宗的瓊林大盈庫，刮人民的錢作私人的蓄積，更不值得責備了。」

告訴張信以翰林的職務，引唐陸贄、崔群、李絳作榜樣。教官吳從權不知民間事務，駁以宋胡瑗教學生，特別著重時事的例子。

遠在龍鳳十一年六月，他便任命儒士滕毅、楊訓文為起居注，命編集古無道之君如夏桀、商紂、秦始皇、隋煬帝所做之事以進曰：「吾觀此者，正欲知其喪亂之由，以為鑒戒耳。」他學習歷史的目的，是為了吸取古人成敗的經驗，作為自己行事的根據。

也研究經學，跟宋濂讀《春秋左傳》，陳南賓讀《洪範九疇》。讀《蔡氏書傳》時，發現所說象緯運行和朱子書傳不同，特地徵召儒生訂正。著有《御注洪範》，多用陳南賓說。

他是和尚出身的，做皇帝以後，自然要崇敬佛教。他詔徵東南戒德名僧，在南京蔣山大開法會，親自和群臣一起頂禮膜拜。僧徒中有應對稱意的，頒賜金襴袈裟衣，召入禁中，賜坐講論。

吳印、華克勤等和尚都還俗做了大官，元璋以為和尚和世俗絕緣，無所牽涉，寄以心腹，用做耳目，使其檢校官民動靜，隨時告密，因之僧徒得意橫行，元璋所不快意的文武大臣，多被中傷得罪。僧徒倚仗告發的功勞，請為佛教創立職官，改善世院為僧錄司，設左右善世，左右闡教，左右講經，覺義等官，高其品秩。道教也照樣設置。他自己還著有《集注金剛經》一卷。

道士替元璋做工作的著名的有周顛和鐵冠子。

周顛的事跡據元璋所寫的《周顛仙人傳》說：周顛十四歲時得了癲病，在南昌市上討飯。三十多歲時，正當元朝末年，凡新官上任，一定去求見，說是「告太平」。元璋取南昌，周顛又瘋瘋癲癲來告太平，元璋被告得煩了，叫人灌以燒酒不醉，又叫人拿缸把他蓋住，用蘆薪囤住放火燒，燒了三次，只出一點汗。叫到蔣山廟裏去寄食，和尚來告狀，周顛和小沙彌搶飯吃，鬧脾氣有半個月不吃東西了，元璋親自去看，擺一桌筵席，請周顛大吃一頓。又給關在空屋裏，一個月不給飯吃，他也不在乎。

這故事傳揚開了，諸軍將士搶著做主人請他吃酒飯，他卻隨吃隨吐，只有跟元璋吃飯時，才規規矩矩。大家都信服了，以為確是仙人。

周顛去看元璋，唱歌：「山東只好立一個省。」用手畫地成圖，指著對元璋說：「你打破個桶（統），做一個桶。」

元璋西征九江，行前問周顛：「此行可乎？」應聲說：「可！」又問：「友諒已稱帝，消滅他怕不容易？」周顛仰首看天，稽首正容說：「上面無他的。」到安慶舟師出發，碰上沒有風，他又說：「只管行，只管有風，無膽不行便無風。」果然一會兒起了大風，一氣直駛到小孤山。

十多年後，元璋害了熱病，幾乎要死，赤腳僧覺顯送了藥來，說是天眼尊者和周顛仙人送的，服了當晚病就好了。

以上這些神蹟都是元璋自己說出和寫出的。說的全是鬼話，沒一句人話。

鐵冠子姓張名中，好戴鐵冠。平章邵榮參政趙繼祖被殺，有人說就是他告發的。征陳友諒時也在軍中，據說是他算定南昌解圍和大捷的時日，用洞元法祭風，舟師直達鄱陽湖。和周顛同是元璋神道設教，抬高自己，愚弄臣民的工具。

元璋常讀的道教經典是《道德經》，著有《御注道德經》二卷。他對《道德經》的看法，以為「斯經乃萬物之至根，王者之上師，臣民之極寶，非金丹術也。」當作政治的理論經典。

在所撰《道德經序》上說：「自即位以來，罔知前代哲王之道，宵晝遑遑，慮蒼穹之切鑒，於是問道諸人，人皆我見，未達先賢。一日，試覽群書，檢間有《道德經》一冊，見本經云：『民不畏死，奈何以死懼之。』當是時天下初定，民頑吏弊，雖朝有十人棄市（殺頭），暮有百人而仍為之，如此者豈不應經之所云，朕乃罷極刑而囚役之。」由此可見，明初處罰得罪官吏到淮、泗一帶屯田工役的辦法和《道德經》的關係。

元璋利用僧道的秘密，當時即已被人指出。洪武二十一年，解縉上萬言書中有一段說：「陛下天資至高，合於道微，神道誕妄，臣知陛下洞矚之矣。然不免所謂神道設教者，臣謂必不然也。一統之輿圖已定矣，一時之人心已服矣，一切之奸雄已懾矣，天無變災，民無患害，聖躬康寧，聖子聖孫，繼繼繩繩，所謂得真符者矣。何必興師以取寶為名，諭眾以神仙為徵應者哉！」

「興師以取寶為名」，指的是不斷地發軍向北打蒙古。元璋在元順帝北走後，掛在心頭的三件事之一是少傳國璽。取寶的寶就是歷史上相傳的秦始皇傳國璽，由此可見洪武初年和蒙古的戰爭是以取傳國璽為名的。

「諭眾以神仙為徵應」，指的就是元璋向臣民宣揚周顛、鐵冠子的神蹟。其實元璋又何嘗不懂得，正因為他很懂得，他才用神仙徵應來進一步服人心，懾奸雄，定一統，證明他確是受命於天，任何人也違反、抗拒不了的。

他在《心經序》上說得很清楚：

> 所以相空有六。……其六空之相，又非真相之空，乃妄想之相為之空相，是空相愚及世人，禍及今古，往往愈墮愈深，不知其幾。前代帝王被所惑而幾喪

天下者：周之穆王、漢之武帝，唐之玄宗、蕭梁武帝、元魏主燾、李後主、宋徽宗，此數帝廢國怠政，惟蕭梁武帝、宋徽宗以及殺身，皆由妄想飛升及入佛天之地。其佛天之地未嘗渺茫，此等快樂，世嘗有之，為人性貪而不覺，而又取其樂。人世有之者何？且佛天之地，為國君及王侯者，若不作非為善，能保守此境，非佛天者何？如不能保守而偽為，用妄想之心，即入空虛之境，故有如是。

他是從實際鬥爭中成長的人，也是腳踏實地的人。他認為佛天之境就是現實的美好生活（當然是封建帝王的美好生活），能保守現實生活，就是到了佛天之境。離開現實，妄想飛升，用妄想之心，入空虛之境，不是幾喪天下，就是殺身。

在這一點上，他比過去的許多帝王，包括他所沒有提到的唐太宗（他是服印度方士的長生藥喪命的）在內都高明一些。他還曾和宋濂說過：

「秦始皇、漢武帝好神仙、寵方士，妄想長生，末了一場空。他們假使能用這份心思來治國，國怎會不治？依我看來，人君能夠清心寡欲，做到百姓安於田里，有飯吃，有衣穿，快快活活過日子，也就是神仙了。」

有道士來獻長生的法子，他不肯接受。又有人學宋朝大中祥符年間的辦法獻天書，證明「上位」確是真命天子，反而被殺。總之，他一面對臣民侈談神仙，一面又不許別人對他談神異、講長生、獻天書。他的頭腦是很清醒的，「諭眾以神仙為徵應」，只是為了達到政治上欺騙人民的效果。雖然如此，從解縉揭露以後，他也就不大再利用佛道兩教，也不再侈談神異徵應了。

經過洪武初年的長期侈談神仙，宣揚徵應，民間流傳著許多神異故事，以為朱元璋是真命天子。傳說中主要的一個是：天上有二十八宿，輪流下凡做人間君主。元天曆元年，元璋生的那一年，天上的婁宿不見了，到洪武三十一年元璋死，婁宿復明。洪武帝是婁宿下凡的。當時不在市場流通的洪武錢，後世的鄉下人卻很重視，給孩子們佩在身上，以為可以辟邪。鄉間豆棚瓜下，老祖父祖母們對孩子講的故事，也多半說的是洪武爺放牛時的種種神話。

元璋生長於農村，經過窮苦日子，深知物力艱難，生活比較樸素，講究節儉。不喜飲酒。有回回商人送給他番香阿刺吉，華言薔薇露，說可以治心疾，也可以調粉為婦女容飾。元璋說：「中國藥物可以治病的很多，這玩意兒只是裝飾品，把人打扮得好看些，養成侈靡的習慣，沒有好處。」拒絕不受。

龍鳳十二年營建宮室，管工程的人打好圖樣，他把雕琢考究的部分都去掉了。完工以後，樸素無裝飾，只畫了許多觸目驚心的歷史故事，和宋儒的《大學衍義》。

有個官兒巴結他，說某處出產一種很好看的石頭，可以鋪地，被痛切教訓了一頓。車輿服用諸物該用金飾的，用銅代替。司天監把元順帝費盡心機做成的自動宮漏（計時器）進獻，他說：「不管政務，專幹這個，叫做以無益害有益。」

陳友諒有一張鏤金床，極為考究，江西行省送給皇帝，元璋說：「這和孟昶的七寶溺器有何區別？」都叫打碎。他不但自己節儉，對人也是如此。

有一天，看見一個內侍穿著新靴在雨中走路，另一舍人穿一套值五百貫的新衣，都著著實實罵了一頓。

屏風上寫著唐人李山甫《上元懷古》詩：

南朝天子愛風流，
盡守江山不到頭。
總為戰爭收拾得，
卻因歌舞破除休。
堯將道德終無敵，
秦把金湯可自由？
試問繁華何處在，
雨花煙草石城秋。

這首詩寫得並不好，他卻朝夕吟誦，引起自己的警惕。生活樸素節儉的原則也應用在外交上。

龍鳳十二年派參政蔡哲到蜀報聘，臨行前特別指示說：「蜀使者來，多飾浮辭，誇其大國，取人不信。你到後，千萬不要學他們，有問題提出，只可說老實話。」也不講祥瑞。洪武二年，有獻瑞麥一莖三穗和五穗的，群臣稱賀，他說：「我做皇帝，只要修德行，致太平，寒暑適時，就算國家之瑞，倒不在乎以物為瑞。記得漢武帝獲一角獸、產九莖芝，好功生事，使海內空虛。後來宣帝時又有神爵甘露之瑞，卻嗣得山崩地裂，漢德於是乎衰，由此看來，祥瑞是靠不住的，災異卻是不可不當心的。」命令今後如有災異，無論大小，地方官都要即時報告。

執法極嚴，令出必行，連親屬也不寬容。洪武末年駙馬都尉歐陽倫出使，販帶私茶，雖然是親女婿，也依法處死刑。

三、辛勤的一生

朱元璋用全部精力、時間，管理他所手創的朱家皇朝。全國大大小小的政務，都要親自處理。交給別人辦，當然可以節省精力，時間，但是第一他不放心，不只怕別人不如他的盡心，也怕別人徇私舞弊；第二更重要的，這樣做就慢慢會大權旁落，而他這個人不只是要大權獨攬，連小權也要獨攬的。以此，每天天不亮就起床辦公，批閱公文，一直到深夜，沒有休息，沒有假期，也從不講究調劑精神的文化娛樂。

照習慣，一切政務處理，臣僚建議、報告，都用書面的文件——奏、疏等等，他成天成月成年看文件，有時也難免感覺厭倦。尤其是有些賣弄學問經濟，冗長而又不中肯，說了一大堆而又不知所云的報告，看了半天還是莫名其妙，怎能使人不發火、惱怒？

洪武九年，刑部主事茹太素上萬言書，他叫人讀了六千三百七十字以後，還沒有聽到具體意見，說的全是空話，大發脾氣，把太素叫來，打了一頓。

第二天晚上，又叫人讀一遍，讀到一萬六千五百字以後，才涉及本題，建議五件事情，其中有四件事情是可取的，可行的，元璋即刻命令主管部門施行。同時指出這五件事情有五百多字就可以講清楚了，卻囉囉嗦嗦說了一萬七千字，這是繁文之過；自己厭聽繁文，打了人，承認這是過失，並表揚茹太素為忠臣。

為了教育全國官民，他把這件事情的經過親自寫成文章公布，規定了建言格式，叉章說：

洪武九年，朕見災異萬端，餘無措手，於是特布告臣民，許言朕過。……是以近臣刑部主事茹太素以五事上言，其書一萬七千字，朕命中書郎王敏立而誦之，至字六千三百七十，乃云才能之士，數年以來，倖存者百無一二，不過應答辦集。又云所任者多半迂儒俗吏。言及至斯，未睹五事實跡，意其妄言，故召問之：爾為刑部之官，彼刑部官吏二百有餘，爾可細分迂儒俗吏乎？使分之而又無知其人者，於是撲之。

次日深夜中，朕臥榻上，令人誦其言，直至一萬六千五百字後，方有五事實跡，其五事之字止是五百有零。朕聽至斯，知五事之中，四事可行。當日早朝，敕中書都府御史台著跡以行。吁，難哉！……今朕厭聽繁文而駁問忠臣，是聯之過。有臣如此，可謂忠矣。

因如是，故立上書陳言之法，以示天下。若官民有言者，許陳實事，不許繁文，若過式者問之。

經過這番整頓以後，奏章只陳實事，從此他讀文件就省了不少精力，時間，工作效率提高了。到廢中書省以後，六部府院直接對皇帝負責，政務越發繁忙，以洪武十七年九月間的收文為例，從十四日到二十一日，八天內，內外諸司奏札凡一千六百六十件，計三千三百九十一事。平均他每天要看或聽兩百多件報告，要處理四百多件事。

他早年過的是缺衣少食的窮苦日子，中年在軍隊裏，在兵火喧天，白刃相接的戎馬生活中度過，四十歲以後，把全副精力處理國事，過分緊張疲勞，五十歲以後，體力便支持不住了，害了心跳很快的病症，宋濂勸他清心寡欲。

他又時發高熱，好幻想，做怪夢，在夢中還看到了天上神仙宮闕。有時喜怒不常，暴怒到失去常態。特別使他感覺痛苦，影響精神體力的是家庭之間，父子之間的矛盾。

元璋的大兒子皇太子標，生性忠厚，長期接受儒家教育，被教養成儒生型的人物。老皇帝過了五十歲以後，精力有點不濟事了，就要皇太子幫著處理一般政務。一來是分勞，二來也趁此訓練這下一代皇帝辦事的能力，指望他兒子是漢文帝，不是漢惠帝。

但是，父子倆出身不同，所受教育不同，生活實踐不同，一個是從艱苦鬥爭中成長的，一個是在太平環境中成長的，思想作風也就自然不同。老皇帝主張以猛治國，運用法庭監獄特務和死刑鎮懾官民，使人知懼而莫測其端，皇太子卻大講其周公、孔子之道，講仁政，講慈愛，殺人愈少愈好；老皇帝要用全力消滅內部的敵對力量，鞏固皇家統治，皇太子卻要照顧將相過去的汗馬功勞，照顧親戚情誼，兄弟友愛，向父親說情爭執，一個嚴酷，一個寬大，一個從現實政治鬥爭出發，一個從私人情感出發，父子倆的分歧日漸擴大，有時也不免發生衝突。

明朝的野史家傳說，宋濂得罪，皇太子為他的老師哭救，元璋發怒說：「等你做皇帝赦他！」皇太子惶懼投水自殺，左右赴救得免。

又說皇太子諫元璋：「陛下殺人過濫，恐傷和氣。」元璋不做聲。第二天故意把一條棘杖放在地下，叫皇太子拿起，皇太子面有難色。

元璋說：「你怕有刺不敢拿，我把這些刺都給去掉了，再交給你，豈不是好。我所殺的都是天下的壞人，內部整理清楚了，你才能當這個家。」

皇太子說：「上有堯舜之君，下有堯舜之民。」意思是說有怎麼樣的皇帝，就有怎麼樣的臣民，元璋大怒，拿起椅子就朝他摜，皇太子只好逃走。這兩個故事雖然不一定是真實的，但是卻反映了一部分他們父子之間矛盾情況。

元璋費盡心機，製造了多次大血案，把棘杖的刺都弄乾淨了，卻又發生意外，皇太子於洪武二十五年病死。六十五歲的老皇帝受了這嚴重的打擊，傷心之至，身體一天天軟弱下去，頭髮鬍子全變白了。

皇太子死後，立允炆為皇太孫，才十六歲。

皇太孫的性格極像他的父親，元璋擔心他應付不了這個局面，諸將大臣將來會不服他的調度。只好再一次斬除荊棘，傅友德、馮勝這幾個僅存的元勳宿將也給殺光了。

元璋學習了元朝的歷史教訓，認定皇位繼承是維持皇朝安全的根本制度，必須規定嚴密的法則，才不會引起家族間的紛爭，造成宮廷政變。最好的辦法是封建宗法制度下的嫡長承襲制。在立了皇太子以後，為了要使諸王安分，保護和維持大宗，洪武五年命群臣採漢、唐以來藩王善惡事蹟可為勸戒的，編作一書，名為《昭鑒錄》，頒賜諸王，進行宗法教育。立皇太孫後，又編了一部書，叫《永鑒錄》。二十八年又頒布《皇明祖訓》條章，把一切皇帝，藩王和臣下所應遵守的，不該做的事，都詳細列舉。並定制後代有人要更改祖訓的，以奸臣論，殺無赦。希望用政治教育的方法，用制度、法律的約束，使藩王大臣都能忠心服從這未來的小皇帝，朱家皇朝的族長。

但是，元璋失敗了，他的安排和苦心的教育並不能發生作用，權力的爭奪引起兄弟之間和父子之間更深刻的矛盾。

第二子秦王在藩多過失，「不良於德」，二十四年召還京師。第三子晉王為人多智數，性驕，在國多不法，有人告發他有異謀，元璋大怒，皇太子力救，二人才得免罪。二王都靠不住，元璋才特派皇太子到關，陝巡視，帶晉王回朝，痛加訓誡以後，二王答應改過，才許回藩。太子死後，二十八年秦王死，三十一年晉王死，都死在元璋之前。

皇太孫即皇帝位後不久，用種種方法削減藩王的權力，展開了皇朝和藩王之間的鬥爭，元璋第四子燕王棣就起兵南下，援引祖訓，以靖難為名，建文四年（公元一四〇二年）占領南京自立為皇帝，是為明成祖。離老皇帝之死，還不到五年。

洪武三十一年，元璋已經七十一歲了。五月間病倒，躺了三十天，離開他手創的皇朝，安靜地死去。葬在南京城外鍾山山下，名曰孝陵，謚曰高皇帝，廟號太祖。

遺囑裏有一段話：「朕膺天命三十一年，憂危積心，日勤不怠，務有益於民。奈起自寒微，無古人之博知，好善惡惡，不及遠矣。」「憂危積心，日勤不怠」這八個字寫出了他辛勤的一生，也寫出他在統治階級內部激烈鬥爭中的心境。

元璋的相貌不很體面，曾經找了許多畫工，畫像十分逼真，愈逼真，他就愈不滿意。後來有一個聰明的畫家，畫的面貌輪廓有點像，卻是一臉和氣，看著很仁慈，這才傳寫了很多本子，分賜給諸王。這兩種不同的畫像，到現在都有傳本。

和歷史上所有的封建帝王比較，朱元璋是一個卓越的人物。他的功績在於統一全國，結束了元末二十年戰亂的局面，使人民能夠過和平安定的生活；

在於能夠接受歷史教訓，對農民做了一些讓步，大力鼓勵農業生產，興修水利，推廣棉花和桑棗果木的種植，在北方地多人少地區，允許農民盡力開墾，即為己業，大大地增加了自耕農的數量；

在於解放奴隸，改變了元朝貴族官僚大量擁有奴隸的落後局面，增加了農業生產的勞動力；

在於大力清丈田畝，製成圖冊，相應地減少了一些賦稅負擔不均的情況；

在於保護商業，取消了書籍和田器的徵稅，繁榮了市場；

在於規定了對外政策，吸取元朝對外戰爭失敗的教訓，總結為一面必須抗擊外國侵犯，一面也不許可輕易犯人；

在於嚴懲貪官污吏，改變了元朝後期的惡劣政治風氣；

在於改變元朝匠戶制度，住坐、輪班的匠戶有大部分時間可以自由生產，部分地解放了匠戶的勞動力，推進了民間手工業的生產；

在於不信符瑞，不求長生，講究節儉，不搞一些像秦始皇、漢武帝、宋真宗搞過的糊塗事；

在於限制僧道的數量，減少了不勞而食的寄生蟲，也相應地增加農、工業的勞動力，這些措施都是有利於農業生產的發展的，有利於社會的前進的，是為明朝前期的繁榮安定局面打了基礎的，是應該肯定的。

但是，他的缺點也很多。

首先他原來是農民革命的領袖，參加革命的目的是為了推翻蒙漢地主的聯合統治，是反對地主階級統治的，但是，由於舊社會的傳統勢力，由於接收、改編了大量的地主軍隊、地主軍官，由於地主階級的儒生的大量參加，由於不自覺地繼承了元朝的統治機構，使他逐步變質，最後叛變了農民革命，攫取了農民革命勝利的果實，從反對地主階級統治到自己成為地主階級的頭子，地主階級利益的保護人，反過來鎮壓農民革命，這個嚴重的罪惡，是無論如何也不能替他開脫的。

其次，他的以猛治國的方針，過分地運用特務組織，製造了許多血案，野蠻慘酷的刑罰，大量的屠殺，弄到「賢否不分，善惡不辨」的地步。許多卓著勳勞的大將和文人，毫無理由地被野蠻殺害；錦衣衛和廷杖兩樁敝政，在明朝整個統治時期發生了極其惡劣的作用，都是他開的頭，立的制度。

第三，政治上的措施是必需隨社會，時代的變化而改變的。朱元璋卻定下皇明祖訓，替他一二百年後的子孫統治定下了許多辦法，並且不許改變，這就束縛了限制了此後政治上的任何革新，阻礙了時代的前進。

第四，他所規定的八股文制度，只許鸚鵡學舌，今人說古人的話，卻不許知識分子有自己的思想、看法，嚴重地起了壓制新思想、摧殘科學、文化進步的有害作用。

第五，他自己雖然不信神仙、報應，卻為了使臣民信服，大肆揚許多荒誕的神蹟，欺騙、毒害人民，這種方法也是很惡劣的。

如上所說，朱元璋有許多功績，也有許多缺點，就他的功績和缺點比較起來看，還是功大於過的。他是對社會生產的發展，社會的前進起了推動作用的，是應該肯定的歷史人物。在歷代封建帝王中，他是一個很突出，卓越的人物。

此外，他還是一個優秀的軍事家，他的軍事指揮才能是從戰爭實踐中鍛煉出來的。比較突出的兩次戰役：一次是對陳友諒和張士誠的戰爭，他先打陳友諒，後打張士誠，從被動變成主動，避免了兩線作戰的軍事危機，各個擊破；一次是北伐戰爭，先取魯豫，封鎖關、陝，剪其枝葉，然後直取大都，不戰而下。在軍事史寫下了輝煌的一頁。

他在軍事上的成功，也可以總結成幾條經驗，第一是他有很嚴格的軍事紀律；第二是有盛產糧食的根據地，第三是採用屯田政策，保證軍食供應；第四對敵人的調查研究，情報工作做得很好，知己知彼，所以能夠百戰百勝，能夠鞏固、擴大勝利，這也就是他的同時代的群雄都先後失敗了，他之所以成功的原因。

從乞丐到皇帝：朱元璋全傳

作者：吳晗
發行人：陳曉林
出版所：風雲時代出版股份有限公司
地址：10576台北市民生東路五段178號7樓之3
電話：(02) 2756-0949
傳真：(02) 2765-3799
執行主編：朱墨菲
美術設計：吳宗潔
行銷企劃：林安莉
業務總監：張瑋鳳

初版日期：2022年6月
ISBN：978-626-7025-78-9

風雲書網：http://www.eastbooks.com.tw
官方部落格：http://eastbooks.pixnet.net/blog
Facebook：http://www.facebook.com/h7560949
E-mail：h7560949@ms15.hinet.net
劃撥帳號：12043291
戶名：風雲時代出版股份有限公司

風雲發行所：33373桃園市龜山區公西村2鄰復興街304巷96號
電話：(03) 318-1378
傳真：(03) 318-1378
法律顧問：永然法律事務所 李永然律師
北辰著作權事務所 蕭雄淋律師

行政院新聞局局版台業字第3595號 營利事業統一編號22759935

定價：320元

國家圖書館出版品預行編目資料

從乞丐到皇帝 / 吳晗著. -- 初版. -- 臺北市：風雲時代出版股份有限公司, 2022.03 面； 公分. -- (吳晗作品集；1)

ISBN 978-626-7025-78-9（平裝）

1.CST: 明太祖 2.CST: 傳記

626.1 111001639